中国法院2024年度案例

国家法官学院　最高人民法院司法案例研究院　/　编

人格权纠纷

中国法制出版社
CHINA LEGAL PUBLISHING HOUSE

《中国法院2024年度案例》通讯编辑名单

刘晓虹　北京市高级人民法院
王　凯　北京市高级人民法院
张　荷　天津市高级人民法院
徐翠翠　河北省高级人民法院
崔铮亮　山西省高级人民法院
杨智勇　内蒙古自治区高级人民法院
周文政　辽宁省高级人民法院
苏　浩　吉林省高级人民法院
王　妍　黑龙江省高级人民法院
牛晨光　上海市高级人民法院
缪　芳　江苏省高级人民法院
左一凡　江苏省高级人民法院
谷昔伟　江苏省南通市中级人民法院
宋婉龄　江苏省无锡市中级人民法院
杨　治　浙江省高级人民法院
蒋　莹　浙江省高级人民法院
刘伟玲　安徽省高级人民法院
林冬颖　福建省高级人民法院
李智芹　江西省高级人民法院
李　宁　山东省高级人民法院
张　琦　河南省高级人民法院
宋淼军　湖北省高级人民法院
黄　娅　湖北省宜昌市中级人民法院
唐　竞　湖南省高级人民法院
李　雪　广东省高级人民法院
邹尚忠　广西壮族自治区高级人民法院
韦丹萍　广西壮族自治区高级人民法院
黄文楠　海南省高级人民法院
吴　小　重庆市高级人民法院
任　梦　四川省高级人民法院
杨俊杰　云南省高级人民法院
赵鸿章　云南省昆明市中级人民法院
颜　源　贵州省高级人民法院
戚　雷　贵州省贵阳市中级人民法院
王丽萍　西藏自治区高级人民法院
郑亚非　陕西省高级人民法院
张旦旦　甘肃省高级人民法院
王　晶　青海省高级人民法院
康　莹　宁夏回族自治区高级人民法院
石孝能　新疆维吾尔自治区高级人民法院
洪超胜　新疆维吾尔自治区高级人民法院生产建设兵团分院

序

党的二十大擘画了全面建成社会主义现代化强国、以中国式现代化全面推进中华民族伟大复兴的宏伟蓝图，强调全面依法治国是国家治理的一场深刻革命，必须更好发挥法治固根本、稳预期、利长远的保障作用，在法治轨道上全面建设社会主义现代化国家。为落实习近平总书记“一个案例胜过一打文件”的重要指示精神，人民法院始终把完善中国特色案例制度，加强司法案例研究作为推进全面依法治国、支撑和服务中国式现代化的重要途径，通过发布具有普遍指导意义的典型案例，统一法律适用、提高审判质效，提升司法公信力，努力让人民群众在每一个司法案件中感受到公平正义。为更好满足社会各界和人民群众多元化司法需求，把习近平法治思想落实到人民法院审判工作全过程各方面，人民法院案例库于2024年2月27日正式上线并向社会开放，这是进一步完善中国特色案例制度的重要举措，是最高人民法院推出的新的“公共法律服务产品”。

“中国法院年度案例系列”丛书以及时记录人民法院司法审判工作新发展、新成就为己任，通过总结提炼典型案例的裁判规则、裁判方法和裁判理念，发挥案例鲜活生动、针对性强的优势，以案释法，以点带面，有针对性地阐释法律条文和立法精神，促进社会公众通过案例更加方便地学习法律，领悟法治精神，发挥司法规范、指导、评价、引领的重要作用，大力弘扬社会主义核心价值观，积极服务人民法院案例库建设，加强案例库案例研究，促进统一法律适用、提升审判质效，丰富实践法学研究，增强全民法治意识和法治素养，展现新时代我国法治建设新成就。

“中国法院年度案例系列”丛书自2012年编辑出版以来，已连续出版13年，受到读者广泛好评。为更加全面地反映我国司法审判执行工作的发展进程，顺应审判执行实践需要，响应读者需求，丛书于2014年度新增金融纠纷、行政纠纷、刑事案例3个分册，2015年度将刑事案例调整为刑法总则案例、刑法分则案例2个分册，2016年度新增知识产权纠纷分册，2017年度新增执行案例分册，2018年度将刑事案例扩充为4个分册，2022年度将土地纠纷（含林地纠纷）分册改为土地纠纷（含环境资源纠纷）分册。自2020年起，丛书由国家法官学院与最高人民法院司法案例研究院共同编辑，每年年初定期出版。在全国各级人民法院的大力支持下，丛书编委会现编辑出版《中国法院2024年度案例系列》丛书，共23册。

"中国法院年度案例系列"丛书以开放务实的态度、简洁明快的风格，在编辑过程中坚持以下方法，努力让案例书籍"好读有用"：一是高度提炼案例内容，控制案例篇幅，每个案例字数基本在3000字左右；二是突出争议焦点，尽可能在有限的篇幅内为读者提供更多有效、有益的信息；三是注重释法说理，大多数案例由法官撰写"法官后语"，高度提炼、总结案例的指导价值，力求引发读者思考，为司法审判提供借鉴，为法学研究提供启迪。

"中国法院年度案例系列"丛书编辑工作坚持以下原则：一是以研究案例库案例为首要任务。自今年起，"中国法院年度案例系列"丛书优先选用人民法院案例库案例作为研究对象，力求对案例库案例裁判要旨的基本内涵、价值导向、法理基础、适用要点等进行深入分析，增强丛书的权威性、参考性。二是广泛选编案例。国家法官学院和最高人民法院司法案例研究院每年通过各高级人民法院从全国各地法院汇集上一年度审结的典型案例近万件，使该丛书有广泛的精选基础，通过优中选优，可提供给读者新近发生的全国各地多种类型的典型性、疑难性案例。三是方便读者检索。丛书坚持以读者为本，做到分卷细化，每卷案例主要根据案由（罪名）分类编排，每个案例用一句话概括裁判规则、裁判思路、裁判理念、裁判方法或焦点问题作为主标题，让读者一目了然，迅速找到目标案例。

中国法制出版社始终全力支持"中国法院年度案例系列"丛书的出版，给了编者们巨大的鼓励。2024年，丛书将继续提供数据库增值服务。购买本书，扫描前勒口二维码，即可在本年度免费查阅往年同类案例数据库。我们在此谨表谢忱，并希望通过共同努力，逐步完善，做得更好，探索出一条充分挖掘好、宣传好人民法院案例库案例和其他典型案例价值的新路，为广大法律工作者和社会公众提供权威、鲜活、精准的办案参考、研究素材，更好地服务司法审判实践、服务法学教育研究、服务法治中国建设。

“中国法院年度案例系列”丛书既是法官、检察官、律师等法律工作者的办案参考和司法人员培训辅助教材，也是社会大众学法用法的经典案例读本，同时也为教学科研机构开展案例研究提供了良好的系列素材。当然，编者们在编写过程中也难以一步到位实现最初的编写愿望，客观上会存在各种不足甚至错误，欢迎读者批评指正。我们诚心听取各方建议，立足提质增效，不断拓宽司法案例研究领域，创新司法案例研究方法，助推实现中国特色司法案例研究事业的高质量发展。

国家法官学院　最高人民法院司法案例研究院

2024 年 5 月

目　录

Contents

一、生命权、身体权、健康权纠纷

二、姓名权纠纷

三、肖像权纠纷

四、名誉权纠纷

五、隐私权、个人信息保护纠纷

六、一般人格权纠纷

一、生命权、身体权、健康权纠纷

1

特定场合精神损害赔偿的认定及适用

——党某诉某影像工作室生命权、健康权、身体权案

【案件基本信息】

1. 裁判书字号

湖北省宜昌市中级人民法院（2022）鄂05民终1608号民事判决书

2. 案由：生命权、健康权、身体权纠纷

3. 当事人

原告（上诉人）：党某

被告（上诉人）：某影像工作室

【基本案情】

2020年11月13日，党某、刘某某与某影像工作室签订《预订单》，约定由某影像工作室为二人的婚礼提供跟拍及视频拍摄服务。11月29日9时许，党某在接亲的过程中怀抱刘某某自楼梯向婚车行进，被地面所铺红毯上一物品绊倒受伤。经庭审核对视频及照片证据，其中一组照片系摄影师站在红毯上，设备箱和三脚架放在红毯边缘，另由某影像工作室提交的连续编号的照片中缺失的13张照片，恰好是党某抱刘某行走并摔倒的照片。同时，在党某提交的接

亲视频中显示摔倒时党某身旁有黑色物体，疑似设备箱和三脚架。

当日党某前往医院就诊，被诊断为“左食指远节指骨骨折”，花医疗费 296.70 元。2020 年 12 月 13 日至 17 日，党某在某市医院住院治疗 4 天，出院诊断为“左食指指骨骨折”，出院医嘱“建议全休一月，注意休息，避免患肢负重，术后一月复查”，花医疗费 3949.11 元。此外，党某还在医院门诊检查五次，共花诊疗费 347.69 元。

党某系某公司员工，因左手食指远端骨折需手术请病假五天，因此被扣除工资 445.70 元。党某母亲史某为护理党某被其工作单位扣除工资 879.09 元。党某因 7 次去某市医院就诊，共花交通费 174.80 元。

党某提出如下诉讼请求：由某影像工作室赔偿党某经济损失，含精神损害赔偿共计 15336.29 元。

【案件焦点】

1. 某影像工作室是否应当承担侵权赔偿责任；2. 党某精神损害赔偿的请求能否支持。

【法院裁判要旨】①

湖北省当阳市人民法院经审理认为：本案中，党某提交了某影像工作室在提供摄影服务过程中，因设备箱及三脚架的放置导致其受伤的照片及视频佐证；某影像工作室辩称损害系因党某自身未尽注意义务导致损伤，但未提交其他证据予以证实。故，本案党某因某影像工作室过错导致的各项经济损失应当由某影像工作室进行赔偿。关于党某请求的精神损害赔偿，虽然某影像工作室的过错行为并未造成党某伤残，但其伤势给婚礼进程带来一定影响，酌情支持 2000 元。党某请求的其他赔偿项目依据《最高人民法院关于审理人身损害赔偿案件适用法律若干问题的解释》的相关规定、审查确认的证据以及本地审判实践予以核定，认定党某的经济损失合计为 8213.09 元（医疗费 4593.50 元、误工费 445.70 元、护理

---

① 本书【法院裁判要旨】适用的法律法规等条文均为案件裁判当时有效，下文不再对此进行提示。

费879.09元、住院伙食补助费120元、交通费174.80元、精神损害赔偿2000元)。

湖北省当阳市人民法院依照《中华人民共和国民法典》第一千一百六十五条、第一千一百七十九条,《最高人民法院关于审理人身损害赔偿案件适用法律若干问题的解释》第六条、第七条、第八条、第九条、第十条、第十一条之规定,判决:

一、某影像工作室于判决生效之日起十日内赔偿党某经济损失8213.09元;

二、驳回党某的其他诉讼请求。

党某与某影像工作室均不服一审判决,提起上诉。

湖北省宜昌市中级人民法院经审理认为:根据一审查明的事实,党某是在其举办婚礼时,怀抱其妻子刘某某行走中,被地上所铺红毯上某影像工作室放置的物品绊倒受伤。根据当事人提交的证据,足以证明某影像工作室的行为存在过错,且与党某受伤之间存在法律和事实上的因果关系,但并无足够的证据证明党某系自身原因摔倒,或存在可以减轻某影像工作室责任的情形,即党某在本起事件中并不存在过错,自身不应承担责任,某影像工作室应当依法对党某的损失承担赔偿责任。

关于精神损害赔偿数额认定问题。本案中,党某虽未构成伤残,但考虑其是在举办婚礼过程中受伤,对其身心上造成了一定影响,故一审综合全案考虑,酌情支持2000元精神损害赔偿金,于法有据,符合情理。关于住院伙食补助费、医疗费、护理费的认定,一审法院依据当地审判实践及相关票据、单位开具的证明予以认定,并无不当。

湖北省宜昌市中级人民法院依照《中华人民共和国民事诉讼法》第一百七十七条第一款第一项之规定,判决如下:

驳回上诉,维持原判。

【法官后语】[①]

《中华人民共和国民法典》第一千一百八十三条规定了精神损害赔偿适用

---

① 本书【法官后语】对此类法律问题涉及的法律法规等内容进行了时效性更新,下文不再对此进行提示。

范围是自然人的人身权益以及具有人身意义的特定物受到损害。

司法实践中，人民法院审理“人身权益”受损的案件，尤其是身体权、生命权、健康权纠纷类案件，能否支持精神损害赔偿原则上是以是否构成伤残等级为依据，再根据伤残等级以及受诉法院所在地的审判实践逐级增加赔偿金额。这种裁判标准将精神损害标准化、客观化了，具有很强的实践操作性，也有利于统一类案裁判标准。

而“具有人身意义的特定物”的范围，在审判实践中主要涉及的物品类型为：(1）与近亲属死者相关的特定纪念物品（如遗像、墓碑、骨灰盒、遗物等)；(2）与结婚礼仪相关的特定纪念物品（如录像、照片等)；(3）与家族祖先相关的特定纪念物品（如祖坟、族谱、祠堂等)。但我国大量的审判实践中，“精神损害赔偿”已生发出了更为深刻的内涵与外延。

以本案情况为例，党某因某影像工作室放置在接亲红地毯上的设备，在接亲的时候怀抱新娘摔倒在地，虽然党某人身损害轻微尚未构成伤残等级，但婚礼是中华民族传统文化精粹之一，寄托着对美好生活的追求和向往，因为在接亲时众目睽睽之下发生摔倒事件，极大地影响了婚礼仪式的观感和满意度，也影响了婚礼进程和完整性，在党某重要的人生节点上产生了无法弥补的一个遗憾。综合全案事实考量，摔倒事件不仅损害了党某的人身权益，同时也对其具有特定纪念意义的“特定事件”造成了不可弥补的不良影响，确实对党某造成了一定的精神损害，精神损害抚慰金也应当予以支持。就本案判决结果来说，对于精神损害抚慰金的适用范围已经有所突破。

随着当前经济社会水平不断进步发展，公民对于精神文明层面的需求度、重视度也不断攀升。在审判实践中，对于精神损害赔偿的适用范围，不能仅仅套用法条规定，而是应当合理运用法官的自由裁量权，从普通大众的一般理解和情感接受程度出发，结合具体个案的情节、侵权的后果以及双方的过错程度，在事实上认定是否对被侵权人造成了精神上的损害，让被侵权人真正获得精神上的抚慰，从而实现案件办理的法律效果、社会效果的有机统一。

编写人：湖北省当阳市人民法院　左陈杨

2

侵权案件受害人过度治疗的认定

——石某某诉冯某某健康权案

【案件基本信息】

1. 裁判书字号

山东省德州市中级人民法院（2021）鲁14民再73号民事判决书

2. 案由：健康权纠纷

3. 当事人

原告（上诉人、再审被申请人）：石某某

被告（上诉人、再审申请人）：冯某某

【基本案情】

石某某与冯某某系某小区上下楼邻居。2017年11月25日14时，因冯某某家中安装暖气加压泵的问题，石某某与冯某某在楼道内发生争执，冯某某用拳头捶石某某，到楼道外后，冯某某用铝合金条抽打石某某。同日，石某某在禹城市人民医院住院治疗，2018年4月18日出院，共住院144天，住院期间医疗花费70159.39元。石某某住院期间，病历记载以下内容：2018年2月5日“上级医生查房记录”载明“患者病情无新变化，继续如前治疗观察。给患者讲明病情，劝其停药观察。患者不同意”；2月25日，石某某主治医生的查房记录为“患者病情无新变化，继续如前治疗观察。给患者讲明病情，劝其停药观察，患者不同意。”2018年12月29日，德州某法医司法鉴定中心出具司法鉴定意见书，鉴定意见为被鉴定人石某某右耳平均听阈40分贝，左耳平均听阈47.5分贝，构不成伤残。石某某支出鉴定费1300元。

2017 年 12 月 7 日，市公安局作出行政处罚决定书，认定冯某某殴打石某某的违法行为成立，决定给予冯某某罚款 500 元的行政处罚。

【案件焦点】

在无法进行专业鉴定的情形下，如何认定侵权案件受害人是否存在过度治疗。

【法院裁判要旨】

山东省禹城市人民法院经审理认为：此次纠纷的过错方是被告冯某某，应承担全部的民事责任。原告石某某的住院病历显示，2018 年 2 月 25 日其主治医生劝其停药观察，可推定此时已具备出院条件，石某某不遵医嘱，不同意停药观察，放任了损失的扩大。石某某要求冯某某承担此后（2018 年 2 月 25 日后）的误工费、护理费、营养费、伙食补助费，既违背公平原则，又损害诚实信用原则，不应予以支持。对石某某住院进行合理治疗期间产生的医疗费、误工费、护理费、营养费、住院伙食补助费等各项损失认定为 102155.79 元，该损失由冯某某承担。

山东省禹城市人民法院依照《中华人民共和国侵权责任法》第六条、第十五条、第十六条，《最高人民法院关于审理人身损害赔偿案件适用法律若干问题的解释》第十七条、第十八条、第十九条、第二十条、第二十一条、第二十二条、第二十三条、第二十四条之规定，判决：

被告冯某某于本判决生效之日起十日内赔偿原告石某某各项损失 102155.79 元。

石某某、冯某某均不服一审判决，提起上诉。山东省德州市中级人民法院经审理认为：石某某一审中提交的住院病历，虽然显示 2018 年 2 月 25 日其主治医生劝其停药观察，但并没有停止用药，酌定增加 20 天的合理性住院治疗期间，其后的住院治疗属于过度医疗，扩大的损失应当由石某某自行负担。

山东省德州市中级人民法院依照《中华人民共和国民事诉讼法》第一百七十条第一款第一项之规定，判决：

驳回上诉，维持原判。

冯某某不服二审判决，向山东省德州市中级人民法院申请再审。山东省德州市中级人民法院经再审认为：是否属于挂床这一问题具有专业性，一审法院根据病情记录、治疗过程、医嘱内容及患者表现等情况综合分析认定。冯某某在一审中提交的视频资料虽然能够证明石某某在住院期间多次回家，但没有相关病历记载或医嘱内容予以佐证，且在该证据载明的时间段内，石某某的用药和治疗情况较为连贯，故仅凭该证据不足以认定石某某当时已经符合出院条件，不足以认定当时存在挂床现象。2018 年 2 月 5 日的“上级医生查房记录”载明“患者病情无新变化，继续如前治疗观察。给患者讲明病情，劝其停药观察。患者不同意”。根据以上记载及此后病历内容，综合分析石某某住院期间负责治疗的两名医务人员在本院调查笔录中的陈述，结合考虑石某某在住院期间多次回家的事实，应当认定 2018 年 2 月 5 日石某某已经符合出院条件，经医务人员劝说后其拒绝出院。据此认定 2017 年 11 月 25 日至 2018 年 2 月 5 日为石某某的合理住院时间，此后的时间并非石某某住院治疗的合理的、必要的时间。一审判决将以上“上级医生查房记录”的形成时间作为应否判决赔偿误工费、护理费、营养费和住院伙食补助费的时间分界点具有事实与法律依据，但将该时间认定为 2018 年 2 月 25 日错误，应当依法予以纠正。二审判决在此基础上酌定增加 20 天的合理性住院治疗期间依据不足，再审予以纠正。

山东省德州市中级人民法院依照《中华人民共和国民事诉讼法》第二百零七条、第一百七十条第一款第二项之规定，判决：

一、撤销本院（2020）鲁 14 民终 186 号民事判决；

二、变更山东省禹城市人民法院（2018）鲁 1482 民初 3150 号民事判决为：再审申请人冯某某赔偿被申请人石某某医疗费 36604.25 元、误工费 7909.55 元、护理费 7909.55 元、住院伙食补助费 7300 元、营养费 2190 元、交通费 100 元，以上各项费用共计 62013.35 元；

三、驳回石某某的其他诉讼请求。

【法官后语】

本案主要涉及在无专业机构鉴定意见的情形下，如何认定被侵权人是否存在过度治疗的情形。在人身损害赔偿案件中，出于“斗气”“惩罚对方”等目的，受害人轻伤久治、长期挂床、小病大养的情况时有发生，这种“过度治疗”逐渐成为影响医患之间、当事人之间和谐和司法公平等社会问题。然而，基于治疗活动的复杂性、患者病情的不确定性、医学知识的专业性等原因导致过度治疗呈现出多样性与隐蔽性，导致这类行为很难区分认定。涉及“过度医疗”的争议应当由谁来界定以及以什么标准认定等成为新且难的司法问题。在不宜或者无法进行司法鉴定的情形下，如何认定医疗行为的合理性，极为考验承办法官综合运用证据的能力。本案具体裁判思路分析如下：

一、认定治疗合理性的通常审查标准，即对症、必要、适时

认定治疗行为的合理性，通常可以从对症、必要、适时三个角度判断，即治疗情况与侵权行为导致的伤情必须一致；治疗或者康复应对伤者身体机能恢复必不可少；治疗应当以伤者存在某种症状为前提，当伤者症状消失时，相关治疗应当停止。对医疗行为是否合理和必要的认定具有很强的专业性，如鉴定机构能够对受害人的治疗期限和用药进行鉴定，则治疗行为的合理性较易确认，但审判实践中可能出现超出鉴定机构的技术条件和鉴定能力的情形，此时，可结合住院病历、医嘱单、用药清单等关键证据，依据法律规定合理分配举证责任，结合日常生活经验加以判断，依法认定相关事实。

二、证据分析方法和具体认定过程，即全面审查、重点考量、专业判断、综合认定

通常情况下，审理此类案件的证据分析方法为：全面查阅住院病历、医嘱单、病理诊断记录、用药清单等证据，判断治疗过程是否连续、治疗时间是否过长，基本治疗项目的持续时间是否合理等；对费用清单中的重大支出进行审查，判断是否有医疗机构意见予以证明、是否存在重复检查等；转院治疗、院外自购药品有无医嘱予以支持等。就本案而言，在认定案件事实问题上主要从四个方面把握：一是住院时间与受害人伤情是否相符。石某某的损伤程度为轻微伤，伤后诊断为脑震荡、头皮血肿、软组织损伤和左耳外伤，骨骼和内脏并未出现明显损伤，但其共计住院 144 天，远远超出《人体损伤程度鉴定标准》

中此类伤情的误工期，通常情况下，不会出现治疗期超出误工期的情况。二是受害人住院期间活动情况是否正常。本案双方当事人同住一个楼道，对彼此的活动情况有一定了解，冯某某提交的监控录像能够证明石某某在住院期间多次回家从事各种活动，可以辅助其他证据证明石某某存在挂床治疗情形。三是住院病历中记载的关键医嘱内容。住院病历记载，医务人员在2018年2月两次向石某某作出“停药观察”的劝阻，能够证明当时已无继续用药的必要性。四是就专业问题向医务人员进行询问。为深入调查石某某的治疗过程，审判人员到医疗机构进行实地走访，进一步了解到石某某不听医嘱采用过激手段要求继续用药的情况，对案件事实有了更为直观的了解。

三、认定医疗终结时间节点的法律后果：举证责任发生转移

根据《最高人民法院关于适用〈中华人民共和国民事诉讼法〉的解释》第九十条、《最高人民法院关于审理人身损害赔偿案件适用法律若干问题的解释》第六条的规定，冯某某作为赔偿义务人，如其对石某某医疗费用的合理性有异议，应承担相应的举证责任。但是，在医务人员两次劝说石某某停止用药的情况下，石某某仍坚持住院用药治疗，且未发现其伤情存在反复，石某某的医疗终结时间可据此确定，此时，应当认定举证责任发生转移，即应由石某某举证证明该时间之后发生的治疗属于必要而且合理。

四、基于法理和基础规范分析，过度治疗违反侵权赔偿原则

根据《中华人民共和国民法典》第一千一百七十九条、第一千一百八十二条，人身损害赔偿是对受侵害的合法利益进行补救、尽量填平损失的民事救济制度。填平就是将受害人的损失全面予以填补，保证受害人在经济上不受损失，但同时受害人也不得从侵权行为中获利或者故意扩大损失，即侵权人赔偿的是受害人因侵权行为继续治疗和康复支出的合理费用。审判实践中出现的某些受害人出于种种目的延长治疗时间、不合理用药、短时间内重复检查等情形，属于恶意扩大的损失，不应纳入人身损害赔偿范围。

综上，过度治疗行为不仅违背诚信原则，也不符合社会主义核心价值观的要求，同时可能对受害人的身体造成损害，违背人身损害赔偿制度的设立初衷。

因此，在没有专业机构鉴定意见的情形下，法官应当对住院病历等证据进行综合分析，根据医疗机构的处理意见对过度治疗行为加以甄别，防止因过高且不合理的赔偿数额进一步激化双方矛盾，影响社会稳定，违背人民群众对于公平正义的理解与期待。

编写人：山东省德州市中级人民法院　王玉敏　高鑫

3

劝架者损害救济的责任认定

——周某某诉罗某某、李某某侵权责任案

【案件基本信息】

1. 裁判书字号

福建省厦门市中级人民法院（2022）闽 02 民终 5970 号民事判决书

2. 案由：侵权责任纠纷

3. 当事人

原告（被上诉人）：周某某

被告（上诉人）：罗某某

被告：李某某

【基本案情】

2021 年 4 月 11 日晚十时许，罗某某与李某某在某茶庄店内发生争执并互殴，罗某某的邻居周某某进店，将两人劝开并抱住罗某某，后罗某某瘫坐在地上，周某某要将罗某某扶起，罗某某不从并要用脚去踹李某某，致使周某某倒地碰到腰部，无法起身，罗某某与李某某继续撕扯，不知周某某已受伤。4 月 15 日，周某某前往某医院骨科入院治疗，4 月 23 日出院，出院记录上记载：

“入院诊断：腰椎骨折（L4）。出院诊断：1. 腰椎骨折（L4）2. 腰椎退行性病变。”“出院医嘱：卧床四周，戴腰围保护3个月……”“随访指导：生活自理：部分自理。”周某某住院期间罗某某曾探望慰问，并向周某某支付8500元。

经司法鉴定认定：（1）被鉴定人周某某经治疗与恢复，其腰椎伤情构成九级伤残。（2）被鉴定人周某某因本次事故受伤，予以其伤后误工期180天，营养期90日，护理期90日。（3）被鉴定人周某某后续需行腰3—5锥体后路椎弓根钉内固定物取出术治疗，约需12000元。鉴定费2600元由周某某支付。

2021年4月22日，李某某出具《承诺书》，载明对周某某涉案住院治疗产生的相关费用，承诺在法律要求罗某某承担的范围内分担50%。

周某某54岁，离退休，事发时与厦门某中医诊所之间签订有劳动合同，月工资5000元。

周某某请求法院判令：罗某某、李某某向周某某支付赔偿款436815.63元。

【案件焦点】

劝架导致劝架人损害的责任如何分配，劝架人是否应当自担部分责任。

【法院裁判要旨】

福建省厦门市思明区人民法院经审理认为：根据在案查明事实，事发当时已系深夜，罗某某独自在店内与李某某发生激烈争吵，且李某某自认当时处于酒后状态。此种情况下，周某某作为罗某某的邻居，有理由认为吵架状态的持续会导致罗某某存在一定人身危险，其上门进行劝解并搀扶因情绪激动倒地的罗某某，系出于保护罗某某、避免双方矛盾冲突进一步激化的善意，其行为并无不当，亦无法预知在搀扶罗某某时因其蹬踹行为导致自己受伤的损害后果。据此，周某某的损失是罗某某和李某某发生冲突的行为造成，考虑到事发现场的实际情况，罗某某、李某某并无共同侵权之合意，亦无共同侵权之行为，应认定为其分别实施侵权行为导致周某某的损害后果发生，应各自对周某某的损害后果承担50%的赔偿责任。

关于周某某所主张的损失补偿范围问题。依法认定周某某所受到的损失合计361790元，罗某某、李某某应对周某某的上述损失各承担50%赔偿责任，扣除罗某某已支付的8500元，罗某某还需支付172395元。

福建省厦门市思明区人民法院依照《中华人民共和国民法典》第一千一百六十五条第一款、第一千一百七十九条，《最高人民法院关于审理人身损害赔偿案件适用法律若干问题的解释》第六条、第八条、第九条、第十条、第十一条、第十二条、第二十三条，《中华人民共和国民事诉讼法》第六十七条第一款、第一百四十七条之规定，判决如下：

一、罗某某应于本判决生效之日起十日内赔偿周某某172395元；

二、李某某应于本判决生效之日起十日内赔偿周某某180895元；

三、驳回周某某其他诉讼请求。

罗某某不服一审判决，提起上诉。福建省厦门市中级人民法院经审理认为：本案系因周某某在自愿劝架过程中受伤引发的受害责任纠纷，属于侵权责任纠纷。《中华人民共和国民法典》第一百八十三条规定："因保护他人民事权益使自己受到损害的，由侵权人承担民事责任，受益人可以给予适当补偿……"罗某某与李某某发生激烈争吵，邻居周某某主动前往劝架，在劝解过程中受伤，作为自愿劝解人的周某某对损害的发生并无过错，罗某某与李某某作为冲突事件的当事人对损害的发生具有过错，其二人作为受益人亦应对周某某的损害后果承担责任。周某某系出于善意主动进行劝架，其睦邻友好、守望相助的精神是中华民族的传统美德，也是社会主义核心价值观的体现，其生命健康权受到损害，理应得到救济，不应由其自担责任。故，一审判决罗某某与李某某对周某某的损失各承担50%的责任并无不当，李某某未提起上诉视为认可，罗某某要求周某某自担部分责任的上诉理由不能成立。

福建省厦门市中级人民法院依照《中华人民共和国民事诉讼法》第一百七十七条第一款第一项之规定，判决如下：

驳回上诉，维持原判。

【法官后语】

本案是一起因劝架导致劝架人损伤引发的人身损害赔偿纠纷案件，主要争议焦点为，对劝架者应适用何种赔偿标准，侵权人/受益人应如何承担责任。就该类案件的法理依据及司法实践分析如下：

一、劝架损害救济的法理基础

1. 劝架是一种见义勇为行为。见义勇为是指救助人出于保护社会公共利益或他人合法权益的目的，在没有法定或约定义务的情况下，阻止侵权行为或意外事件发生。在此过程中，可能导致其自身财产或人身损害。劝架，是在他人发生打架斗殴或口角争执的紧急情况下，予以劝解、阻拦、居中协调，对于结束双方激烈对抗状态，防止危险进一步扩大有积极作用。劝架人因此受到的损害，依法应得到救济。

2. 劝架导致劝架人损害的法律适用。《中华人民共和国民法典》第一百八十三条规定，因保护他人民事权益使自己受到损害的，由侵权人承担民事责任，受益人可以给予适当补偿。没有侵权人、侵权人逃逸或者无力承担民事责任，受害人请求补偿的，受益人应当给予适当补偿。因劝架导致劝架人损害，通常适用侵权责任法律规范，包括赔偿标准的认定。从救济效果来看，当存在侵权人时，劝架人所受损失适用完全赔偿原则，由侵权人承担赔偿责任。而当不存在侵权人或侵权人无力赔偿的情况下，基于侵权责任法的公平原则，劝架人亦有权向受益人主张适当补偿。

二、司法实践中对因劝架导致劝架人受损的责任认定

在审理此类案件时，应综合考虑以下几方面因素：

一是纠纷双方的过错程度。在通过现场视频、证人证言、当事人陈述等可以明确区分导致劝架人受损的直接责任方（如实施推搡、殴打一方或主动挑衅引起纠纷一方）时，应由该侵权人承担主要或全部责任。值得注意的是，纠纷往往系因双方不理智情绪产生，此种情况下，可认定双方对于纠纷的产生均具有一定过错，未实施直接侵权的纠纷另一方，亦应对劝架人承担次要责任。

二是劝架人损伤后果与纠纷双方行为的因果关系。对于劝架人因劝架被误伤而直接受损的情况，其责任分析较为明确。对于劝架人自身存在疾病因劝架诱发，或在劝架中发生并非因纠纷双方所直接导致的意外事件，虽然与劝架行

为不具有相当因果关系，但基于维护社会公益，鼓励见义勇为的立法精神，亦应由纠纷双方作为受益人给予适当补偿，但同时需考虑到，如给受益人增加过重负担，使其陷入生活困难，亦违反见义勇为行为的本意。据此，法院应综合考虑双方经济状况、受益范围、劝架人损失情况等，予以平衡酌定。

三是劝架人是否具有过错及过错程度。考虑到劝架本身具有紧急性、危险性，即使从事后理性人角度判断其劝架行为存在一定疏忽，如未注意自身安危或疾病，未采取最为适当之方式，未正确判断纠纷双方关系紧张程度等，在未明显超出正常人在紧急情况下可预判范畴的情况下，不宜对劝架人课以过高注意义务。但另外，亦应考虑劝架行为的合理性和适当性，如未秉持中立性，造成双方矛盾激化，甚至因自身行为不慎导致他人人身或者财产受损，那么劝架人也应当在一定范围内承担相应的责任。

三、本案审理思路及认定标准

本案中，周某某与李某某、罗某某均无利害关系，通过现场视频及各方证人证言，可认定周某某劝架系基于见义勇为，其自身并无过错，导致其受伤的直接原因系罗某某情绪激动下的蹬踹行为，罗某某既系直接侵权人，亦系周某某见义勇为行为的受益人。而李某某虽不存在对周某某的直接侵权行为，但其在深夜酒后与罗某某在公共场所激烈争吵，在罗某某情绪明显失控及周某某介入劝说的情况下亦未及时停止上述行为，对案涉纠纷的产生及扩大具有明显过错，亦应承担一定侵权责任，考虑到罗某某、李某某并无共同侵权之合意，亦无共同侵权之行为，应认定为其分别实施侵权行为导致周某某的损害后果发生，结合李某某事后认可的责任比例，一、二审法院均支持罗某某与李某某对周某某的损失各承担50%的责任。

编写人：福建省厦门市思明区人民法院　孙蕾

4

特殊车辆作业过程中发生事故致人损害的应当适用交强险

——卢某某诉唐某某等身体权案

【案件基本信息】

1. 裁判书字号

北京市第三中级人民法院（2022）京 03 民终 10620 号民事判决书

2. 案由：身体权纠纷

3. 当事人

原告（被上诉人）：卢某某

被告（上诉人）：某公司深圳分公司

被告（被上诉人）：唐某某、辛某某、侯某某、某公司湖南分公司

【基本案情】

2021 年 3 月 21 日，侯某某雇用卢某某在某村进行农村建房施工，卢某某负责将水泥泵车末端软管固定以保证混凝土准确浇筑。在施工过程中，泵车大臂与工地上方的高压线发生触电事故，导致卢某某触电受伤。卢某某受伤后被送往医院治疗。事发水泥泵车登记在河北某某公司名下，唐某某、辛某某系该车实际车主，也是运送混凝土的雇主。事故泵车在某公司深圳分公司投保了机动车交通事故责任强制保险，在某公司湖南分公司投保了机动车辆商业保险（第三者责任保险限额 100 万元，机动车损失保险限额 31 万元），事故均发生在保险期限内。

司法鉴定意见为，卢某某构成七级伤残，赔偿指数为 40%；误工期考虑 90—120 日，护理期考虑 60—90 日，营养期考虑 60—90 日，具体结合本案实际发生期限使用。卢某某支付鉴定费 4286. 1 元。

审理中，就卢某某触电受伤原因，法院致电国家电网管理事发路段高压线路的工作人员，工作人员表示涉事的泵车应该是大臂碰到高压线，高压线、大臂、带水的胶皮泵管、伤者和大地形成电流回路，产生电压，将伤者电倒。操作室是绝缘设计，电流产生只是在泵车的大臂和铁皮外壳上，因此不会损坏泵车内部结构和司机。同一辆车上可能出现有人触电有人没触电，因为车带电停在地上，站在和车等电位的地方就不会发生触电，有电位差的地方就会触电，甚至和人的腿岔开的距离都会有关系。

唐某某、辛某某认为，特种车辆有作业情形和运输情形，在投保时保险公司没有进行区分，特种车辆作业时应当比照运输中交通事故赔偿。根据《中国保险行业协会特种车商业保险示范条款》第十九条的规定，车辆在操作过程当中致他人损害的不属于免赔范围，因此应当适用商业险。

某公司深圳分公司认为，特种车辆作业过程中发生事故不适用交强险理赔范围。某公司湖南分公司认为，涉事机动车当时并非行驶中，性质已归为工程机械，工程机械风险应当另行购买工程机械保险，该保险与交强险承担的责任不同且互补。

【案件焦点】

1. 本案各被告是否适格；2. 涉诉车辆所致原告损害是否符合交强险及商业险的适用条件，如何分配责任。

【法院裁判要旨】

北京市顺义区人民法院经审理认为：关于本案的适格被告。卢某某受雇于侯某某期间触电受伤。唐某某、辛某某为车辆的实际所有人，司机系二人雇员，雇员在雇佣过程中造成他人受害的，唐某某、辛某某应当承担侵权赔偿责任。卢某某作为雇员在雇佣过程中受伤有权要求雇主承担赔偿责任，也有权要求实际侵权人承担赔偿责任，本案中卢某某以身体权纠纷为由起诉实际侵权人要求唐某某、辛某某承担赔偿责任，合理合法。

关于涉案泵车在作业过程中发生的安全事故是否适用交强险理赔。交强险理赔一般需要车辆处于行驶过程中，而特种作业车辆的性质决定了其在途行驶过程短暂，其事故发生主要在作业期间，如针对特种作业车辆将其交强险理赔限制于行驶过程中，既与社会参与者购买交强险的目的相悖，也明显与交强险条例的立法目的相悖。投保交强险的目的即为交通事故及从事作业过程中造成人身伤亡或财产损失时分散风险，且交强险的立法本意具有强烈的社会保障性。因此，对于特种作业车辆，应根据其特点，对于在操作过程中造成的事故应当参照交强险赔偿。根据《机动车交通事故责任强制保险条例》第四十三条等的立法精神，特种机动车在进行作业时发生的责任事故，可以比照适用该条例。因此，特种车辆在施工过程中发生事故应当在交强险范围内予以理赔。本案中，某公司深圳分公司应当在其保险责任限额内进行理赔。某公司湖南分公司主张涉事车辆在事发时改变了车辆的性质，根据保险条款应当免赔。某公司湖南分公司主张涉事车辆在投保时为非营运性质，而事发时其正在为他人浇筑混凝土属于经营，改变了车辆的性质，根据保险条款应当免赔。但该条提示的前提性因素是导致危险显著增加。本案的泵车性质就是进行混凝土浇筑作业，事发时也是唐某某、辛某某雇用司机从事浇筑作业，未出现与该泵车投保时明显不符的使用情况，也并未产生导致危险显著增加的结果，因此，某公司湖南分公司应当在交强险赔付不足后，在商业险项下承担相应赔偿责任。

经法院审核确认，卢某某因此事造成合理损失的项目及具体数额如下：医疗费 163836.73 元、住院伙食补助费 7900 元、营养费 5000 元、误工费 10000 元、护理费 10860 元、交通费 200 元、残疾赔偿金 358679.2 元、精神损害抚慰金 15000 元、鉴定费 4286.1 元，共计 575762.03 元。

根据法律规定，承保机动车强制保险的保险人在强制保险责任限额范围内予以赔偿；不足部分，由承保机动车商业保险的保险人按照保险合同的约定予以赔偿；仍然不足或者没有投保机动车商业保险的，由侵权人赔偿。根据上述赔偿规则，卢某某因此事故造成的上述各项损失，首先由某公司深圳分公司在机动车交通事故责任强制保险相应的赔偿限额内直接向卢某某承担保险赔偿责任，超出部分，由某公司湖南分公司在商业险限额内承担赔偿责任，鉴定费不属于保险理赔范围，由唐某某、辛某某负担。唐某某已垫付的 10 万元扣除应承担鉴定费部分，剩余 95713.9 元卢某某同意返还唐某某，法院不持异议。

北京市顺义区人民法院作出如下判决：

一、被告某公司深圳分公司赔偿原告卢某某各项经济损失共计 198000 元（含精神损害抚慰金），于本判决生效之日起七日内付清；

二、被告某公司湖南分公司赔偿原告卢某某各项经济损失共计 373475.93 元，于本判决生效之日起七日内付清；

三、原告卢某某在本判决生效之日起七日内，返还被告唐某某 95713.9 元；

四、驳回原告卢某某的其他诉讼请求。

某公司深圳分公司不服一审判决，提起上诉。北京市第三中级人民法院经审理认为：某公司深圳分公司承保的是“特种车辆交通事故责任强制保险”，对于特种机动车在进行作业时发生责任事故应否适用交强险，应当综合考虑以下事实：（1）某公司深圳分公司在事故泵车投保时对承保车辆为特种车辆明知，特种车辆除道路通行外更多的是进行特种功能的作业，保险公司作为专业保险人，应当明知上述情况并对可能发生的风险有预先的判断。（2）《机动车交通事故责任强制保险条例》第四十四条规定，机动车在道路以外的地方通行时发生事故，造成人身伤亡、财产损失的赔偿，比照适用本条例。用于起重的特种车辆在进行作业时发生的责任事故，可以比照适用《机动车交通事故责任强制保险条例》。在此情况下，一审法院认定某公司深圳分公司应当承担其承保的特种机动车在“机动车交通事故责任强制保险”范围内的保险责任并无不当，本院对此予以维持。

北京市第三中级人民法院依照《中华人民共和国民事诉讼法》第一百七十七条第一款第一项之规定，判决：

驳回上诉，维持原判。

【法官后语】

一、特种车辆交强险适用问题

《机动车交通事故责任强制保险条例》第三条规定，交强险指的是被保险的机动车发生交通事故时，机动车保险人对本车人员及其他受害人的人身和财产损失，在责任限额内予以赔偿的强制性责任保险。交强险包括以下三个功能：首先，交强险本质上仍属于一种保险，故具有保险分摊损失的基本功能，即通过大量的交强险投保人缴纳较小的保险费用，分摊少数交通事故受害人的较大损失；其次，交强险可以在机动车投保人发生交通事故时，予以其一定的经济补偿，从而减少其经济损失，降低机动车使用人驾驶车辆时潜在的损失风险；最后，由于在机动车道路交通事故中，受害人相对于机动车驾驶人来说，属于较为弱势的一方，强制机动车所有人购买一定的保险，可以使受害人的权益得到最低限度的保障。特种车辆由于其特殊性，与普通车辆不同，包括道路通行和进行作业两种功能，其中进行作业的时间更长，因此，明确进行作业时的特种车辆造成的人身损害是否纳入交强险的保险范围内，很有必要。在实践中，应当审查投保时保险人对承保车辆为特种车辆是否明知，保险公司作为专业保险人，对承保车辆为特种车辆明知的，应当认为其对特种车辆作业期间可能发生的风险有预先的判断，将进行作业时的特种车辆造成的人身损害纳入交强险的保险范围，符合交强险的立法本意，有利于社会保障。

二、商业险免责条款的适用

《中华人民共和国保险法》第五十二条规定，在合同有效期内，保险标的的危险程度显著增加的，被保险人应当按照合同约定及时通知保险人，保险人可以按照合同约定增加保险费或者解除合同。保险人解除合同的，应当将已收取的保险费，按照合同约定扣除自保险责任开始之日起至合同解除之日止应收的部分后，退还投保人。被保险人未履行前款规定的通知义务的，因保险标的的危险程度显著增加而发生的保险事故，保险人不承担赔偿保险金的责任。实践中，保险人对保险标的危险程度显著增加的主观判断标准，即发生在保险标的上的风险变动对保险人订立合同时的决定是否产生实质性影响，或者说是否足以影响保险人调整保险费率或者拒绝继续履行原保险合同的决定。司法实践中，人民法院在认定某一情形是否构成保险标的危险程度显著增加时的裁判标准会从严掌握，要审查相关保险人是否会因投保人或被保险人基于所发生风险变动因素未履行通知义务而受到影响，而不是轻易认定保险标的风险变动构成显著增加。一般情况下，保险标的危险程度显著增加的显著性、持续性与不可预见性越高，保险人的赔偿率越低，相应的，免赔率则越高。危险程度显著增加的立法目的在于此种情形使得原保险合同成立的基础发生了变化，如果继续维持原合同约定，有悖于等价平衡原则，因此法律赋予保险人可以按照合同约定增加保险费用或者解除合同的权利。但如果实际情况不会动摇最初保险合同中交易双方的意思表示和对价平衡，危险就没有显著增加。本案事发时，涉案泵车在从事混凝土浇筑作业，属于此种车辆的使用功能，未出现与该泵车投保时明显不符的使用情况，其使用未导致保险车辆危险显著增加。

编写人：北京市顺义区人民法院　张婷　邓玮

5

特种机动车作业过程中的事故是否适用交强险

——刘某诉张某等生命权、身体权、健康权案

【案件基本信息】

1. 裁判书字号

北京市第三中级人民法院（2022）京 03 民终 6527 号民事判决书

2. 案由：生命权、身体权、健康权纠纷

3. 当事人

原告（被上诉人）：刘某

被告（上诉人）：甲保险公司

被告（被上诉人）：张某、王某、乙保险公司

【基本案情】

张某是涉案吊车所有人，王某是张某的司机，持有安全管理和作业人员证，其驾驶证准驾车型B2。2021年11月29日，王某执行一业务安排，在吊车吊装作业完成后，需拆除吊车的副臂，自己不能独立完成，自行找到某机械公司现场作业人员刘某帮忙，拆除过程中，刘某在吊车副臂旁推副臂准备将副臂合起来时，副臂意外脱落碰到刘某，导致刘某受伤。

事发后，某机械公司现场负责人徐某某、吊车司机王某拨打120急救电话将刘某送往医院治疗，住院共42天。

相关调查报告认定此次事件为“副臂意外脱落导致的事件”。关于整改防范措施建议：某机械公司应加强作业人员及管理人员教育培训工作，做好班前检查行为，核查完善起重机械租赁使用管理，重点核查人员资质、合同等情况，做好作业人员防护。吊车司机必须按照《汽车起重机副臂安装（拆卸）作业规程》执行。严禁吊装臂下站人，副臂下方禁止站人。确保足够的作业空间。

经法院核实，本次事故造成刘某产生如下损失（未划分责任比例）：医疗费371583.78元（含救护车费、其中张某垫付100000元）、复印费80元、住院伙食补助费6000元、住院期间护理费13200元、出院交通费600元。

刘某请求判令被告赔偿其已产生的医疗费、复印费、住院伙食补助费、住院期间护理费、交通费，扣除张某垫付的10万元，其他费用待能做鉴定后另行主张。

张某、王某辩称：涉案吊车有保险，应由保险公司承担责任。张某垫付的10万元要求本案一并解决。

乙保险公司辩称：我公司承保的是涉案吊车的第三者责任保险，事故发生在保险期间，但本次事故不属于我公司赔偿范围，故我公司不同意赔偿。

甲保险公司辩称：我公司承保的是涉案吊车的交强险，事故发生在保险期间，但本次事故不属于交强险赔偿范围，故我公司不同意赔偿。

【案件焦点】

甲保险公司是否应当在交强险范围内承担赔偿责任。

【法院裁判要旨】

北京市平谷区人民法院经审理认为：本案中，调查报告已对事故原因进行了认定，因副臂拆除属于吊车一方的工作，副臂脱落致刘某受伤，吊车一方应承担相应责任，另结合吊车一方未经通知相关单位私自找工人作业，未明确作业过程中的风险和注意事项，吊车司机安全意识淡薄，本院确定吊车一方承担90%的责任；刘某作为现场工人安全意识淡薄，应对自身受伤承担10%的责任。雇员在从事雇佣活动中致人损害的，雇主应承担赔偿责任。雇员因故意或重大过失致人损害的，应与雇主承担连带赔偿责任。本案中，张某是王某的雇主，王某的责任应由张某负担，但王某存在重大过失，故应承担连带责任。机动车在道路以外发生事故，造成人身损害或财产损失的，可以比照交强险条例适用，用于起重的特种机动车辆在进行作业时发生的责任事故，可以参照交强险条例，故本案中甲保险公司应在交强险范围内予以赔偿。甲保险公司认为本案不属交通事故，交强险不应赔偿的意见，与交强险的保险目的和相关规定不符，不予采纳。本次事故是在吊车收副臂的过程中发生，属于吊车作业的一部分，刘某受王某指挥干活，副臂拆除过程中意外脱落碰伤刘某，属于三者险的赔偿范围，故乙保险公司应在三者险范围内予以赔偿。就刘某主张的医疗费（含救护车费）、住院伙食补助费、住院期间护理费、出院交通费数额准确，予以确认。刘某要求赔偿复印费无法律依据，不予支持。本院为减轻当事人诉累，一并解决张某垫付费用，由乙保险公司返还张某。

北京市平谷区人民法院依照《中华人民共和国民法典》第一千零四条、第一千一百七十九条，《最高人民法院关于审理道路交通事故损害赔偿案件适用法律若干问题的解释》第二十五条之规定，判决如下：

一、甲保险公司于本判决生效后十日内赔偿刘某各项经济损失共计 31800 元；

二、乙保险公司于本判决生效后十日内赔偿刘某各项经济损失共计 323625 元（其中 100000 元系张某垫付，由乙保险公司给付张某）；

三、驳回刘某其他诉讼请求。

甲保险公司不服一审判决，提起上诉。北京市第三中级人民法院经审理认为：机动车在道路以外发生事故，造成人身损害或财产损失的，可以比照交强险条例适用。根据相关部门的答复，用于起重的特种机动车辆在进行作业时发生的责任事故，可以比照适用交强险条例。同时，《机动车交通事故责任强制保险条例》第一条规定，为了保障机动车道路交通事故受害人依法得到赔偿，促进道路交通安全，根据《中华人民共和国道路交通安全法》《中华人民共和国保险法》，制定本条例。根据该条规定，交强险制度设立的主要目的在于保护第三方受害人的利益。而特种机动车的性质决定了其在道路上通行的时间少于作业时间，保险公司对此也应当明知。若将特种机动车作业时造成的人身伤亡或财产损失完全排除在交强险的赔偿范围之外，则该类车辆受害人将无法获得交强险的救济赔偿，而投保人投保交强险的目的也将严重受限。因此，特种机动车在作业过程中发生的事故应当由保险公司在交强险范围内予以赔偿，一审法院据此判令甲保险公司赔偿刘某各项经济损失共计31800元，并无不当。

北京市第三中级人民法院依照《中华人民共和国民事诉讼法》第一百七十七条第一款第一项之规定，判决如下：

驳回上诉，维持原判。

【法官后语】

对于搅拌车、起重车、推土车等特种作业车来说，最主要的功能是专项作业，其功能属性决定了其在道路上行驶时间短、速度慢、发生交通事故概率相对低的特点。其事故通常发生在生产作业过程中。但对于生产作业中发生事故致人损害，交强险应否赔付的问题，司法实践中通常为双方当事人的争议焦点。

对此问题，实践中通常有三种观点。一种观点认为，交强险的设立是为了保护受害人的利益，保险公司应当在交强险限额范围内承担赔偿责任；另一种观点认为，保险公司在交强险限额范围内先行赔偿的前提是车辆在通行时致人损害，但特种作业车发生事故时未处于“通行”状态，而是处于作业状态，故保险公司不应在交强险限额范围内承担赔偿责任；还有种观点认为，保险公司是否在交强险范围内承担责任应以交警部门的认定为准，如认定事故属于道交事故或者通行过程中发生事故的，保险公司应当在交强险限额范围内承担赔偿责任。对此，笔者更倾向于第一种观点。理由如下：

其一，从立法目的来看，交强险的立法本意是通过强制机动车的所有人或者管理人依法投保，让保险人来承担、分摊社会风险，保障机动车事故中的受害人能及时得到赔付。交强险作为国家强制推行的特殊险种，具有强烈的保障性和公益性，既保障受害人在事故发生后能及时获得赔偿得到救治，又能有效弥补投保人的人身和财产损失，分散责任风险。特种作业车与普通车辆一同被列为应当投保交强险的范畴，且生产作业中发生事故致人损害与普通车辆道路通行时致人损害相比较，致人损害的事实和性质并无本质区别，从保障当事人利益、分散风险的角度来说，应当获得同样的救济，同时也是立法公益性的体现。

其二，从保险业的管理和制度规章来看，根据《机动车交通事故责任强制保险条例》的立法精神，用于起重的特种作业车辆在进行作业时发生的责任事故，可以比照适用该条例。根据该规定，保险公司接受特种作业车作为承保对象，说明保险公司将特种作业车作为一般机动车而非“挂车”等无参保资质车辆来对待，其对特种作业车辆在使用过程中可能造成的危害应有正确预估，对风险的承担应处于默示接受状态。虽然原中国保监会作为保险业的监管机构，对法律条文的解释不具有法律效力，但在法律法规对此未有明文规定的情况下，可以参照适用。

其三，从权利义务相对性上来看，特种作业车辆的特殊属性决定了其在行驶状态下发生交通事故概率低、在生产作业时发生事故才是常态的特点，如将此排除在交强险责任范畴之外，从保险合同角度出发，将导致合同双方即投保人和保险公司间的权利义务关系不对等。

综上，笔者认为，特种作业车辆在生产作业时发生事故致人损害，交强险应当予以赔付。

编写人：北京市平谷区人民法院　迟婧函　毛蕾

6

共同饮酒者出意外同桌人责任认定

——汪某等诉吴某甲等生命权案

【案件基本信息】

1. 裁判书字号

湖南省岳阳市中级人民法院（2022）湘06民终3309号民事判决书

2. 案由：生命权纠纷

3. 当事人

原告（被上诉人）：汪某、张某甲、张某乙、张某丙、邱某某

被告（上诉人）：吴某甲、某餐馆、黎某某

被告（被上诉人）：程某某、张某丁、吴某乙、唐某某、张某戊、马某某、谢某

【基本案情】

死者张某系张某丙、邱某某之子，系张某甲、张某乙之父。被告某餐馆由谢某甲与被告黎某某夫妻经营，黎某某与被告程某某系亲戚关系，被告吴某甲系程某某之子的班主任。2022年4月6日，被告程某某委托黎某某邀请吴某甲前往某餐馆吃晚饭，同时程某某还邀请了黎某某、张某丁，吴某甲邀请了张某、唐某某，黎某某又邀请了吴某乙、马某某、张某戊，谢某系黎某某女儿，在某餐馆做服务生，也参与就餐。当天17时许，前述10人在某餐馆一楼吃饭并饮酒。张某给桌上每人倒了一杯苦荞酒（杯容量约一两八），谢某、程某某、吴某乙、张某丁、马某某、张某戊就餐、饮酒后，先后离开。张某、吴某甲、黎某某、唐某某四人继续就餐饮酒，其间张某独自一人前往一、二楼转角的卫生

间上厕所，因未见张某回来，黎某某、吴某甲、唐某某三人至二楼寻找张某，发现张某躺在一、二楼间的厕所门口。后张某经医护人员现场抢救无效后死亡。鉴定意见为：张某系喝酒后摔倒致右颞骨岩部凹陷骨折、颅底骨折、颅内出血死亡。

当日中午，吴某甲、张某等共五人在某饭店吃饭，其间五人一起喝了一瓶一斤装苦荞酒和几瓶啤酒，至16时许吴某甲邀请张某前往某餐馆吃饭结束。

【案件焦点】

本案中民事责任如何承担。

【法院裁判要旨】

湖南省华容县人民法院经审理认为：张某作为完全民事行为能力人，应当知道自己的身体状况及饮酒行为可能对其身体造成的危害后果，在某餐馆一楼有卫生间的情况下，走楼梯前往某餐馆一、二楼楼梯间卫生间，且自身未注意安全，导致自己酒后意外摔倒，之后死亡。张某在本案中存在重大过错，应自行承担主要民事责任。吴某甲中午与张某一同就餐饮酒，晚上接受学生家长吃请时又邀请张某参与饮酒，导致张某饮酒摔倒后死亡，未尽到对共同饮酒人张某人身安全合理的注意及扶助义务，在该事件中存在过错，应承担相应的赔偿责任。《中华人民共和国民法典》第一千一百九十八条规定，宾馆、商场、银行、车站、机场、体育场馆、娱乐场所等经营场所、公共场所的经营者、管理者或者群众性活动的组织者，未尽到安全保障义务，造成他人损害的，应当承担侵权责任。某餐馆作为经营场所，由谢某甲与黎某某夫妻共同经营，被告黎某某作为某餐馆实际经营者，没有尽到安全保障义务，亦未尽到注意、提醒义务，致使张某饮酒后摔倒死亡，具有过错，应承担相应的赔偿责任。同桌饮酒人唐某某未尽到对张某的合理注意及帮助义务，具有一定过错，应承担相应的赔偿责任。考虑到各方当事人的过错程度，结合本案实际，酌定被告吴某甲、某餐馆及黎某某、唐某某共同承担20%的责任，其中吴某甲承担9%的责任、某餐馆及黎某某承担9%的责任，唐某某承担2%的责任。故，吴某甲应承担

139894.02元，对于吴某甲已支付的25000元应予扣减。某餐馆及黎某某共同承担139894.02元，黎某某所支付的15000元应予扣减。唐某某承担31087.56元，唐某某已支付的10000元应予扣减。对于原告起诉的其他被告，程某某、张某丁、吴某乙、张某戊、马某某、谢某六人在张某发生意外之前已离开餐桌，对该意外结果不能预见，不应承担责任。对于其他被告已支付给死者家属的款项，系出于人道主义自愿给付，不予返还。

湖南省华容县人民法院依照《中华人民共和国民法典》第十条、第一百二十条、第一千一百六十五条、第一千一百七十三条、第一千一百七十九条、第一千一百八十一条、第一千一百八十三条、第一千一百九十八条，《最高人民法院关于审理人身损害赔偿案件适用法律若干问题的解释》第十四条、第十五条、第十七条、第二十三条，《中华人民共和国民事诉讼法》第六十七条、第一百四十七条之规定，判决：

一、被告吴某甲于本判决生效后30日内向原告汪某、张某甲、张某乙、张某丙、邱某某支付赔偿款114894.02元；

二、被告某餐馆与被告黎某某于本判决生效后30日内向原告汪某、张某甲、张某乙、张某丙、邱某某支付赔偿款124894.02元；

三、被告唐某某于本判决生效后30日内向原告汪某、张某甲、张某乙、张某丙、邱某某支付赔偿款21087.56元；

四、驳回原告汪某、张某甲、张某乙、张某丙、邱某某其他诉讼请求。

吴某甲、某餐馆、黎某某不服一审判决，提出上诉。

湖南省岳阳市中级人民法院经审理认为：张某作为完全民事行为能力人，应当知道自己的身体状况及过量饮酒可能对其身体造成的危害后果。席间没有他人强行劝酒、强迫饮酒，张某饮酒过量完全是其出于自愿，因此，张某饮酒后意外摔倒致死，其本人具有重大过错，应自行承担主要责任。日常生活中，亲戚、朋友之间相约请客吃饭，适量饮酒本是平常之事，以此加强情感联络，加深友谊，本无可非议。但饮酒应当适度，共同饮酒人应相互提醒，不可过度饮酒，吴某甲与张某在案发当天中午饮酒后，晚上再邀张某饮酒，应尽到提醒注意的义务。对张某的死亡，吴某甲应承担相应的赔偿责任。黎某某作为餐馆的经营者，也应当尽到提醒和扶助的义务，以保障用餐顾客的人身安全。对张某的死亡亦应承担相应的责任。特别是明知就餐的一楼有卫生间，方便上厕所，而当张某上二楼卫生间时，没有任何人提醒，以致张某摔倒致死。原判认定事实清楚，但责任划分及承担的比例不当。吴某甲和某餐馆经营者相比较，吴某甲的责任更大一些。综合全案情况，吴某甲承担 6%的责任，某餐馆及黎某某承担 4%的责任，唐某某承担 2%的责任较为恰当。案发后吴某甲、黎某某及唐某某已支付的款项应予扣减。其他人已支付的部分系出于人道主义自愿给付的，不予返还。

湖南省岳阳市中级人民法院依法依照《中华人民共和国民法典》第十条、第一百二十条、第一千一百六十五条、第一千一百七十三条、第一千一百七十九条、第一千一百八十条、第一千一百八十三条、第一千一百九十八条，《最高人民法院关于审理人身损害赔偿案件适用法律若干问题的解释》第十四条、第十五条、第十七条、第二十三条，《中华人民共和国民事诉讼法》第一百七十七条第一款第三项之规定，作出如下判决：

一、撤销湖南省华容县人民法院（2022）湘 0623 民初 1262 号民事判决第一项、第二项；

二、维持湖南省华容县人民法院（2022）湘 0623 民初 1262 号民事判决第三项、第四项；

三、由吴某甲于本判决生效后 30 日内向汪某、张某甲、张某乙、张某丙、邱某某支付赔偿款 68263 元（1554378 元×6%−25000 元）；

四、由某餐馆与黎某某于本判决生效后 30 日内向汪某、张某甲、张某乙、张某丙、邱某某支付赔偿款 47175 元（1554378 元×4%−15000 元）。

【法官后语】

“无酒不成席”是中华民族饮食文化中的传统，形成了特定的“酒文化”，宴客饮酒成为人们联络感情、传递友谊的一种社交方式。但过量饮酒及酒后的不当行为往往会给自身和家庭、社会带来不良后果。现实生活中，因饮酒直接或间接地造成人身损害、伤亡的案件日益增多，而共同饮酒者成为被告甚至承担赔偿责任的案例也屡见不鲜。本案即为一例典型的“酒友被告案”，案件争议的焦点为共同饮酒人应否承担民事责任。

民法上的注意义务是指义务主体谨慎、小心地行为（作为或者不作为）而不使自己的行为给他人造成损害的法律义务。注意义务包括可能导致损害后果的预见义务和为避免损害后果发生而应采取积极措施的避免义务。行为人若未尽到注意义务，应认定为存在过失，并应承担相应的侵权责任。共同饮酒人是否应当对损害事实的发生承担民事责任，理论中认识不一。一种意见认为不应当承担民事责任，理由在于共同饮酒与死亡结果之间没有直接因果关系，并且共同饮酒人之间并不存在约定或法定的相互安全保障义务。另一种意见认为共同饮酒人应当承担一定的民事责任，理由在于当共同饮酒行为使他人发生特定的危险，其他共同饮酒人就产生特定的义务，即具有相互提醒、照顾的义务，违反者构成过失。虽然社会交往中发生的情谊行为不存在约定或法定的权利和义务关系，但行为人在实施情谊行为的过程中，致他人陷于人身危险之中的，行为人因自己先前的行为而产生对受害人的安全注意义务，未尽到必要的注意义务，导致其他民事主体人身或财产利益遭受重大损害的，应当认定其主观上具有过错，对他人所受损害承担赔偿责任。也就是说，情谊行为造成损害的侵权民事责任的归责原则适用过错责任原则。将情谊行为造成的损害纳入法律调整的范畴，是为了合理限制行为人的行为，令其尽到必要的注意义务，即谨慎行事，避免自己的行为损害他人或社会利益。

本案中，吴某甲明知张某中午饮了酒，晚上接受学生家长吃请时又邀请张某参与饮酒，导致张某酒后摔倒致死，吴某甲作为一名教师，应当为人师表，以身作则，但吴某甲未尽到对共同饮酒人张某人身安全合理的注意及扶助义务。根据《中华人民共和国民法典》第一千一百六十五条关于过错原则的规定，民事主体只有在行为上存在过错，并且这种行为给他人带来损害和损失时，民事主体才对自己的行为承担责任。吴某甲在该事件中存在过错，应承担相应的赔偿责任。根据《中华人民共和国民法典》第一千一百九十八条关于经营者安全保障义务责任的规定，某餐馆作为经营场所，被告黎某某作为某餐馆实际经营者，没有尽到安全保障义务，亦未尽到注意、提醒义务，致使张某饮酒后摔倒死亡，具有过错，应当对张某的死亡承担相应的责任。同饮人唐某某未尽到对张某的合理注意及帮助义务，具有一定过错，应承担相应的赔偿责任。其他被告因在张某发生意外之前已离开餐桌，对该意外结果不能预见，不应承担责任。根据《中华人民共和国民法典》第一千一百七十三条“被侵权人对同一损害的发生或者扩大过错的，可以减轻侵权人的责任”。张某作为完全民事行为能力人，其应当对自己的饮酒和酒后行为后果负责。

编写人：湖南省华容县人民法院　龙菲

7

酒后住店意外坠楼身亡共饮者及酒店的责任认定

——敬某甲等诉尹某、某酒店生命权、身体权、健康权案

【案件基本信息】

1. 裁判书字号

四川省眉山市中级人民法院（2023）14 民终 342 号民事判决书

2. 案由：生命权、身体权、健康权纠纷

3. 当事人

原告（上诉人）：敬某甲、梁某某、敬某乙

被告（被上诉人）：尹某、某酒店

【基本案情】

尹某与死者敬某系朋友关系。2021 年 9 月 28 日，敬某与尹某一同到某饭店为尹某的母亲庆祝生日，午餐期间双方均有饮酒。午饭后，敬某与尹某等人

在某饭店旁茶楼喝茶打牌，晚上，双方继续就餐，晚餐期间双方均有饮酒。20时左右，敬某与尹某等人唱歌并继续喝酒。23时左右，尹某让尹甲将敬某送到某酒店休息，于是尹甲将敬某送到某酒店住宿，因敬某酒后记不清身份证号码，尹甲用自己的身份证在某酒店开了房间让敬某休息并支付了房费。到酒店后，因敬某乱跑，尹甲给尹乙打电话让其过来帮忙，二人一起将敬某扶到房间床上，让敬某好好休息后二人关上房门离开。次日凌晨，敬某坠楼死亡。敬某体内经鉴定：乙醇含量237.2毫克/100毫升。死亡原因鉴定为：死者敬某的死亡原因符合高坠致颅脑损伤死亡。另查明，案涉10A房间内窗户前有0.35米高的平台，窗台距平台高度为1.15米左右，窗户开合距离过大，未安装防护网、限位器或其他防护设施。

【案件焦点】

尹某、某酒店对敬某的死亡是否应承担责任，如何认定责任比例。

【法院裁判要旨】

四川省仁寿县人民法院经审理认为：本院认定对三原告因敬某死亡产生的各项损失，死亡赔偿金为828880元（41444元/年×20年），被扶养人生活费共计287690元（26971元/年×6年+26971元/年×14年÷3人），丧葬费37260元，精神损害抚慰金50000元，共计1203830元。

1. 尹某对敬某的死亡是否具有过错，应否承担相应的赔偿责任。死者敬某作为完全民事行为能力人，其参席饮酒，不顾自身酒量而大量饮酒，导致酒后坠楼死亡，应负主要责任。尹某系组织者和主要邀约者，但不论是组织者还是参席的人员，都是一种正常社会生活交往中的情谊行为，组织者、邀约者虽应对参宴者的安全有一定的注意、照顾义务，但此义务不应过高。尹某在安排人送敬某去酒店时，已经发现敬某呈现一定的醉酒状态。在酒店入住过程中，敬某也曾跑出酒店，不配合入住。在此情况下，尹某未引起重视，未安排人在酒店对敬某进行照顾，而是让敬某一个人在酒店房间，故尹某应对敬某的死亡承担一定的责任，结合本案案情，酌定尹某承担敬某死亡各项损失5%的责任，即尹某应赔偿三原告 60191.5 元（1203830 元×5%）。

2. 某酒店对敬某的死亡是否具有过错，应否承担相应的赔偿责任。敬某入住某酒店时，其前台工作人员已发现敬某呈现一定的醉酒状态，且未按规定对入住者即敬某进行实名登记。同时，案涉房间窗户开合距离过大，未安装防护网、限位器或其他防护设施。某酒店作为经营者，未尽到合理的安全保障义务，其对敬某的坠楼死亡也应负一定责任，结合本案查明事实，酌定某酒店承担敬某死亡各项损失 10%的责任，即某酒店应赔偿三原告 120383 元（1203830 元×10%）。

四川省仁寿县人民法院依照《中华人民共和国民法典》第一千一百六十五条、第一千一百七十二条、第一千一百七十三条、第一千一百七十九条、第一千一百八十一条、第一千一百八十三条、第一千一百九十八条，《最高人民法院关于审理人身损害赔偿案件适用法律若干问题的解释》第一条、第十四条、第十五条、第十七条，《最高人民法院关于确定民事侵权精神损害赔偿责任若干问题的解释》第一条、第五条，《中华人民共和国民事诉讼法》第六十七条，《最高人民法院关于适用〈中华人民共和国民事诉讼法〉的解释》第九十条之规定，判决如下：

一、被告尹某于本判决生效之日起十日内赔偿原告敬某甲、梁某某、敬某乙各项损失费用 60191.5 元；

二、被告某酒店于本判决生效之日起十日内赔偿原告敬某甲、梁某某、敬某乙各项损失费用 120383 元；

三、驳回原告敬某甲、梁某某、敬某乙的其他诉讼请求。

敬某甲、梁某某、敬某乙不服一审判决，提起上诉。

四川省眉山市中级人民法院经审理认为：首先，尹某安排人送敬某到酒店入住时，敬某已呈现一定的醉酒状态，在酒店入住过程中，敬某曾有跑出酒店，不配合入住的情况，此时作为该次聚会组织一方的尹某应安排人员在酒店对敬某进行照顾，而非放任敬某一人留宿酒店房间，故尹某对敬某的死亡负有一定的责任，一审酌定尹某承担 5%的赔偿责任比例适当。其次，某酒店对于入住酒店的人员应当进行核实并进行实名登记，其疏于核实，也未登记实际入住人员的身份信息。事发时酒店窗户的开合间距可容纳人员翻越，客观上无法避免高坠的发生，一审以某酒店未尽到合理的安全保障义务，酌定其承担10%的赔偿责任比例具有事实、法律依据，并无不当。

四川省眉山市中级人民法院依照《中华人民共和国民事诉讼法》第一百七十七条第一款第一项之规定，判决：

驳回上诉，维持原判。

【法官后语】

在中国传统文化中，所谓“无酒不成席”，很多场合都离不开酒。但过量饮酒或不良饮酒习俗造成人身伤亡的事件屡见不鲜。因此饮酒、劝酒要保持理性，不仅要切合自身身体状况量力而行、适量饮酒，而且还要对共同饮酒人履行相应的提醒、劝告、协助、照顾等义务，避免共饮人人身损害的发生，以免给自己和他人造成无法挽回的后果。

一、关于共饮者的责任认定

关于共同饮酒人的侵权行为，通常从两个方面考量：一是在饮酒过程中是否存在过度劝酒的行为；二是在饮酒后是否对过量饮酒的人进行了必要且合理的护送照顾义务。

关于损害后果，损害是指特定民事主体所遭受的现实的、可救济的侵害权利或利益所造成的不利后果，共同饮酒人应注意保障共饮者的人身安全，因此，损害事实也仅限于酒友遭受人身损害，倘若酒友遭受财产损害、经济损失，共同饮酒人一般不需要承担侵权责任。

关于共饮行为与损害后果之间因果关系的认定，只有共同饮酒人的损害行为与酒友的人身损害之间具有引起与被引起的客观联系，共同饮酒人才构成侵权责任。该因果关系应包含醉酒是人身伤亡原因的直接因果关系，以及共同饮酒导致危险状态的出现，加之其他共同饮酒人未尽照顾义务，其他共同饮酒人的不作为或者不适当作为对醉酒引发人身伤亡的相当因果关系。如果同饮人对受害人履行了充分的注意、护送、照管义务，一般情况下可以避免损害后果的发生，那么共饮人的共同饮酒行为与损害后果之间就不存在因果关系。

关于主观过错，共同饮酒人是否需要承担责任，应遵循过错侵权的基本原则，过错是指侵权人在实施侵权行为时对损害后果的主观心理状态。共同饮酒引发醉酒人身伤亡承担侵权责任的主观要件只能是过失，共同饮酒的行为人未尽救助的作为义务，只在其对所发生的侵权结果具备主观过错时才需要承担责任。本案中，尹某与受害人之间在同日内共同多次饮酒，在受害人呈现醉酒危险状态的情况下，对受害人未尽到合理的护送照顾义务，对损害结果发生有一定的过失，其应承担一定赔偿责任。

二、关于案涉酒店责任认定

《中华人民共和国民法典》第一千一百九十八条第一款规定："宾馆、商场、银行、车站、机场、体育场馆、娱乐场所等经营场所、公共场所的经营者、管理者或者群众性活动的组织者，未尽到安全保障义务，造成他人损害的，应当承担侵权责任。"酒店应保障入住人员的人身安全。其基础设施设备应符合相关要求。酒店为保障客人安全，客房窗户通常加装限位器，以限制窗户打开的角度和宽度，保障高楼层客人的人身安全，避免意外坠落和低楼层防盗等问题。酒店还应按规定对所有入住人员进行信息核实并进行实名登记。本案中，案涉酒店疏于核实入住人员信息，也未登记实际入住人员的身份信息。事发时酒店窗户的开合间距可容纳人员翻越，客观上无法避免高坠的发生，应当认定某酒店未尽到合理的安全保障义务，故判决其承担一定赔偿责任。

编写人：四川省仁寿县人民法院　周宇

8

缺乏鉴定意见时可能性因果关系规则的运用

——欧某某诉某发廊、杨某某健康权案

【案件基本信息】

1. 裁判书字号

广东省清远市中级人民法院（2022）粤18民终650号民事判决书

2. 案由：健康权纠纷

3. 当事人

原告（被上诉人）：欧某某

被告（上诉人）：某发廊、杨某某

【基本案情】

杨某某经营某发廊。欧某某曾在2020年1月14日自己买染发膏染发，因对颜色不满意于1月16日到某发廊处漂色、重新染发及加热固色。加热过程中欧某某感觉头皮疼痛并告知杨某某，后疼痛加剧，杨某某遂将包头保鲜膜取下并进行冲洗。1月17日至4月20日，欧某某因头皮出现疼痛红肿，进行了多次门诊、清创及植皮手术治疗。欧某某多次通过微信告知杨某某其头部受损事宜，并对头部位置自拍留痕。

漂染发前，欧某某与杨某某未对使用的产品进行协商。某发廊主张使用某牌毛白剂、某牌护发染膏以及某牌专业双氧奶为欧某某漂色和染发。在国家药品监督管理局网站国产特殊用途化妆品目录中进行查询，未查询到某牌毛白剂以及某牌专业双氧奶的产品信息。杨某某称欧某某焗油时使用的原焗油机已损坏并丢弃，还称欧某某到店要求重新染发时，曾陈述自行染发后头皮刺激有瘙

痒，但欧某某予以否认。

案件审理过程中，杨某某对欧某某的头部损伤与其使用焗油机的行为是否存在因果关系以及欧某某的伤残等级存在异议，并提出鉴定申请。法院依法先后委托三家司法鉴定中心进行鉴定，鉴定机构均表示对某发廊、杨某某使用焗油机的行为与欧某某头部烫伤之间是否存在因果关系无法受理。法院告知双方后，欧某某坚持对其伤残等级进行鉴定，2021 年 10 月 18 日，广东某司法鉴定中心出具《司法鉴定意见书》，认为欧某某头皮损伤，治疗后遗留额顶部及枕部共两处无毛发区，评定为十级伤残。

【案件焦点】

1. 杨某某对欧某某实施的漂色、染发和使用焗油机加热固色操作行为与欧某某头部损伤后果之间是否存在因果关系；2. 如何确定责任分担比例。

【法院裁判要旨】

广东省清远市清新区人民法院经审理认为：

关于焦点一。虽然鉴定机构不予受理本案的鉴定委托，但不能据此推定杨某某的漂色、染发和使用焗油机加热固色行为与欧某某头部受损之间不存在因果关系，不可简单以鉴代判。确定行为与结果之间有无因果关系，要将行为时的一般社会经验和知识水平作为判断标准，认为该行为有引起损害结果的可能性，且在实际上该行为又确实引起该损害结果的，则该行为与该损害结果之间有因果关系。

欧某某于 2020 年 1 月 16 日晚在某发廊漂色、染发和加热固色；1 月 17 日即出现面部肿胀并就诊；1 月 18 日头顶部及枕部出现红斑渗液、瘙痒就诊；1 月 19 日住院治疗；22 日出院；29 日、30 日，2 月 2 日、4 日、21 日头顶部及枕部受损部位损伤持续加重；2 月 27 日、3 月 6 日头顶部及枕部见创面肉芽组织、脓性分泌物、焦痂等并分别诊断为烫伤和头部热损伤。杨某某和欧某某确认在加热固色过程中，欧某某头部曾出现痛感。从损害发生的时间节点上看，与接受漂染发和使用焗油机加热固色操作具有时间上的连续性。根据欧某某提供的受损部位照片，均是头顶部及枕部两处伤情，1月18日至3月2日，欧某某该两处伤情明显发展，持续加重，可见损伤是在漂色、染发和使用焗油机加热固色后引发和逐步进展的，并非完全治愈后另外触发。另外，欧某某是头顶部和枕部受损，与焗油机加热位置相吻合。结合杨某某认可欧某某在加热固色过程中称头部疼痛的事实，欧某某头顶部及枕部受损与某发廊的漂色、染发和使用焗油机加热固色操作行为有因果关系存在具有高度可能性，应予以认定。

关于焦点二。本院确认欧某某的损失共计145054.13元。另，欧某某在本案审理期间，就其伤残等级进行司法鉴定，支出鉴定费2116元，应按责任比例进行分担。

关于双方当事人的责任认定。行为人因过错侵害他人民事权益的，应承担相应的侵权责任。被侵权人对损害的发生也有过错的，可以减轻侵权人的责任。过错是指侵权人在实施侵权行为时对于损害后果的主观心理状态，包括故意和过失。杨某某经营某发廊，提供美发专业服务，应具备专业知识与技能，提供符合操作规范的服务，并因其营利性、专业性须履行善良管理人的谨慎注意义务。对因主观故意造成的损害固然应当赔偿，对违反谨慎注意义务、疏忽大意造成的过失损害亦应承担赔偿责任。尤其在漂染头发过程中会使用含有化学成分的制剂和焗油机加热，产生热力化学复合作用，应使用符合规定的产品，并对其可能给消费者带来的人身损害负有高度注意义务。首先，某发廊自认使用的涉案毛白剂以及专业双氧奶未包含在国家药品监督管理局网站国产特殊用途化妆品目录中，违反了《化妆品卫生监督条例》第十条规定，是未经国家相关职能部门检验合格通过的产品，某发廊在产品使用上存在过错。其次，某发廊在为欧某某染发前，未对其进行过敏性皮试，在自认欧某某头部有瘙痒等不适（存在既往染发过敏史）的情况下，仅简单检查头皮就进行漂染和加热固色，在加热过程中欧某某出现头部疼痛，某发廊的操作疏忽懈怠，存在过错。某发廊的产品使用和操作行为具有可归责性，与欧某某头顶部及枕部受损后果存在因果关系，故某发廊因其不当服务行为构成侵权，应承担损害赔偿责任。

欧某某到某发廊染发加热固色前，曾购买染发膏自行染发，短期内大量使用特殊用途的化妆品，不能排除其在前使用的染发膏会引发或增加后续损伤的可能。且欧某某在2020年1月22日症状好转出院后，伤情不断加重，但其长达一个月未再到正规医院治疗，导致所受损伤未能得到及时彻底的治疗，欧某某未能积极治疗对其伤情的加重存在过错。

结合本案具体情况，根据过错相抵原则，酌情减轻某发廊30%的赔偿责任，故某发廊承担欧某某上述损失的70%即101537.89元（145054.13元×70%），欧某某自行承担损失的30%即43516.24元（145054.13元×30%）。

广东省清远市清新区人民法院根据《最高人民法院关于适用〈中华人民共和国民法典〉时间效力的若干规定》第一条，《中华人民共和国民法通则》第二十九条，《中华人民共和国侵权责任法》第三条、第六条第一款、第十五条、第十六条、第二十二条、第二十六条，《最高人民法院关于审理人身损害赔偿案件适用法律若干问题的解释》（法释〔2003〕20号）第十七条第一款和第二款、第十八条第一款、第十九条第一款、第二十条、第二十二条、第二十三条、第二十四条、第二十五条、第三十五条，《最高人民法院关于确定民事侵权精神损害赔偿责任若干问题的解释》第八条、第十条，《最高人民法院关于适用〈中华人民共和国民事诉讼法〉的解释》第一百零八条第一款之规定，判决：

一、某发廊、杨某某应于本判决发生法律效力之日起十日内赔偿欧某某医疗费、住院伙食补助费、交通费、营养费、残疾赔偿金、误工费、精神损害抚慰金共计101537.89元；

二、驳回欧某某的其他诉讼请求。

某发廊、杨某某不服一审判决，提起上诉。

广东省清远市中级人民法院经审理，同意一审法院裁判意见，判决：

驳回上诉，维持原判。

【法官后语】

侵权行为中的因果关系是指加害行为与损害结果之间的客观联系，即损害事实是否是行为人的行为所引起损害结果的发生。在个案中判断因果关系，是串联起事实认定和法律责任分担的关键环节，对分配当事人责任、平衡利益十分重要。对因果关系的认定，受制于既往行为的时长性、事物之间联系的复杂性、知识水平的有限性、信息占有的不完全性等因素，诉讼中更受制于当事人的证据收集能力，导致不可能每个案件均能得出直接因果关系的判断。司法需协调社会生活中各种利益冲突，维护公平与正义，对特定行为和损害后果之间因果关系的判断只能是在现有的认知条件和信息状况下作出，不能是纯粹的逻辑推演，应是通常情况下的可能性判断。

本案中，鉴于被侵权人的“烫伤”诊断是在漂染烫发之后的一个多月，在前的诊断意见为过敏性或接触性皮炎，依目前的证据和鉴定条件无法直接对损害原因进行确认。在无法查实行为与损害后果之间是否具有直接因果关系的情况下，应进一步结合证据，审查是否存在可能性因果关系。根据“谁主张，谁举证”的证据规则，被侵权人对存在因果关系的事实主张要承担举证和证明责任，但法律并未明确对因果关系的存在应证明到何种程度。可能性因果关系在刑责旧律的保辜制度以及现行共同危险行为规定中有所体现。保辜制度是认定有无因果律的特殊法律制度，凡是殴伤人，皆立辜限，以时间的经过来定其杀人还是伤人的刑责，在一定期限内被害人死亡，则按杀人罪论断；一定期限内被害人未死亡，而超过期限死亡的，以伤害罪论断。保辜制度考虑到行为和后果在内容上的发展关系和时间上的继起关系，有一定的实用性和合理性。共同危险行为的各行为人连带责任基础为可能因果关系，即虽然行为人行为与损害后果之间的因果关系不能得到确证，但存在高度可能性，行为人在未能明确证明谁是具体造成损害后果的侵权人情况下应承担连带责任。笔者认为，未能认定直接因果关系的侵权责任纠纷中对因果关系存在的举证程度和标准应达到，根据一般人社会生活经验可判断通常情况下因果关系可能存在，且不能排除损害后果与侵权行为没有关联的程度。本案中侵权人以三次鉴定委托均不受理，开始被侵权人只是被诊断为过敏性或接触性皮炎并非烫伤等为由抗辩，但始终无法举出完全否定因果关系存在可能的证据。故结合案情，依据一般社会观察进行了如下推演：(1) 鉴定机构虽不予受理鉴定委托，但不能当然推定不存在因果关系；(2) 双方承认在使用焗油机加热过程中被侵权人曾表示过不适；

(3) 侵权人使用的漂染产品是未经国家相关职能部门检验合格通过的产品，在产品选用上存在过错；(4) 漂染加热后次日，被侵权人即出现脸头部不适的症状，且伤情明显发展，持续加重，具有时间上的连续性；(5) 在漂染头发过程中使用含有化学成分的制剂和焗油机加热，产生热力化学复合作用，与造成低温烫伤存在一定的关联性。然后得出判断：被侵权人头顶部及枕部受损与侵权人漂色、染发和使用焗油机加热固色操作行为存在因果关系具有高度可能性，不能排除损害后果与漂染加热固色行为没有关联，进而最终判决侵权人承担反证举证不利的败诉后果。

处理侵权责任纠纷时，在未能以直接因果关系为据的情况下适当运用可能性因果关系规则，由法官根据案件的具体情况、法律规定、一般人的经验和常识等判断因果关系是否可能存在，是一种比较务实和公平的判断方法。

随着个人对美化外在形象的需求增长，美容美发服务纠纷日益增多，侵害消费者权益的问题也逐渐突出。一般而言，美容美发工具的使用频次多，刺激性低，损害结果的出现可能较为滞后和隐秘。本案可能性因果关系规则的运用路径为相关美容美发侵权纠纷的解决提供了思路，最大限度接近客观事实，有利于引导美容美发行业提供符合操作规范的服务，切实保护消费者合法权益。

编写人：广东省清远市清新区人民法院　温振英　廖卓玲

9

司法鉴定未能确定因果关系情形下法律原因规则的适用

——古某某诉黄某等生命权、健康权、身体权案

【案件基本信息】

1. 裁判书字号

广东省惠州市中级人民法院（2022）粤13民终5444号民事判决书

2. 案由：生命权、健康权、身体权纠纷

3. 当事人

原告（被上诉人）：古某某

被告（上诉人）：黄某、李某丁、林某甲、林某乙、林某丙

被告：惠州市惠阳区某某中学（以下简称某中学）、李某甲、李某乙、李某丙、林某丁

第三人：惠州市某某人民医院（以下简称某医院）

【基本案情】

2016年3月3日，被告黄某纠集被告李某甲、李某丙、林某甲、林某丙（以下简称五被告）对原告古某某实施犯罪行为，并已经刑事判决认定构成敲诈勒索罪。古某某经医疗诊断患创伤后应激障碍，并住院治疗，两份司法鉴定意见均确认古某某所患创伤后应激障碍与上述被敲诈勒索事件存在主要因果关系。梅州市某人民医院出具评定意见认定古某某构成精神残疾，残疾等级为一级。五华县残疾人联合会出具《中华人民共和国残疾人证》，载明古某某为精神残疾人，残疾等级为壹级。现古某某就其所遭受的人身损害提起本案诉讼。

原告监护人古某荣、王某某申请对古某某伤残等级、后续治疗费用、残疾护理等级进行鉴定，因古某某身体上未遭受外在损伤，只是精神上存在创伤应激，鉴定机构无法对五被告实施的侵权行为与古某某损害之间的因果关系进行鉴定，双方对古某某遭受的精神伤害与五被告实施侵权的因果关系存在争议，进而对损失赔偿数额有争议。

李某乙、李某丁、林某乙、林某丁分别是李某甲、李某丙、林某甲、林某丙的监护人。

古某某诉讼请求为：（1）请求判令五被告赔偿原告医疗费、后续治疗费、住院伙食补助费、护理费、营养费、伤残赔偿金、残疾护理费、交通费、精神损害抚慰金、治疗期间护工费、误工费、出院治疗期间伙食费共计3497872.51元。（2）请求判令李某乙、李某丁、林某乙、林某丁对上述赔偿费用承担连带赔偿责任。（3）被告某中学对上述赔偿费用承担补充赔偿责任。

【案件焦点】

在无鉴定报告确认受害人精神损害与侵权行为之间存在因果关系情况下如何认定损害责任承担。

【法院裁判要旨】

广东省惠州市惠阳区人民法院经审理认为：自然人的生命健康权受法律保护。所谓健康权，是指自然人以其身体的生理机能的完善性和保持持续、稳定、良好的心理状态为客体的权利。健康权的客体包括生理健康和心理健康两个方面。不仅对自然人肉体上的伤害是对于健康权的损害，而且对自然人精神上的侵害即引起精神系统的疾病的状态，也属于对健康权的侵害。具体到本案，五被告对原告实施的加害行为具有违法性，主观上具有过错，客观上也造成了原告患“创伤后应激障碍”精神疾病的损害后果，已经具备了一般侵权责任构成要件中的三个要件，因此需要认真审查的是五被告加害行为与原告所患精神疾病之间是否具有因果关系。民法上的因果关系是指行为人的行为与损害结果之间的相互关系。本案确定因果关系应当从事实上的原因和法律上的原因两个方面进行考量判断，亦即应适用法律原因规则。易言之，首先确定行为是否构成损害的事实原因，即产生一个结果的多个前提事实总和中的一个因素；其次确定行为是否为损害的法律原因，即一种自然的、未被介入因素打断的原因，没有这样的原因，就不会发生原告受害的结果。行为对于损害而言，既是事实原因，又是法律原因的，即可确定行为与损害之间的因果关系。（1）根据《最高人民法院关于民事诉讼证据的若干规定》（2019 修正）第十条第一款规定：“下列事实，当事人无须举证证明……（六）已为人民法院发生法律效力的裁判所确认的基本事实……”生效的（2020）粤 1303 刑再 1 号刑事判决已阐明五被告实施加害行为整体过程，并固定了应予采信的证据；而五被告亦因此受到了刑责惩罚。故，五被告加害行为构成原告受损的实质要件，符合借以确定事实上的原因规则中的实质要件规则，能够确认为原告受害的事实上的原因。（2）法律上的原因亦称近因，是被告对原告承担责任的最近原因，是一种自然的和继续的、没有被介入因素打断的原因，没有这种原因，就不会发生原告受害的结果。因此，损害的近因是有效原因。本案中，一方面，两份司法鉴定意见均确认原告所患创伤后应激障碍与涉案被敲诈勒索事件存在主要因果关系，具有因果关系上的最近。另一方面，2016 年 1 月 30 日的原告学生家庭报告书评价其语言表达能力强，头脑较灵活，关心国内外大事，具有民族自尊心和责任感，而涉案《精神科入院记录（1）》则显示古某某于同年 3 月 4 日逐渐出现目光呆滞、沉默少语等精神异常，故在 2016 年 1 月 30 日至 3 月 4 日这一特定期间内，五被告于 3 月 3 日实施的加害行为直接导致原处于正常精神状态的古某某患“创伤后应激障碍”，时间衔接上自然连续，没有被外来事件打断，具有时间上的最近，系直接原因。因此，五被告加害行为对于原告精神损害而言，既是事实原因，又是法律原因，可确定二者之间具有因果关系。被告黄某虽提出原告原有人格素质也是致损原因的抗辩意见，但未提供相反证据证明该人格素质既是事实原因又是法律原因，不属于有效原因，应承担举证不能的不利后果，对其抗辩意见不予采纳。

根据在案证据，可见在实施具体侵权行为过程中，五被告所为加害行为系相互交叉关系而非平行关系，原告受害系上述行为共同作用的结果，而非各自独立作用的结果，故五被告应共同承担原告损失赔偿责任。

监护人责任，是指无民事行为能力人和限制民事行为能力人造成他人损害时，应当由其监护人承担的民事责任。监护人责任是无过错责任。本案中，被告李某甲、李某丙、林某甲、林某丙在实施侵权行为时均为限制民事行为能力人，被告李某乙、李某丁、林某乙、林某丁分别系其监护人，且未举证证明已尽到监护责任，在李某甲、李某丙、林某甲、林某丙名下财产不足支付损失赔偿款情况下，应对不足部分承担赔偿责任。

本案中，原告受到的人身损害完全由校外人员五被告造成，且侵权行为发生地点位于某中学外，超出某中学的管理范围；侵权行为发生时间为原告“放学出来”，参照《学生伤害事故处理办法》第十三条的规定，“下列情形下发生的造成学生人身损害后果的事故，学校行为并无不当的，不承担事故责任；事故责任应当按有关法律法规或者其他有关规定认定：（一）在学生自行上学、放学、返校、离校途中发生的”，故某中学无须承担责任。

广东省惠州市惠阳区人民法院依照《中华人民共和国民法总则》第一百八十八条第一款，《中华人民共和国民法通则》第十二条第一款、第十六条第一款、第九十八条、第一百三十条、第一百三十七条第一款，《中华人民共和国侵权责任法》第六条第一款、第十六条、第三十二条第一款、第四十条，《最高人民法院关于审理人身损害赔偿案件适用法律若干问题的解释》第三条第一款、第十七条第一款和第二款、第十八条第一款、第十九条、第二十一条、第二十二条、第二十三条、第二十四条、第二十五条、第三十一条、第三十五条，《最高人民法院关于适用〈中华人民共和国民法典〉时间效力的若干规定》第一条第二款，《中华人民共和国民事诉讼法》第六十七条第一款和第三款、第一百四十七条，《最高人民法院关于适用〈中华人民共和国民法总则〉诉讼时效制度若干问题的解释》第二条，《最高人民法院关于适用〈中华人民共和国民事诉讼法〉的解释》第六十七条、第九十条之规定，判决如下：

一、被告黄某、李某甲、李某丙、林某甲、林某丙应于本判决生效之日起十日内赔偿原告古某某损失费用 1672283.97 元；

二、在被告李某甲、李某丙、林某甲、林某丙名下财产不足支付上述损失赔偿款情况下，其法定代理人对不足部分承担赔偿责任；

三、驳回原告古某某其他诉讼请求。

黄某、李某丁、林某甲、林某乙、林某丙不服一审判决，提出上诉。广东省惠州市中级人民法院经审理认为：本案侵权事实有相关刑事案件确定的法律事实为据，受害人古某某已经两份司法鉴定确认其所患创伤后应激障碍与 2016 年 3 月 3 日的被敲诈勒索事件存在主要因果关系。古某某在本案中不存在任何过错，其体质状况对损害后果的影响依法不属于减轻侵权人责任的法定情形。精神科的治疗行为是非常专业的领域，上诉人对本案医疗机构的治疗行为提出质疑，认为其存在明显过度医疗的情形，然而上诉人并无任何实质性的证据支持其质疑，从本案现有证据来看，也没有发现本案有明显的不合理的治疗行为。故本案相关事实清楚，没有必要另行再进行所谓因果关系、参与度和治疗合理性、必要性的司法鉴定。各侵权人对受害人共同实施侵权行为，交叉实施侵权，共同造成损害后果，应当承担共同赔偿责任。

广东省惠州市中级人民法院依照《中华人民共和国民事诉讼法》第一百七十条第一款第一项之规定，作出如下判决：

驳回上诉，维持原判。

【法官后语】

本案审理既涉及未成年人在遭受刑事犯罪行为后如何维护自己的合法权益，又涉及在无法进行司法鉴定情形下如何认定赔偿款项问题。在本案无法通过司法鉴定确定因果关系时，如何认定因果关系进而确定责任承担主体，成为本案审理的难点。通常来说，我国司法实务界存在三种认定因果关系的原则，分别为直接因果关系规则、相当因果关系规则和推定因果关系规则。而本案既无法通过司法鉴定直接确定被害人所患创伤后应激障碍与五被告加害行为之间的关系，也不存在可以进行因果关系推定适用的情况，在传统的侵权责任因果关系认定理论无法适用，确认因果关系确有困难的情况下，我们可以参照英美法系的法律原因规则，适用英美侵权行为法中的“事实原因—法律原因”的规则。

首先，确定行为是否构成损害的事实原因，即产生一个结果的多个前提事实总和中的一个因素；其次，确定行为是否为损害的法律原因，即一种自然的、未被介入因素打断的原因，没有这样的原因，就不会发生原告受害的结果。行为对于损害而言，既是事实原因，又是法律原因的，即可确定行为与损害之间的因果关系。具体判断时，要掌握事实上的原因和法律上的原因的构成。事实上的原因，就是跟随结果发生同时存在的各个事实。确定事实上的原因通常有四种规则。第一，传统规则。即“but for test”规则，就是“非他莫属”。倘若没有被告的行为，原告就不会遭受损害，那么，被告的行为就是原告损害的原因。第二，实质要件规则。如果被告的行为是原告受损的实质要件或者重要因素，那么被告的行为就是原告受害的事实上的原因。第三，复合原因规则。造成原告受损害的原因力不是单一的，如果是两个或者两个以上的原因力共同作用导致同一个后果，这就是复合原因。在分辨责任时，需要确立划分责任的标准，并确定各自承担赔偿的数额，如果不能分清各自原因力的大小，则应承担连带责任。第四，其他方法。当以上方法都无法确认谁的行为是伤害的实际原因时，原告需证明被告当中有一个人的过失引起了他的伤害，然后每一个被告都要证明自己的过失不是伤害的实际原因。如果被告没有一个能够证明，那么就要共同为原告的伤害负责。本案中，生效的（2020）粤1303刑再1号刑事判决已阐明五被告实施加害行为整体过程，并固定了应予采信的证据；而五被告因此受到了刑责惩罚。故，五被告加害行为构成原告受损的实质要件，符合借以确定事实上的原因规则中的实质要件规则，能够确认为原告受害的事实上的原因。

法律上的原因也叫作近因，是被告对原告承担责任的最近原因，是一种自然的和继续的、没有被介入因素打断的原因，没有这种原因，就不会发生原告受害的结果。所谓最近，不必是时间或空间上的最近，而是一种因果关系上的最近。因此，损害的近因是主因或有效原因，附加原因、介入原因虽然在时间上或空间上是最近的，但并不是近因。确定法律上的原因：一是分析直接原因；二是分析后果的预见性；三是分析介入原因。直接原因就是被告的行为与损害后果之间自然连续，没有被外来事件打断，被告的行为直接导致了伤害后果。预见性，就是被告只对他在行为的时候可以预见的后果负责。而介入原因，是在被告的行为与伤害后果之间，介入了外来的事件或者行动，与被告的行为结合起来导致伤害结果的发生，介入原因的出现改变了事件发生的过程和结果，改变了当事人之间的关系与责任。当介入原因能够取代被告行为的时候，被告的责任就可能得到原谅。本案中，一方面，两份司法鉴定报告均确认原告所患创伤后应激障碍与涉案被敲诈勒索事件存在主要因果关系，具有因果关系上的最近。对比原告在案件过程中提供的在中学阶段老师对其个人综合素质及日常生活表现作出的积极评价，及其在遭受侵权行为后则出现神情异常、目光呆滞等情况，可以认定五被告实施的加害行为直接导致原处于正常精神状态的原告患上“创伤后应激障碍”，时间衔接上自然连续，没有被外来事件打断，具有时间上的最近，系直接原因。因此，五被告加害行为对于原告精神损害而言，既是事实原因，又是法律原因，可确定五被告的侵权行为与原告遭受的精神损害存在因果关系，据此五被告需对原告遭受的损害承担赔偿责任。

编写人：广东省惠州市惠阳区人民法院　曹浩　朱瑞仙

10

受害人由亲属护理时护理费的认定规则及标准

——姜某某诉某发展公司生命权、身体权、健康权案

【案件基本信息】

1. 裁判书字号

北京市第一中级人民法院（2022）京01民终6783号民事判决书

2. 案由：生命权、身体权、健康权纠纷

3. 当事人

原告（上诉人）：姜某某

被告（上诉人）：某发展公司

第三人（被上诉人）：某器材公司、某旅游公司

【基本案情】

某发展公司经营的某自然风景区内有一处名为“高山草甸”的景点，该景点系上高下低的山坡，山坡底部建有一处供游客划船嬉戏的人工湖。2021年1月1日，某发展公司在其景区内运营的冰雪嘉年华旅游项目开业，某发展公司在“高山草甸”造雪并将其设置为雪场供游客娱乐，其中山坡底部人工湖处也进行造雪。1月24日，姜某某一家三口通过网络购买门票后前往某自然风景区。在景区内，姜某某携带自备的塑料坐式滑雪板到“高山草甸”雪场，在滑雪过程中跌入“高山草甸”雪场底部的人工湖受伤。某发展公司与某旅游公

司、某器材公司之间存在合作经营关系。姜某某将三公司诉诸法院。

某发展公司已向姜某某预付医疗费用 50000 元。

【案件焦点】

确有护理必要的受害人选择亲属护理，但是不能证明有收入的护理亲属存在误工损失的，其主张的合理护理费是否可以得到支持。

【法院裁判要旨】

北京市延庆区人民法院经审理认为：某发展公司作为某自然风景区的经营者，应确保景区环境安全有序，并应及时排除可能导致游客在游玩过程中发生危险的各种安全隐患，以保障游客的人身财产安全。某发展公司在存有重大安全隐患的“高山草甸”雪场人工湖侧壁断崖式落差处，未设置必要的安全护网，未张贴必要的安全警示标志，导致包括姜某某在内的多人在游玩过程中跌入人工湖湖底摔伤。某发展公司未尽到必要的安全保障义务，应对姜某某的合理损失承担侵权赔偿责任。姜某某受伤的根本原因在于“高山草甸”雪场存在重大安全隐患，该安全隐患对于普通游客而言难以预见且无法预判，故某发展公司应对姜某某的全部合理损失承担赔偿责任。

某发展公司与某旅游公司、某器材公司之间的合作经营事宜系三公司间内部事项，对普通游客姜某某而言不具有法律约束力，且合同经营关系与本案并非同一法律关系，三公司之间如有争议可另行解决。就某发展公司所持由某旅游公司、某器材公司共同承担赔偿责任的相关抗辩意见，不予采纳。

就姜某某的各项合理损失，法院分别认定如下：（1）医疗费 31824.03 元；（2）住院伙食补助费 1900 元；（3）残疾辅助器具费 2550 元；（4）残疾赔偿金（含被扶养人生活费）332210.2 元；（5）精神损害抚慰金酌定为 20000 元；（6）护理费。根据姜某某伤情，结合医嘱和鉴定意见，姜某某主张金额并未超出合理范围，法院认定本项合理数额为 13500 元；（7）营养费 4500 元；（8）鉴定费 4350 元；（9）交通费 2520 元；（10）误工费 32926 元。

北京市延庆区人民法院依照《中华人民共和国民法典》第一千一百六十五

条、第一千一百七十九条、第一千一百八十三条、第一千一百九十八条，《最高人民法院关于审理人身损害赔偿案件适用法律若干问题的解释》第六条、第七条、第八条、第九条、第十条、第十一条、第十二条、第十三条、第十六条、第十七条、第十八条、第二十二条、第二十三条，《最高人民法院关于确定民事侵权精神损害赔偿责任若干问题的解释》第一条、第五条，《中华人民共和国民事诉讼法》第四十条、第六十七条，《最高人民法院关于适用〈中华人民共和国民事诉讼法〉的解释》（2020 修正）第九十条规定，判决：

一、某发展公司赔偿姜某某医疗费 31824. 03 元、住院伙食补助费 1900 元、残疾辅助器具费 2550 元、残疾赔偿金（含被扶养人生活费）332210. 2 元、精神损害抚慰金 20000 元、护理费 13500 元、营养费 4500 元、鉴定费 4350 元、交通费 2520 元、误工费 32926 元，以上共计 446280. 23 元。前述 446280. 23 元与已经预付的医疗费 50000 元抵扣后，某发展公司还应支付姜某某赔偿款 396280. 23 元（于本判决生效后七日内履行）；

二、驳回姜某某的其他诉讼请求。

姜某某、某发展公司不服一审判决，提起上诉。北京市第一中级人民法院经审理认为：本案争议焦点之一是：姜某某主张的护理费是否应予支持。护理费根据护理人员的收入状况和护理人数、护理期限确定。护理人员有收入的，参照误工费的规定计算；护理人员没有收入或者雇用护工的，参照当地护工从事同等级别护理的劳务报酬标准计算。某发展公司上诉主张姜某某护理人员有收入但并未因护理产生误工损失，故不应赔偿护理费。首先，本案中，姜某某摔伤导致腰椎骨折，依据鉴定意见护理期为 90 天，考虑姜某某受伤部位、伤情及身体恢复能力，其确有护理必要。其次，家庭成员给予受害人护理，并不能免除侵权人承担护理费的赔偿责任，亲属投入的护理劳动同样应当得到经济上的认可。无论是亲属护理还是雇用护理人员护理，只要确有护理必要，合理的护理费用就应当予以支持。如果因受害人选择亲属护理就面临可能不被支持护理费的风险，或者加重其举证责任，不但不利于保障实现亲属护理，还可能给受害人及其亲属带来选择困境。最后，关于“护理人员有收入的，参照误工费的规定计算”这一条款，应当理解为是针对护理人员有收入但因进行护理而产生误工损失时护理费如何计算的一种规范，是为了明确此种情况下护理费的计算标准，并不意味着在受害人无法证明护理人员收入减少时，护理费即可以不予赔偿，否则违反了立法本意和基本的公平原则。本案中，姜某某陈述由其爱人及父母护理，其在诉讼中是以 150 元一天的标准主张一位护理人员的护理费，并没有以护理人员的工资收入标准计算护理费，其主张的金额没有超出合理范围。

北京市第一中级人民法院依照《中华人民共和国民事诉讼法》第一百七十七条第一款第一项之规定，判决：

驳回上诉，维持原判。

【法官后语】

一、护理费与劳动报酬的二元属性

对于有收入的护理亲属，即使受害人不能举证其有误工损失，仍有支付受害人护理费的必要。护理费损失并不因为所在单位未扣减工资而不存在，也不能适用损益相抵原则。损益相抵原则适用的关键之处在于受害人获得利益和受到的损害是基于同样的原因，护理费的产生原因在于侵权人的侵权行为，单位给付护理人员劳动报酬的原因基于劳动合同，虽然表面上受害人既得到了侵权人支付的护理费，同时护理人员的收入也没有减少，但二者产生的原因不同。在强调受害人不得因同一损害获得两份赔偿的同时，也要注意侵权人不得因为第三人的支付而免除责任（第三人的意图并非为侵权人承担责任），如果受害人是因为其他法律关系或者其他原因获得利益，不影响受害人向侵权人主张赔偿的权利。[①] 本案中，姜某某的家人对其进行护理，并不能免除侵权人承担护理费的赔偿责任，亲属投入的护理劳动同样应当得到经济上的认可。无论是亲属护理还是雇用护理人员护理，只要确有护理必要，合理的护理费用就应当予以支持。

---

① 郑其斌：《护理人员误工但未被扣工资时如何处理护理费赔偿问题》，载《法律适用》2009 年第 9 期。

二、关于“护理人员有收入的，参照误工费的规定计算”的理解

根据《最高人民法院关于审理人身损害赔偿案件适用法律若干问题的解释》第八条第二款的规定，如果护理人员没有收入，护理费计算标准为参照当地护工从事同等级别护理的劳务报酬标准计算，这一点在审判实践中争议不大。而对于护理人员有收入的，该条明确为参照误工费的规定计算，有观点据此认为在此种情况下，受害人必须举证证明护理亲属因护理造成了误工损失，否则护理费主张不应予以支持。对此，这一条款应当理解为是针对护理人员有收入但因进行护理而产生误工损失时护理费如何计算的一种规范，是为了明确此种情况下护理费的计算标准，并不意味着在受害人无法证明护理人员收入减少时，护理费可以不予赔偿，否则违反了立法本意和基本的公平原则。对于该条款的准确把握应当包括以下三点：(1) 受害人的亲属护理人员有收入并因此有误工损失，受害人根据实际损失主张护理费的，此种情况下受害人应当对于亲属护理人员的误工损失进行举证，法院应当根据受害人的举证，审查实际损失情况，并根据护理实际需要合理认定护理费；(2) 受害人的亲属护理人员有收入但没有误工损失的，也就是受害人的亲属护理人员并没有因护理受害人而导致收入减少的，法院对于受害人的护理费主张应当予以支持，具体护理费标准参照当地护工从事同等级别护理的劳务报酬标准计算；(3) 受害人的亲属护理人员有收入并因此有误工损失，但受害人没有根据实际损失主张护理费，而是以当地护工从事同等或更低级别护理的劳务报酬标准计算护理费的，法院应当予以支持。本案即属于该种情形。就本案而言，姜某某陈述由其爱人及父母护理，其在诉讼中是以150元一天的标准主张一位护理人员的护理费，并没有以亲属护理人员的工资收入标准计算护理费，其主张的金额亦没有超出当地护工的一般报酬水平，属于合理范围，法院据此支持了其护理费主张。

编写人：北京市第一中级人民法院　杨磊　鞠伟

11

景区经营者承担安全保障义务的认定标准及责任减轻

——胡某某诉某旅游中心生命权、身体权、健康权案

【案件基本信息】

1. 裁判书字号

北京市第一中级人民法院（2022）京01民终1289号民事判决书

2. 案由：生命权、身体权、健康权纠纷

3. 当事人

原告（被上诉人）：胡某某

被告（上诉人）：某旅游中心

【基本案情】

2020年7月17日下午，胡某某在某旅游中心经营的景区内一处木梯行走时跌倒摔伤。事故发生后，胡某某经A医院急诊治疗，又转至B医院住院治疗，实际住院9天。出院后，胡某某于2020年9月8日至2021年8月3日，在B医院、C医院就诊12次。最近一次时间为2021年8月3日，C医院门诊病历载明："诊断或印象诊断：左肩外伤；踝关节损伤，左；处理意见：功能锻炼"。

受伤后，胡某某向文旅部门投诉某景区设施存在安全隐患问题。2020年7月29日，门头沟区文旅局出具第0000035号安全检查记录，载明"涉案木梯，有安全警示牌（小心台阶），台阶无明显破损处；要求：景区加强木梯、栈道、道路安全隐患排查，消除隐患，确保安全，做好雨季安全提示、木道巡查等安全管理工作，落实安全注意责任。"同日，门头沟区文旅局出具第0000037号安

全检查记录，载明："检查情况，涉案木梯陡，存在安全隐患；要求：立即对木梯隐患进行整改。"2020 年 8 月 11 日，门头沟区文旅局出具第 0000038 号安全检查记录，载明："检查情况：木梯安全隐患已整改完成；要求：1. 加强……安全检查，排查隐患；2. 加强汛期防汛，做好安全巡查，落实防范措施……"

事故发生当天上午景区有降雨，胡某某受伤时正在游玩返程途中（下山方向）。某旅游中心表示，木梯附近有"小心台阶"的标识，但该标识仅为单面，即上山时可见，下山时不可见，因景区下山有另外的道路，故此只设置了对上山游客的提醒标识。事故发生时，无工作人员在附近进行提醒、指引。

【案件焦点】

1. 某旅游中心是否尽到了安全保障义务；2. 胡某某自身对损害发生是否存在过错；3. 胡某某医疗费、护理费、交通费等各项费用主张是否合理。

【法院裁判要旨】

北京市门头沟区人民法院经审理认为：关于胡某某受伤的侵权责任承担问题，宾馆、商场、银行、车站、机场、体育场馆、娱乐场所等经营场所、公共场所的经营者、管理者或者群众性活动的组织者，未尽到安全保障义务，造成他人损害的，应当承担侵权责任。本案中，结合当时景区的天气情况和当事人的陈述，胡某某提供的摔伤时的现场照片应为真实，可以明显看出当时木梯台阶右侧（自下而上方向）没有木楔固定，确实存在一定的安全隐患。某旅游中心虽然在木梯附近设置了安全标识，但是该标识仅自下而上方向的游客可见，无法起到对对向游客的提示、警示作用。虽然某旅游中心主张景区另有下山返程路线，但并未提交充分证据证明其进行了充分提示、引导。综合以上情况，并结合门头沟文旅局出具三份安全检查记录以及《旅游投诉终止调解书》《关于某景区检查情况的说明》内容，某旅游中心作为景区经营者和管理者，没有做好景区设施的日常维护和维修工作，未在存在安全风险区域合理设置安全标识，未起到应有的提示、警示作用，未尽到安全保障义务，造成胡某某在景区游玩时摔伤，应依法承担侵权责任。某旅游中心主张胡某某自身未尽到安全注意义务，应对自身受伤承担责任，但未提交充分证据证明，同时结合胡某某的受伤经过及现场情况，对某旅游中心的该项主张不予采信。

关于胡某某主张的各项赔偿费用，结合胡某某病历诊断情况、医嘱、生活常识及相应证据，支持医疗费、护理费、交通费、轮椅费共计62168.96元。至于胡某某后续手术、术后治疗的费用以及其他费用，可待实际发生后在法律规定范围内另行主张。

北京市门头沟区人民法院依据《中华人民共和国民法典》第一百八十八条、第一千一百六十五条、第一千一百七十九条、第一千一百九十八条，《最高人民法院关于审理人身损害赔偿案件适用法律若干问题的解释》第六条至第十条，《最高人民法院关于适用〈中华人民共和国民法典〉时间效力的若干规定》第二十四条，《中华人民共和国民事诉讼法》第六十四条之规定，判决如下：

一、被告某旅游中心于本判决生效之日起七日内赔偿原告胡某某医疗费、护理费、交通费、轮椅费等共计62168.96元；

二、驳回原告胡某某的其他诉讼请求。

某旅游中心不服一审判决，提起上诉。北京市第一中级人民法院经审理认为：某旅游中心作为景区经营者和管理者，应保障景区设施安全可靠，不存在不合理的风险；对难以避免的风险应进行充分提示。但某旅游中心没有做好景区设施的日常维护和维修工作，未在存在安全风险区域设置安全标识，未起到应有的提示、警示作用，未尽到安全注意义务，造成胡某在景区游玩时摔伤，应依法承担侵权责任。某旅游中心主张胡某某自身未尽到安全注意义务，但未提交充分证据证明，同时结合胡某某受伤经过和现场情况，对该意见不予采信。一审法院关于医疗费、护理费、交通费、轮椅费的确定数额合法合理，予以维持。

北京市第一中级人民法院依照《中华人民共和国民事诉讼法》第一百七十七条第一款第一项之规定，判决如下：

驳回上诉，维持原判。

【法官后语】

随着人民生活水平不断提高，越来越多的人喜爱户外活动和旅游，而自然风景旅游区往往地势复杂、存在一定安全隐患，对设备设施、服务水平要求较高。我国现行法律虽明确规定了宾馆、商场等场所经营者负有安全保障义务，但是该列举并未穷尽安全保障义务人的范围，对于义务内容也没有清晰的界定，当游客在景区内受伤时，景区经营者与游客经常就景区是否负有安全保障义务、游客自身是否负有责任等问题产生矛盾。如何能够在景区的安全保障义务和游客自身的注意义务之间厘清界限、找到平衡，是司法实践中值得关注的问题。

一、如何确定《中华人民共和国民法典》第一千一百九十八条规定的负有安全保障义务的主体范围

《中华人民共和国民法典》第一千一百九十八条明确规定的安全保障义务主体包括：宾馆、商场、银行、车站、机场、体育场馆、娱乐场所等经营场所、公共场所的经营者、管理者或者群众性活动的组织者——可以看出，该条规定的主体范围包括经营类和组织类。其中经营类主体列举了宾馆、商场等场所，其均从事营利性的商业活动，能够为不确定多数人提供服务，并且对自己管理范围内的场所、设施等有控制能力。组织类主体主要从事非营利性的社会行为，涉及场所包括会议会场、体育场等开展公益性社会活动的地方。

景区能够接待游客参观、游览，经营景区应属于营利性的商业活动；景区经营者对其景区内的场所、设施、标识等有控制能力，能够修缮、更换景区内各种设备设施，因此应当属于《中华人民共和国民法典》第一千一百九十八条规定的承担安全保障义务的主体范围。同时，因为自然风景区地势复杂，受天气等因素影响大，易发生游客受伤等安全事件，因此，自然风景区经营者不仅属于《中华人民共和国民法典》第一千一百九十八条规定的主体范围，而且应当承担更为严格、更为谨慎的安全保障义务。

二、如何判断景区经营者是否尽到安全保障义务

（一）判断标准和相关因素

《中华人民共和国民法典》第一千一百九十八条虽然规定了安全保障义务，

但未明确规定安全保障义务的具体内容。笔者认为，判断景区是否尽到合理限度范围的安全保障义务，应当在考量一般标准和综合多种因素的基础上，结合具体个案进行认定。一般标准体现在以下几个方面：(1) 法定标准，即法律法规、部门规章等对该场所、该类经营、开展活动所需设备设施的明确规定，如《中华人民共和国旅游法》中规定景区开放应有必要的安全设施及制度，经过安全风险评估，满足安全条件。(2) 行业标准，若法律法规没有明确规定，应达到同类经营或者其他社会活动组织者应达到的通常注意义务。(3) 约定标准，即合同双方当事人对义务的约定，如景区对其安全保障义务作出的明确承诺。(4) 理性善良人标准，即法律拟制的、具有法律所期望的一般人在相同或类似情况下所具有的谨慎与理性。

除此之外，在司法实践中可综合考虑其他因素：(1) 景区的获利情况，即营利性景区经营者应比公益性景区经营者承担更多的安全保障义务。本案中，该景区为收费景区，属于营利性场所，其经营者应当承担较高的安全保障义务。(2) 景区的公众开放程度，即开放程度越高则应承担更高的安全保障义务。本案中，涉案景区开放程度较高，允许不特定多数人进入景区，故应当承担较高的安全保障义务。(3) 景区的成本比例，即景区经营者采取防范措施的成本与潜在危险可能造成损失的比例关系，若防范成本过高，远超出景区经营者的能力范围、承受限度，则未尽到此种义务不能认为其存在过错。本案中，及时修缮、检查游人行走的楼梯属于防范措施成本低的日常维养，没有超出景区经营者的能力范围和承受限度，故没有尽到该项义务属于违反安全保障义务。(4) 景区对危险的预见可能性大小。本案中，“在雨天上下台阶时易摔倒受伤”属于一般人可以预见的、普遍存在的危险，景区经营者作为理性善良人，虽能预见而怠于采取合理措施予以防止，属于违反安全保障义务。

(二) 具体要求

具言之，可以对自然风景区经营者提出两方面的安全保障义务要求。

1. 硬件方面

(1) 景区的建筑物及设施方面。首先，自然风景区的经营者应提供符合建筑、消防等领域法定要求、行业要求的建筑物及设施。其次，因其管理范围可能包括悬崖、河道等多种危险场景，特别需要提高人行步道、防护围栏等设备设施的安全可靠性，在易掉落石、发生山体滑坡区域加装防护网等。本案中，胡某某受伤的地方属于常规游览路线，是游客的必经之路，且上下木梯之处属于易受伤的区域，故该景区经营者应当提供固定、稳定、结实可靠的木梯供游客使用，反之则属于违反安全保障义务。

（2）景区的安全保障人员方面。景区运营应配备数量充足、资质合格的安全保障人员。一般自然风景区要提供具有医疗救助基础知识的人员、日常安全巡逻巡视人员等，如景区内有索道、滑道、电梯等特种设备，应配备相应的从业人员。本案中，涉案景区经营者的侵权行为不涉及特种设备，故仅需提供一般医疗救助基础知识的人员或基础医疗物资、日常安全巡逻人员即可，反之则属于违反安全保障义务。

2. 软件方面

（1）消除内部的不安全因素，提供安全的游览环境。一方面，景区经营者应当确保游览路线上不存在危险隐患。如有塌陷的路面、倒塌的树木、滚落的落石、被冲垮的桥梁等，应当及时清理、修整。另一方面，要建立完善的管理机制和意外事件预防机制，出现意外情况时能够确保有相应的人员调度、处置，有完善的应急处置预案。本案中，景区经营者未及时检查修缮木梯，消除危险隐患，属于未尽到安全保障义务。

（2）防范外部的不安全因素，制止或减轻来自第三方的侵害。因自然风景区面积大，并不苛求数量过多的安保人员，但是应确保在一定范围内具有相应数量的安保人员，或放置可使用的紧急求助设备，反之则属于违反安全保障义务。

（3）对不安全因素的提示、警示、说明、劝告义务。因景区地势地貌复杂，若无工作人员引导、提示，景区经营者应当在必要的地点放置清晰、明确的指示牌、路线引导图、劝导牌等，确保游客明确理解游览范围；在危险路段、危险区域放置提示警示牌，如“小心上下台阶”“小心有毒动植物”等。本案中，事发地“小心台阶”的标识仅为单面，游人下山时并不可见，且无工作人员引导、提醒，故涉案景区经营者并未尽到危险提示和警示义务，未尽到安全保障义务。

(4) 积极救助义务。景区经营者承担的积极救助义务主要包括积极指派救护、救助人员参加救助工作等；及时报警、拨打急救电话，请求支援；启动紧急事件处置机制，充分调度救援人员；及时、准确报告意外事件，为专业救助提供必要信息……若景区经营者没有履行或者疏于履行上述各项义务，则属于未尽安全保障义务。

三、如何确定被侵害人是否尽到注意义务，从而减轻景区经营者的责任

根据实质平等理念要求，现代立法充分认识到消费者弱者处境，倾向于保护消费者，让经营者承担稍多的义务，包括安全保障义务等。但是，对游客也并非无限制地宽容，游客应当满足理性善良人的要求，尽到自身的注意义务。我国现行法律并未对游客的注意义务作明确的规定，结合司法实践和本案要点，笔者认为在景区游览观光的游客应尽到如下义务。

1. 确保身体条件满足游览项目的要求。包括游客年龄应符合游览项目的要求，自身不存在明显不适宜游览的缺陷或疾病，游玩景区内的特殊项目应符合相应要求等。

2. 游览观光过程中行为得当。如不在行进过程中嬉笑打闹，上下台阶时注意观察路况，不停留于危险路段等。本案中，涉案景区主张胡某某没有遵守“走路不观景”的提示，是自己走路不小心，但是并未提供相应的证据，故未支持其主张。

3. 选择适宜的服饰装备。如在地势复杂的景区游玩时不穿着高跟鞋、厚底鞋等，不佩戴遮挡视线、尖锐锋利的配饰等，在危险程度较高的景区游玩时应携带保温毯、充足的水等必备求生物资。

4. 在特殊天气更应小心谨慎。如雨天、雾天等，应及时撤离到安全地带，并且更小心谨慎地满足前述注意义务。如果游客作为被侵害人并未尽到自身的注意义务，则应视情况减轻或免除景区的侵权责任。

编写人：北京市门头沟区人民法院　谢耀宗　张雨寒

12

精神病人在住院期间自缢身亡精神卫生中心侵权责任的认定

——冯某诉某精神卫生中心生命权、身体权、健康权案

【案件基本信息】

1. 裁判书字号

山东省淄博市中级人民法院（2022）鲁03民终4224号民事裁定书

2. 案由：生命权、身体权、健康权纠纷

3. 当事人

原告（上诉人）：冯某

被告（被上诉人）：某精神卫生中心

【基本案情】

2022年2月28日9时，冯某之母杨某某因抑郁发作，到某精神卫生中心住院治疗，其住院病历记载：患者入院后用草酸艾司西酞普兰、劳拉西泮、利培酮、唑吡坦等药物治疗，完善相关检查，配合抗精神病药物监测、行为观察和治疗及心理治疗等措施，复查血细胞分析、生化十二项。2022年3月14日23：03分左右，患者被发现在卫生间自缢，医护人员迅速进行心肺复苏急救，120于23：24到达病房，协助120工作人员将患者转至区医院继续抢救。住院患者首日病情评估表风险评估栏第二项中记载：近1个月有自杀/自伤的意图，近1个月有明确的自我伤害行为，近1个月有明确的消极自杀行为。

事后查明，杨某某在事发当日23：03分左右，将病房的被罩撕成条状，打结做成绳子，在卫生间自缢死亡。冯某认为某精神卫生中心对患者的看护管理不当，未尽到看护管理职责，对杨某某的死亡有不可推卸的责任，应承担赔偿责任。

【案件焦点】

患者在住院治疗期间自杀身亡，某精神卫生中心是否应承担赔偿责任。

【法院裁判要旨】

山东省淄博市淄川区人民法院经审理认为：医疗机构承担赔偿责任，应基于医疗机构存在相应的过错。同时，对于精神病患者，一般存在严重的心理障碍，其认知、情感、意志、行为等亦异于常人，故本案应综合考虑相关因素，确定双方当事人的责任承担。杨某某的死亡是因其自杀行为导致，并且从其自杀过程来看，杨某某是在深夜23点以后，将医院病房内的被罩撕成条状打结做成绳子，在卫生间自缢，从杨某某的自杀时间、工具、地点分析，能够证明杨某某主动实施自杀，放弃自己生命的行为意图很明显，因此，杨某某的自杀行为具有冲动性、突发性、难预测性和隐蔽性，故内因是杨某某自杀死亡的主要原因。

关于某精神卫生中心的责任问题。医疗机构是面对公众开放的场所，也是医院诊疗室、病房等的管理者和掌控者，有能力预防和控制风险，所以，医院是承担安全保障义务的义务人，但依据公平原则，此种高风险责任不应完全由仅具有治疗、看护、管理职责的医院承担。而对于精神卫生医疗机构，其收治的患者具有特殊性，《中华人民共和国精神卫生法》第三十八条专门规定了该类医疗机构应当配备适宜的设施、设备，保护就诊和住院治疗的精神障碍患者的人身安全，由此可见，保护就诊和住院治疗的精神障碍患者的人身安全是精神卫生医疗机构的法定职责，其对接受诊疗的患者的安全保障义务高于一般医疗机构。又因精神病医院具有高度的专业性和风险性，精神病人的症状难以预测，其疾病具有突发性，行为具有难以防范性。精神病人在冲动下的行为，医院难以预测和防范，故医院在诊治精神病人时应充分考虑上述因素，在病房设置、人员配备、诊疗行为等方面要尽到更加谨慎的注意义务，未尽到足够的注意义务造成精神病人损害的，应认定医院存在过错，承担相应的赔偿责任。本案杨某某在住院期间自缢身亡，尽管其自缢行为内因起主要作用，但作为精神卫生机构，也应承担与其过错相应的责任。结合本案实际情况，依法酌情确认某精神卫生中心对杨某某的死亡承担35%的赔偿责任。

对赔偿数额，依法确认本案的死亡赔偿金、丧葬费、精神损害抚慰金等合计735989.92元，某精神卫生中心承担35%的赔偿责任，计款257596.47元。山东省淄博市淄川区人民法院根据《中华人民共和国民法典》第一千一百六十五条、第一千一百七十三条、第一千一百八十三条，《中华人民共和国民事诉讼法》第六十七条之规定，判决如下：

一、某精神卫生中心赔偿冯某死亡赔偿金、丧葬费、精神损害抚慰金257596.47元，于本判决生效后十日内付清；

二、驳回冯某的其他诉讼请求。

冯某不服一审判决，提起上诉。二审期间，冯某提交撤诉申请，并明确表示不再交纳二审案件受理费。

山东省淄博市中级人民法院依照《中华人民共和国民事诉讼法》第一百五十七条第一款第十一项、《最高人民法院关于适用〈中华人民共和国民事诉讼法〉的解释》第三百一十八条之规定，裁定如下：

本案按上诉人冯某撤回上诉处理。一审民事判决自本裁定书送达之日起发生法律效力。

【法官后语】

本案的主要争议焦点为某精神卫生中心对精神病人杨某某死亡侵权责任的认定。

第一，患者虽是在住院治疗期间死亡，但该案并非医疗损害责任纠纷。《中华人民共和国民法典》第一千二百一十八条规定：“患者在诊疗活动中受到损害，医疗机构或者其医疗人员有过错的，由医疗机构承担赔偿责任。”由该规定可知，医疗损害责任构成的前提必须是在诊疗过程中。参照《医疗机构管理条例实施细则》第八十八条的规定，诊疗活动是指通过各种检查，使用药物、器械及手术等方法，对疾病作出判断和消除疾病、缓解病情、减轻痛苦、改善功能、延长生命、帮助患者恢复健康的活动。患者因自杀自残等内因行为导致的损害后果，并非医疗机构或其医疗人员的诊疗行为所致，不属于医疗损害责任纠纷，不适用医疗损害责任相关规定。

第二，关于某精神卫生中心是否构成侵权。《中华人民共和国民法典》第一千一百六十五条第一款规定："行为人因过错侵害他人民事权益造成损害的，应当承担侵权责任。"由此可知，行为人构成侵权，需要侵权责任人存在过错且侵权行为与损害结果存在因果关系。在本案中，某精神卫生中心构成不作为侵权，侵权行为与损害结果存在因果关系且某精神卫生中心存在主观过错。首先，该医疗机构作为公共场所，负有看护责任和安全保障义务。患者在住院期间的人身和财产安全应受到保护。需要注意的是，这里的看护并不等同于监护。看护是医疗机构本职工作的需要，由医护人员对患者进行护理和照料，不属于监护的范畴。即使医院和患者家属通过协议方式确认了监护职责的委托，医院作为受委托方也并非患者的监护人。民法典未采纳《最高人民法院关于贯彻执行〈中华人民共和国民法通则〉若干问题的意见（试行）》第二十二条关于监护职责委托的相关规定。《最高人民法院关于适用〈中华人民共和国民法典〉总则编若干问题的解释》第十三条规定："监护人因患病、外出务工等原因在一定期限内不能完全履行监护职责，将全部或者部分监护职责委托给他人，当事人主张受托人因此成为监护人的，人民法院不予支持。"由此可见，监护及监护职责的委托具有法定性，监护职责的委托并不意味着监护责任的转移，患者在住院期间，医疗机构并非患者的临时监护人。此外，精神卫生中心系专科医院，其收治的病人系精神病患者，相比一般的综合性医疗机构应具备更为严格的行业特别标准和更强的专业性，配备相应设施、设备，保护就诊和住院治疗的精神障碍患者的人身安全。这使得某精神卫生中心有更高的作为的义务且应具备相应的能力条件。其次，某精神卫生中心的行为与杨某某的死亡结果存在因果关系且存在主观过错。认定某精神卫生中心的不作为与患者死亡存在因果关系要同时满足"条件关系"与"相当性"，"条件关系"即无行为人之行为必无损害后果发生，"相当性"即若有行为人之行为，通常情况下足以发生此种损害。回归本案，判断因果关系的成立应平衡好精神病人病情的高度危险性与医疗机构高度注意义务之间的关系。杨某某具有主观上追求死亡的动机，是造成自身死亡的根本原因和主要原因。某精神卫生中心住院患者首日病情评估表风险评估栏中记载，杨某某近1个月有明确的自我伤害行为和消极自杀行为。在住院治疗期间，杨某某存在病情随时复发的风险，具备随时寻求自杀的可能性，某精神卫生中心对于杨某某的自杀行为应该有所预见、有所防范，而未能善尽高度谨慎的防范注意义务和对病人特别的保护管理职责，在主观方面存在监管和看护不力的过失，与杨某某的死亡存在因果关系。

第三，某精神卫生中心应当承担与其过错相当的责任。依照《中华人民共和国民法典》第一千一百七十三条的规定，如果被侵权人对同一损害的发生或者扩大有过错的，可以减轻侵权人的责任。自缢死亡系精神病人病情发作所致，其自杀行为具有隐蔽性、突发性和不可控性。且在患者主观追求死亡结果的情况下，随时随地存在伤亡的风险，若一味苛责医疗机构承担全部或主要责任，而忽视被侵权人自身的过错，不仅有违公平正义原则，也损害了公共利益，不利于社会良好风气的营造。综上，杨某某的死亡主要系其自缢行为所致，某精神卫生中心未尽到注意义务应当承担与其过错相当的责任。

编写人：山东省淄博市淄川区人民法院　王从文

13

未成年人在教育机构发生人身损害时，教育机构侵权责任的认定

——耿某某诉李某某等健康权案

【案件基本信息】

1. 裁判书字号

湖北省宜昌市中级人民法院（2022）鄂05民终3414号民事判决书

2. 案由：健康权纠纷

3. 当事人

原告（上诉人）：耿某某

被告（上诉人）：李某某、李某、陈某

被告（被上诉人）：某小学

【基本案情】

耿某某与李某某系某小学二年级一班的学生。2021 年 12 月 24 日 17 时 18 分 40 秒，二年级一班的学生放学，学生们出教室后到靠近楼梯的走廊排队。17 时 19 分 17 秒，李某某用手接触耿某某背后的书包，耿某某为躲避转圈。17 时 19 分 24 秒左右，李某某用身体碰撞了一下耿某某，耿某某站立不稳倒地受伤。老师看到后立即询问情况，并将耿某某扶起。

耿某某于次日到枝江市口腔医院进行检查治疗，初步诊断：21、22 冠折，治疗意见：（1）建议 21 根尖诱导成形术+根管治疗，22 脱敏治疗观察后酌情处理；（2）建议 21、22 行冠套修复。耿某某支付门诊费 75 元。经司法鉴定，意见为：被鉴定人耿某某多颗牙齿冠折后其伤后护理期评为 15 天；营养期评为 30 天；需后期治疗费 14000 元左右。耿某某支付鉴定费 1200 元。

事发前，某小学对学生进行了日常安全教育。

【案件焦点】

未成年人在教育机构发生人身损害时，如何认定教育机构的侵权责任。

【法院裁判要旨】

湖北省枝江市人民法院经审理认为：（1）责任认定。《中华人民共和国民法典》规定："限制民事行为能力人在学校或者其他教育机构学习、生活期间受到人身损害，学校或者其他教育机构未尽到教育、管理职责的，应当承担侵权责任。"李某某用身体碰撞耿某某的行为造成耿某某倒地受伤的事实，李某某对耿某某实施了侵权行为，造成耿某某受伤的损害后果，且李某某的侵权行为与耿某某的受伤之间存在因果关系，李某某应对耿某某承担侵权责任。耿某某属于限制民事行为能力人，教育机构承担侵权责任的归责原则为过错责任。某小学提供的证据证明学校对学生进行了日常安全教育。学校放学时，有教师在现场组织管理，耿某某与李某某一直在讲话，孩子们也在相互嬉闹玩耍，从耿某某和李某某开始嬉闹到后来被撞倒地，事故发生过程仅 7 秒左右，且事故发生后，老师在现场询问、查看伤情并协调处理后续事宜，某小学的老师已尽到相应的管理职责。耿某某没有提供某小学未尽到教育、管理职责的相应证据，其要求某小学承担赔偿责任无事实和法律依据。

（2）赔偿主体。《中华人民共和国民法典》第一千一百八十八条第一款规定："无民事行为能力人、限制民事行为能力人造成他人损害的，由监护人承担侵权责任。监护人尽到监护职责的，可以减轻其侵权责任"。本案中，李某某系无民事行为能力人，其造成耿某某受伤，应由李某某的监护人李某、陈某承担侵权责任。

本院认定原告的经济损失合计为 15822 元。李某、陈某应赔偿原告经济损失 15822 元。

湖北省枝江市人民法院依照《中华人民共和国民法典》第一千一百六十五条、第一千一百七十九条、第一千一百八十八条、第一千二百条，《最高人民法院关于审理人身损害赔偿案件适用法律问题若干问题的解释》第六条、第八条、第十一条之规定，判决如下：

一、被告李某、陈某于本判决生效之日起十五日内赔偿原告耿某某经济损失 15822 元；

二、驳回原告耿某某的其他诉讼请求。

耿某某和李某某、李某、陈某均不服一审判决，提起上诉。湖北省宜昌市中级人民法院经审理认为：关于本案侵权事实和侵权责任的认定。根据监控视频，结合事故发生后李某某在与老师谈话中的自认，在无其他有效相反证据情形下，适用高度盖然性标准认定李某某用身体碰撞耿某某的行为造成耿某某倒地受伤。李某某对耿某某实施了侵权行为，造成耿某某受伤的损害后果，依法应对耿某某承担侵权赔偿责任。李某某为无民事行为能力人，并非减轻其侵权责任的法定事由，相应侵权赔偿责任依法由其监护人承担。耿某某为不让李某某接触其书包而进行的转圈行为，在无外力碰撞下并不当然导致倒地的后果，亦没有证据显示系耿某某自身站立不稳摔倒，故耿某某在本次事故中没有过错，不能减轻李某某的侵权赔偿责任。

关于教育机构是否在本案中承担责任的问题。依照法律规定，教育机构侵权责任的归责原则适用过错责任原则，系在没有尽到监督和管理义务的情况下，需要承担侵权责任。但对前述监管义务的审查应遵循必要性、合理性、恰当性原则，即学校对学生的安全管理，应根据时间、空间、环境、危险程度、学生的认知能力、防范风险能力等因素综合考虑，其边界应在合理范围内，适用学校安全管理的普遍标准。具体到本案中，从事故发生的过程来看，在放学集合时，无论是李某某和耿某某讲话，还是李某某用手接触耿某某背后的书包，前述行为均不具有明显的危险性；且监控视频显示，从李某某用手接触耿某某背后的书包，耿某某为躲避开始转圈，到其突然倒地，仅 7 秒左右，亦超出通常对于倒地危险预判和及时阻止的反应速度。因此，无论是李某某和耿某某当时的行为状态和身体接触程度，还是事故发生前后的时间间隔，都超出当时正在组织学生放学值班老师的正常判断能力和范围。通常而言，学校在履行安全管理义务时，亦尽可能在安全的前提下保持学生之间能够正常、友好相处的状态，不应苛求教育机构在学生相处和集体活动时过分紧张，一味要求学生保持“不能说话”“不能动”“不能接触”的状态，否则显然违背教育规律和学生成长规律，亦超出合理限度加重学校的管理职责。某小学另举证证实其对学生进行了日常安全教育，本案事故发生后亦进行了及时、合理的救助和调处。故，某小学在本案中不存在过错。

湖北省宜昌市中级人民法院依照《中华人民共和国民事诉讼法》第一百七十七条第一款第一项之规定，判决：

驳回上诉，维持原判。

【法官后语】

未成年学生的人身安全保护以及对发生在幼儿园、学校或者其他教育机构（以下统称教育机构）的校园伤害赔偿案件的妥善处理问题一直是社会关注的热点问题，其背后涉及的是教育机构侵权责任制度。教育机构侵权责任制度的根本出发点是调整教育机构与学生之间的教育、管理的法律关系，化解教育机构与学生之间的矛盾纠纷，维护正常教育秩序。该制度不仅是对作为受害者的学生的权利的维护和救济，同时也有利于合理认定教育机构责任，促进教学活动良性发展，更好地维护未成年学生的利益。人民法院在司法实践中如何运用教育机构侵权责任制度合理确定赔偿义务主体的范围，厘清教育机构和相关当事人应承担的责任，妥善处理未成年人在脱离法定监护人监护情况下涉及的民事责任承担问题显得尤为重要。笔者在此探析未成年人在教育机构发生人身损害时，教育机构侵权责任承担问题。

（一）教育机构侵权责任的类型和归责原则

教育机构的侵权责任，是指无民事行为能力人或者限制民事行为能力人在教育机构学习、生活期间遭受人身损害时，教育机构因未尽到教育、管理职责而依法承担的侵权责任。教育、管理职责是指教育机构对在教育机构学习、生活期间的无民事行为能力人和限制民事行为能力人进行教育、管理和保护的职责。教育机构未尽到该职责，则应认定其存在过错并承担相应的侵权责任。

教育机构侵权责任可分为直接侵权时的责任承担和第三人侵权时教育机构的侵权责任承担，二者归责原则不尽相同。

1. 教育机构直接侵权时的侵权责任及归责原则。教育机构直接侵权的责任，是指由于教育机构没有尽到教育、管理职责而造成在校学习、生活期间的无民事行为能力人或者限制民事行为能力人受到损害时，教育机构应承担的侵权责任。根据《中华人民共和国民法典》第一千一百九十九条的规定，受害者是无民事行为能力人时，教育机构直接侵权时的归责原则为过错推定责任，即只要受害者在校学习、生活期间遭受了人身损害，就推定教育机构没有尽到教育、管理职责，存在过错，应承担侵权责任，教育机构只有在证明尽到了教育、管理职责后，才可以不承担责任。根据《中华人民共和国民法典》第一千二百条的规定，受害者为限制民事行为能力人时，教育机构直接侵权时的归责原则为过错责任，受害人应当举证证明教育机构未尽到教育、管理职责后，才能要求教育机构承担侵权责任。

2. 第三人侵权时教育机构的侵权责任及归责原则。第三人侵权时教育机构的侵权责任，是指幼儿园、学校或教育机构以外的人员造成无民事行为能力人或者限制民事行为能力人损害的，教育机构未尽到管理职责而应承担的相应的补充责任。第三人不包括教育机构自身的工作人员，也不包括在教育机构学习、生活的无民事行为能力人或限制民事行为能力人。根据《中华人民共和国民法典》第一千二百零一条的规定，无民事行为能力人或者限制民事行为能力人在教育机构学习、生活期间，受到教育机构以外的第三人人身损害的，由第三人承担侵权责任；教育机构未尽到管理职责的，承担相应的补充责任。教育机构承担补充责任后，可以向第三人追偿。

上述两类侵权责任的主要区别是：(1) 过错的表现形式不同。教育机构直接侵权时，其过错责任表现为“未尽到教育、管理职责”，而第三人侵权时教育机构的过错表现在“未尽到管理职责”。(2) 责任承担不同。在教育机构直接侵权责任中，教育机构需直接向被侵权人承担侵权责任，这是第一位责任，但在第三人侵权时，由实施侵权行为的第三人承担第一位责任，教育机构承担的是第二位责任，即补充责任。

(二) 教育机构侵权责任在具体案件中的适用

教育机构侵权责任的认定，核心问题是明确教育机构是否履行了教育、管理职责以及履行的程度，据此认定教育机构对损害后果的发生是否存在过错，教育机构仅在其未尽到教育、管理职责的过错范围内承担赔偿责任。判断教育机构是否尽到教育、管理职责，可适用以下思路：

1. 以规范性法律文件的规定为标准比对判断。例如，《中华人民共和国义务教育法》《中华人民共和国未成年人保护法》等法律均有涉及教育机构对未成年人教育、管理和保护义务的原则性规定，《学生伤害事故处理办法》等部门规章还规定了教育机构应当尽到的具体义务以及违反义务的具体后果。[①]

2. 以同类教育机构安全管理的一般标准比对判断。对于教育机构承担的安全保障义务的认定，应遵循必要性、合理性、恰当性原则，义务边界应掌握在

---

① 最高人民法院民法典贯彻实施工作领导小组：《中华人民共和国民法典侵权责任编理解与适用》，人民法院出版社2020年版，第298页、第299页。

合理范围内，适用同类教育机构安全管理的一般标准。

3. 结合案件具体情况，综合考量教育机构是否尽到了善良管理人必要的注意义务，包括事故发生后是否尽到及时、适当的保护救助义务等。具体可结合对损害结果发生是否存在可预见性、可预防性等因素进行考量。如果事故的发生超出行业一般的预测可能，且事后教育机构尽到了合理救助义务，则不能认为教育机构未尽到教育、管理责任。在具体个案中，应根据事发时的时间、空间、环境、危险程度、学生的认知能力、防范风险能力等因素综合考虑，认定教育机构对于损害的发生能否预见、能否避免。①

（三）本案中教育机构是否存在过错的认定

本案伤害事故发生于放学过程中，涉及教育机构对放学秩序的管理是否妥尽安全保障义务的认定。根据当时放学的人数、环境等因素，某小学安排一名值班教师维持学生秩序，符合当地同类情形的安全管理要求，应当认为某小学已经履行了安全管理职责。而涉案事故瞬间发生，从李某某用手接触耿某某背后的书包到耿某某突然倒地，仅7秒左右，超出通常对于学生倒地危险预判和及时阻止的反应速度，事发突然，要求在如此之短的时间内学校或者老师及时制止或避免，显然过于苛刻，已超出教育机构合理、谨慎的注意范围。事故发生后，老师立即现场询问、查看耿某某伤情，对耿某某进行了及时、合理的救助，教育机构也多次组织事故双方进行调解。根据事故发生的时间、空间、环境、危险程度、学生的认知能力、防范风险能力等因素综合考虑，某小学已举证证明尽到了监督、管理职责。在其日常已经履行了安全教育义务、事发时安排专人负责维持秩序的情况下，不宜认定某小学对于突发的事故存在过错。否则，有违过错责任的立法宗旨，也会制约学校的正常教学管理秩序和教育工作的长期良性发展，更不利于未成年人的健康成长。

青少年活泼好动的天性使他们极易成为校园人身损害事件的主角，因此需要学校、家长等多方参与，正所谓“孩子虽在校，家长也有责，校园安全需共

① 最高人民法院民法典贯彻实施工作领导小组：《中华人民共和国民法典侵权责任编理解与适用》，人民法院出版社2020年版，第298页、第299页。

同守护”。家长在日常生活中要进行正确引导，教育机构要加强日常教育管理，提升学生安全防范意识，共同维护校园安全。校内校外，并非是校园人身损害责任划分的绝对标准，学校并不当然的对校园内发生的一切损害事故负责。对教育机构教育管理职责的审查，应尊重教育规律和学生成长规律，适用学校安全管理的普遍标准，合理界定学校对于学生安全的责任范围。

编写人：湖北省枝江市人民法院 田玉华
最高人民法院司法案例研究院实习生 湖南大学 美丽努尔·图尔荪

14

公墓脱落致害的管理责任认定

——杨某某诉谭某某等生命权、身体权、健康权案

【案件基本信息】

1. 裁判书字号

重庆市第三中级人民法院（2022）渝 03 民终 2337 号民事判决书

2. 案由：生命权、身体权、健康权纠纷

3. 当事人

原告（上诉人）：杨某某

被告（被上诉人）：谭某某、朱某某

被告：鲁某某

【基本案情】

朱某某与谭某甲原系夫妻，生育一子谭某某。谭某某与鲁某某于 2010 年登记结婚。2009 年 10 月，谭某甲死亡，同年谭某某为其父谭某甲在某公墓地修建了石墓，该石墓与杨某某外公的坟墓为并列相邻，杨某某外公的坟墓在内侧，

如需到达须经过谭某甲墓前通行。杨某某系付某某与杨某婚生女。2022 年 1 月 29 日上午，杨某某随付某某等前往该公墓地为其亲属扫墓，当杨某某站立于谭某甲坟墓前时，谭某甲坟墓墙体垮塌，杨某某被滚落的石头砸伤。杨某某当日被送往医院住院治疗，诊断为骨盆多发骨折、失血性休克等。杨某某在治疗过程中，谭某某支付其医疗费 28300 元。重庆市某司法鉴定所于 2022 年 8 月 5 日作出鉴定意见：1. 杨某某骨盆多发骨折严重畸形愈合达 9 级伤残；2. 杨某某伤后护理期为 60—90 日；3. 杨某某目前无护理依赖。杨某某花去鉴定费 2090 元，支付医院检查费 1027. 66 元。

杨某某起诉请求：判令谭某某、朱某某、鲁某某赔偿杨某某医疗费、护理费、残疾赔偿金等共计 307984. 51 元。

【案件焦点】

1. 如何认定涉案坟墓的管理主体；2. 公墓脱落造成他人损害的，如何认定承担侵权责任的主体及责任。

【法院裁判要旨】

重庆市丰都县人民法院经审理认为：关于责任主体及责任比例问题。谭某甲死亡后，谭某某作为其子为其立碑建墓，由此谭某某对其为父亲构筑的坟墓有使用、管理的职责，对于构筑坟墓因脱落、垮塌造成的事故依法应当承担民事责任，谭某某属于责任主体。作为公墓群体的管理者，仅是基于公墓防止他人破坏及维护扫墓公共秩序有管理职责，对于某个坟墓本身的脱落、垮塌无管理修缮责任。朱某某虽然与谭某甲生前系夫妻关系，双方有扶养义务，但本案损害赔偿并非因其履行或不履行该项义务产生，同时坟墓的建造者系谭某某，应认定朱某某不是坟墓的管理义务人，不属于责任主体。对于鲁某某而言，仅系谭某甲生前儿媳，鲁某某对谭某甲生前无法律上的扶养义务，死亡后相应也无安葬义务，同时谭某甲的坟墓也非鲁某某建造，据此不存在后续的管理维护职责，据此鲁某某不属于责任主体，在本案中不应承担民事责任。

谭某甲的坟墓系谭某某建造，这一建造先前行为，加之谭某某系死者之子，依法有后续对坟墓的管理维护职责，谭某甲的坟墓垮塌证明谭某某未尽到管理维修职责，应认定谭某某存在管理不善的过错，该过错行为是导致杨某某受伤的主要原因。同时，杨某某及其监护人由于疏忽大意未能尽注意义务，以至于谭某甲的坟墓垮塌时，杨某某未及时避让，被近距离脱落的石头砸伤，据此杨某某及其监护人自己应承担相应的过错责任。综合双方的过错大小及原因力因素，认定谭某某承担 60%的民事赔偿责任，杨某某自己承担 40%的民事责任。

重庆市丰都县人民法院依照《中华人民共和国民法典》第一千一百七十三条、第一千二百五十二条，《最高人民法院关于审理人身损害赔偿案件适用法律若干问题的解释》第六条、第八条、第九条、第十条、第十一条、第十二条，《最高人民法院关于确定民事侵权精神损害赔偿责任若干问题的解释》第五条之规定，判决如下：

一、谭某某在判决发生法律效力后二十日内赔偿杨某某经济损失 156490. 71 元；

二、驳回杨某某的其他诉讼请求。

杨某某不服，提起上诉。重庆市第三中级人民法院经审理认为：人工构筑物致害责任主体的过错是推定的，而不是受害人举证证明的。因而在过错的证明上，实行举证责任倒置。本案中，杨某某被谭某甲墓脱落条石致害，故谭某甲墓的管理人应对因此产生的合理经济损失承担赔偿责任。谭某甲墓的管理人并未对自身不存在过错进行举证，因此可以推定其存在管理过错，因此，其应当承担相应的赔偿责任。至于杨某某作为受害人，其只要不存在故意行为和重大过失，就不承担减轻侵权人责任的情形。本案中，杨某某即使有谨慎注意义务，也不构成故意行为和重大过失，因此，杨某某不应当自行承担 40%的过错责任。一审判决处理不当，本院予以纠正。

至于朱某某是否应当承担责任的问题。坟墓作为安葬逝者、家属祭祀的特定场所，蕴含着逝者家人、亲属、亲友的人文情怀，不同于一般的构筑物，其管理、修缮等事项，按传统民俗，应由逝者家属（直系亲属）共同参与。关于亲属对逝者坟墓的修缮、管理、维护问题，我国现行法并无明确规定。《中华人民共和国民法典》第十条规定：“处理民事纠纷，应当依照法律；法律没有规定的，可以适用习惯，但是不得违背公序良俗。”葬俗是风俗习惯的一部分，承载着生者对亡者的缅怀和追思。我国“死者为大”的思想根深蒂固，基于此，各地形成了程式迥异的葬俗。但不论采用何种葬俗，逝者坟墓的修建、管理和维护都是由亲属共同实施。任何亲属单方面改变逝者坟墓状态或排除其他亲人祭扫的行为，都不符合基本的习俗。本案中公墓名义买受人是作为全体继承人的代表人而与墓园发生联系的，并且他关于殡葬设施后续管理的意思表示必须源于全体继承人内部的公议。因此，朱某某作为逝者的配偶对逝者坟墓具有管理、修缮义务，而不仅仅是公墓名义买受人才负有该责任。杨某某明确要求谭某某、朱某某承担责任，符合基本的习俗，应当获得支持。

重庆市第三中级人民法院依照《中华人民共和国民法典》第一千二百五十三条、《中华人民共和国民事诉讼法》第一百七十七条第一款第二项之规定，判决如下：

一、撤销丰都县人民法院（2022）渝0230民初2676号民事判决；

二、谭某某、朱某某在本判决发生法律效力后二十日内赔偿杨某某经济损失279684.51元；

三、驳回杨某某的其他诉讼请求。

【法官后语】

经营性公墓作为回应传统“生养死葬”“死者为大”理念习俗的基础殡葬设施，承载着重要的公共利益、群众利益。公墓脱落物致害的责任确定上，应基于坟墓这一特殊构筑物的利益性质，综合考量经营性公墓的经营模式、亲属家庭内部关系等多重因素。

一、公墓脱落致害责任的理论基础

经营性公墓属于现代坟墓的一种，通常意义上的坟墓由“坟”与“墓”构成，“坟”主要为地面以上的墓碑、建筑土堆等组成，“墓”则为地面以下用于存放死者遗骸、遗骨或骨灰的空间。现代社会中的经营性公墓主要系满足城镇居民需求，由公墓经营者受让国有或集体所有土地后，通过出售、出租等形式将公墓交由逝者亲属方使用。综合来看，一方面，公墓作为坟墓，与尸体、骨灰等特殊

"人格物"密切结合，从其承载的精神利益而言，公墓既是生人祭奠、哀悼、追思逝者的重要场所，也是死者人格利益的重要承载体，因此蕴含着深厚的人格利益。另一方面，公墓符合传统民法理论中物权所具有的占有、使用、收益、处分等权能特征，只不过基于公墓土地使用权及对象本身的特殊性，对相关处分权能设有一定规范限制；细分来看，公墓在物权属性上为不动产，又因其不具备传统人类居住或生产等功能，故而属于特殊构筑物。对于公墓倒塌或脱落、坠落等致人损害的，应区分其致害的具体表现形式，选择适用《中华人民共和国民法典》（以下简称《民法典》）第一千二百五十二条或第一千二百五十三条，归责原则均为过错推定。本案中，系因公墓顶端的条石等脱落导致损害发生，故应适用《民法典》第一千二百五十三条以确定坟墓的所有人、管理人或者使用人。

二、合理确定公墓的对外管理主体

现有规范未予明确逝者亲属方对墓穴土地使用权享有何种权能，笔者认为，公墓经营者与逝者亲属方形成的是租赁法律关系。第一，现有规定已明确要求逝者亲属方使用墓穴的应缴纳"墓穴租用费"；第二，墓穴管理费一次性收取最长不超过20年，对于该费用、期限等均规制于公墓经营者与逝者亲属达成的合同内，且该期限亦符合传统合同法律对于租赁合同最长期限的规制要求；第三，从规范目的来看，公墓系具有人格利益的特殊稀缺物，目前对公墓经营者准入与管理等颇为严格，如彻底放开让逝者亲属方完整享有公墓土地使用权，可能将产生大量市场化交易行为及纠纷，以现行法律体系恐难以从容应对。因此，经营者通过招拍挂等出让方式取得公墓用地后，在使用期限内其使用权一直归属于经营者，逝者亲属方仅享有承租权。即便双方形式上签订了买卖合同，逝者亲属至多也只享有对公墓本身作为物理构筑物的事实上的所有权。遵循这种法律关系，笔者认为，基于公墓承载的重要人格利益，其独特的使用价值实际上基本仅归属于逝者亲属方，所以逝者亲属方应系公墓的对外管理主体；当公墓脱落物造成侵权损害时，逝者亲属方应承担对外的管理责任和赔偿责任。不过，仍应肯定公墓经营者负担对墓园整体的管理和维护责任，例如对于墓区绿化、道路等环境设施的日常修缮管理或基于个墓状况对家属的通知义务等，但此种责任在根本性质上有别于个体公墓脱落物致害的管理责任。

三、亲属间承担具体管理责任的认定

认定逝者亲属方承担管理责任后，因逝者远近亲属众多，还面临着亲属间具体管理责任如何确定的问题。虽然目前我国法律并无关于逝者亲属间对坟墓管理维护的规定，但根据《民法典》第十条“处理民事纠纷，应当依照法律；法律没有规定的，可以适用习惯，但是不得违背公序良俗”之规定，对亲属间公墓管理责任的确定可以参照适用民间习惯。可以肯定，对逝者的追思、哀悼等祭奠权并不专属于某一位或特定亲属，亲属之间也不能互相阻碍、干扰彼此对前述权利的行使，这既基于法律规定的保护，也源于中华民族长期以来孝道、宗亲等观念产生的葬俗习惯。鉴于坟墓系逝者所有亲属行使哀悼祭奠权利的基本物质载体，根据权利义务相统一的原则，亲属在行使该权利时自应承担与之相应的管理义务。

具言之，因公墓具备的特殊性质，确定亲属间的管理责任时不得不考虑亲属的血脉远近等家庭内部关系。《民法典》婚姻家庭编、继承编系调整因家庭内部产生的民事法律关系的规范，在划定亲属间的具体管理责任时，可以参照相关规定精神，并结合民间习惯综合认定。第一，参照《民法典》第一千一百二十七条确定的继承顺序，先行以配偶、父母、子女等第一顺序继承人对坟墓的管理维护承担共同责任；若无第一顺序继承人时，再行考量兄弟姐妹、祖父母、外祖父母作为第二顺序继承人的管理责任。第二，关于同等顺序上的管理责任是否完全一致，笔者认为，在对外承担管理责任的确定上，亲属间应为同等责任或不区分责任大小，因公墓的选址、购买等源于继承人内部的集体意思表示，故对外责任的承担不应局限于作为继承人代表的名义上的公墓特定买受人。第三，亲属间对内管理责任的划分上，可先行协商确定，协商不成的，则可参考各继承人对逝者遗产的继承情况、现实经济来源等综合情况以确定个体最终承担的具体责任。本案中，谭某某作为逝者谭某甲之子，朱某某作为谭某甲之妻，均属第一顺序继承人，在确定由逝者亲属方对公墓脱落致害承担管理责任后，两者对外均应承担同等管理责任。

编写人：重庆市第三中级人民法院　吴小

15

《中华人民共和国消费者权益保护法》第五十五条第一款惩罚性赔偿的认定

——靖某某诉赵某某、谢某生命权、身体权、健康权案

【案件基本信息】

1. 裁判书字号

北京市第一中级人民法院（2022）京01民终5393号民事判决书

2. 案由：生命权、身体权、健康权纠纷

3. 当事人

原告（上诉人）：靖某某

被告（被上诉人）：赵某某、谢某

【基本案情】

赵某某系某文化公司法定代表人，该公司自2015年7月开始经营，从事美容服务。谢某与赵某某原为夫妻关系，后于2020年7月登记离婚。

靖某某与赵某某自2019年相识后，赵某某经常为靖某某提供美容服务。2020年4月，靖某某在某文化公司经营处接受“红溶脂”针颈部近下颚缘处和左下面部注射，5月27日，靖某某在上述地点再次接受“红溶脂”针注射相同部位，次日出现注射区红肿、硬结伴疼痛。后靖某某在北京市昌平区医院、中国人民解放军总医院第一附属医院（以下简称解放军医院）治疗，诊断为：（1）面颈部感染；（2）面颈部多发包块；（3）面颈部溶脂针术后；（4）面部瘢痕；（5）脓肿分枝杆菌感染。靖某某累计支付住院及门诊治疗费151021.21元，支付外购药品费3099元，输液费540元，基因检测费14000元，以上共计

168660.21元。靖某某治疗期间，赵某某、谢某支付靖某某部分费用。

2021年1月7日，赵某某因未取得医师执业证书于2020年4月初至2020年5月27日开展医疗美容活动受到北京市昌平区卫生健康委员会行政处罚。

【案件焦点】

1. 赵某某、谢某是否应当承担赔偿责任；2. 靖某某是否有权主张惩罚性赔偿。

【法院裁判要旨】

北京市昌平区人民法院经审理认为：本案争议焦点：（1）责任主体；（2）本案侵权之债是否为赵某某、谢某夫妻关系存续期间共同债务；（3）本案是否适用《中华人民共和国消费者权益保护法》；（4）靖某某的各项损失。

1. 责任主体。靖某某接受“红溶脂”针注射服务地点为某文化公司，同时结合某文化公司经营范围，赵某某为靖某某注射“红溶脂”为某文化公司行为。根据行政处罚决定书，某文化公司提供的上述服务为医疗美容服务内容。从事医疗美容必须依法进行登记并取得相应的行政许可，从业人员也必须取得相应的从业资格并具备法律规定的从业条件。而某文化公司不具有医疗美容资质，赵某某也未取得相应的从业资格，因此，某文化公司、赵某某的上述行为违反上述法律规定，构成侵权，对其侵权行为后果应当承担赔偿责任。某文化公司为自然人独资公司，赵某某系法定代表人，未提交证据证明公司财产独立于个人财产，故赵某某对公司债务承担连带责任。经法院释明，靖某某拒绝向某文化公司主张权利，其要求连带责任人赵某某承担赔偿责任符合法律规定。靖某某提交的证据不足以证明谢某参与某文化公司经营或参与上述侵权行为，其主张谢某为共同侵权人，依据不足。

2. 本案侵权之债是否为赵某某、谢某夫妻关系存续期间共同债务。赵某某的侵权行为虽发生在其与谢某婚姻关系存续期间，但该侵权行为产生的债务是否为夫妻共同债务，一要看该债务是否为在国家法律法规允许的范围内产生的正当债务以及举债行为是否为故意；二要看侵权行为是否给配偶带来利益。本案中，赵某某明知其公司不具备医疗美容资质，且其本人也无职业资格，为他人行医疗美容手术，超出了法律、法规允许的范围，非过失侵权。赵某某上述侵权行为发生后，谢某虽给靖某某转账治疗费，并与靖某某丈夫就赔偿、治疗等事宜进行交流，但在交谈中谢某也表示对此事不知情。因此，不足以推定谢某对赵某某注射“红溶脂”事先知情，同时，现有证据也不足以证明该侵权行为给谢某带来了利益。因此，赵某某为靖某某医疗美容产生的侵权之债非夫妻共同债务，靖某某要求谢某承担连带责任，依据不足。

3. 本案是否适用《中华人民共和国消费者权益保护法》。该法规定，消费者为生活消费需要购买、使用商品或者接受服务，其权益受本法保护；本法未作规定的，受其他有关法律、法规保护。经营者为消费者提供其生产、销售的商品或者提供服务，应当遵守本法。本案中，靖某某接受的医疗美容服务虽属医疗服务范围，但其性质为非治疗型的医疗美容服务，与以治疗疾病为目的的医疗美容服务不同，非治疗型的医疗美容服务是健康人群，为追求更高生活质量，通过美容机构提供医疗美容服务，满足就医者对“美”的追求，应为消费型的医疗美容服务，属《中华人民共和国消费者权益保护法》的适用范围。故靖某某主张本案适用《中华人民共和国消费者权益保护法》，予以采纳。

4. 靖某某的各项损失：医疗费，经核实确认为168660.21元（含外购药品费用、输液费和基因检测费）；精神损失费，赵某某非法为靖某某行美容手术，造成其面部致损，虽未鉴定为伤残，但其受损的面貌会使其感受到被侵害的痛苦，因此，应给予一定的精神损害赔偿，根据赵某某的过错和损害后果给靖某某带来的精神痛苦程度，法院酌定为3万元；误工费，结合靖某某治疗情况和伤情，参照《人身损害误工期、护理期、营养期评定规范》（GA/T 1193—2014）的相关规定，酌定其出院后休息2个月，误工损失酌定为5594-1950+5594=9238元；住院期间护理费，结合靖某某病情，并考虑家人护理必然付出一定的劳动和休息时间，该项损失客观存在，具体标准和期限参照同行业用工标准和上述规范及住院期限，酌定为每日150元，护理期为54天，该项损失酌定为150元×54天=8100元；营养费，根据靖某某伤情，并参照上述规范，其主张每日50元，予以采纳，营养期参照住院天数确认，该项损失金额酌定为50元×54天=2700

元。上述损失（不含精神损失费），靖某某主张两倍赔偿，无法律依据，不予支持。靖某某提交的证据不足以证明其就注射溶脂针支付了费用，其主张返还美容服务费及惩罚性赔偿，不予支持。同时，侵权行为发生时，靖某某与赵某某早已相识，应当知晓赵某某的经营资质、执业资质等情况，对赵某某为其提供医疗美容服务是否存在欺诈，现无证据佐证，故靖某某主张赵某某存在服务欺诈行为，依据不足。就谢某、赵某某已支付的费用在前述损失中予以扣减。

北京市昌平区人民法院依照《中华人民共和国侵权责任法》第十三条、第二十二条，《中华人民共和国公司法》第六十三条，《中华人民共和国消费者权益保护法》第一条、第二条、第七条、第八条、第四十九条、第五十五条，《中华人民共和国民事诉讼法》第六十七条，《最高人民法院关于适用〈中华人民共和国民法典〉时间效力的若干规定》第一条、第二条之规定，判决如下：

一、赵某赔偿靖某医疗费 168660.21 元、误工费 9238 元、护理费 8100 元、营养费 2700 元、精神损害抚慰金 30000 元，以上共计 218698.21 元，已支付 148631.22 元，余款 70066.99 元，于本判决生效后十日内执行；

二、驳回靖某的其他诉讼请求。

靖某某不服一审判决，提出上诉。北京市第一中级人民法院经审理认为：靖某某接受“红溶脂”注射的医疗美容服务属于消费型医疗美容服务，应适用《中华人民共和国消费者权益保护法》的相关规定。一审判决对侵权行为以及损失数额、责任主体认定正确。

关于惩罚性赔偿的适用。欺诈行为是指经营者在提供商品或者服务中，采取虚假或者其他不正当手段欺骗、误导消费者，使消费者的合法权益受到损害的行为。欺诈行为在法律上分为积极欺诈与消极欺诈两种情形。积极欺诈是指欺诈者以积极的言辞，提供虚假情况，使消费者作出错误的意思表示，如故意夸大商品性能。消极欺诈是指行为人具有告知的义务，但其故意不告知或者隐瞒，致使消费者作出错误的意思表示。本案中，靖某某与赵某某早已相识，多次接受赵某某的美容服务，在注射“红溶脂”时亦未对赵某某的经营资质、执业资格及是否可能会出现不良反应等情况予以关注，并表示自己之前曾接受过赵某某提供的“红溶脂”注射服务，故现有证据不足以证明靖某某系由于某文化公司、赵某某的积极言辞或消极隐瞒而陷入错误认识，靖某某主张某文化公司、赵某某存在欺诈行为并据此主张退一赔三，证据不足。但赵某某明知其为靖某某注射的“红溶脂”没有合法来源，自身未取得相关医师执业证书，仍然向靖某某提供存在缺陷的商品和服务，导致靖某某面、颈部受损，该处在日常生活中属于裸露部位，该损害不仅会给靖某某带来生理痛苦，更会导致其经受严重的精神痛苦，故靖某某主张赵某某承担二倍以下惩罚性赔偿，具有事实和法律依据，应予支持。根据靖某某的损害后果、赵某某的过错程度等因素，本院酌定赵某某应承担 10 万元的惩罚性赔偿。

关于谢某是否应当承担连带责任。靖某某提交的相关微信聊天记录仅能证明谢某可能在现场，不足以证明谢某实际参与了注射行为；谢某在事发后协助赵某某处理后续事宜，不能以此推论谢某与赵某某共同实施了对靖某某的侵权行为；现亦无证据表明谢某实际参与了某文化公司的经营。故，一审法院认定谢某承担连带责任依据不足，是正确的。

北京市第一中级人民法院依照《中华人民共和国侵权责任法》第十三条、第二十二条，《中华人民共和国消费者权益保护法》第二条、第七条、第八条、第四十九条、第五十五条，《最高人民法院关于适用〈中华人民共和国民法典〉时间效力的若干规定》第一条，《中华人民共和国民事诉讼法》第六十七条、第一百七十条第一款第二项之规定，作出如下判决：

一、维持北京市昌平区人民法院（2021）京 0114 民初 14477 号民事判决第一项；

二、撤销北京市昌平区人民法院（2021）京 0114 民初 14477 号民事判决第二项；

三、赵某某于本判决生效后十日内赔偿靖某某 100000 元；

四、驳回靖某某其他诉讼请求。

【法官后语】

传统民法对于欺诈的定义是，以使他人陷于错误并因而为意思表示为目的，故意陈述虚伪事实或者隐瞒真实情况的行为。[①]《中华人民共和国消费者权益保护法》关于惩罚性赔偿所涉"欺诈"，是指经营者在提供商品或者服务中，虚构事实、隐瞒真相，采取虚假或者其他不正当手段欺骗、误导消费者，使消费者因此陷入错误认识而购买商品或服务，从而合法权益受到损害的行为。"欺诈"的认定对行为人主观过错的标准要求较高，证明标准也较高。越来越多的研究认为，惩罚性赔偿旨在通过司法实现社会治理、规范经营主体行为，而消费者在明知状态下利用惩罚性赔偿牟利，可能构成对市场的反向破坏，故在消费者对商品及服务缺陷有所了解的情况下，审判实践及理论均倾向于认为不能以欺诈为由适用惩罚性赔偿。但是，如果经营者对产品或服务的缺陷明知，且由此导致消费者死亡或健康严重受损的严重后果，无论消费者主观状态如何，经营者都可能面临惩罚性赔偿。本案涉及此类案件审理中的若干常见法律适用问题，具体包括：

1. 关于缺陷产品、缺陷服务的认定。《中华人民共和国产品质量法》第四十六条规定，本法所称缺陷，是指产品存在危及人身、他人财产安全的不合理的危险；产品有保障人体健康和人身、财产安全的国家标准、行业标准的，是指不符合该标准。理论和实践认为，产品缺陷的认定标准应确定为"是否存在不合理危险"层面，同时将国家、行业的强制性标准作为认定产品是否存在不合理危险的考量因素之一。同样，对于服务缺陷的认定亦可参考上述标准，同时还需考虑双方合同的特殊约定。在医疗美容行业，机构开展相关业务需要获得批准，具体操作人员亦有资质要求，如果开展医疗美容业务的机构及其人员未取得国家批准的资质和执业资格，那么该机构的经营行为系违法行为，其提供的医疗美容服务显然属于缺陷服务。

2. 关于消费者的主观状态是否影响经营者承担惩罚性赔偿责任。如上所述，理论和审判实践多认为，除非法律、司法解释有明确规定，否则消费者"知假买假"的情况下，对其生活消费范围以外的支出，不宜支持其惩罚性赔偿

---

① 韩世远：《合同法总论》，法律出版社 2004 年版，第 207 页。

的诉讼请求①。但如果因经营者提供明知有缺陷的产品或服务，造成消费者或者其他受害人死亡或者健康严重损害的严重后果，受害人有权主张所受损失二倍以下的惩罚性赔偿。在此种情况下，对经营者主观过错程度要求较低，仅需“明知”商品或服务有缺陷即可，对消费者的主观状态亦无特殊要求。同时与过错相适应，此类情形下的惩罚性赔偿限额亦相应降低，为所受损失的二倍以下。

3. 关于健康严重受损的认定标准。审判实践中，对于健康受损的情况，一般通过专业的伤残等级鉴定予以认定，但是鉴定意见属于认定事实的证据中的一类，并非认定事实的唯一依据。诉讼中，如果当事人没有申请鉴定，或限于客观条件无法开展鉴定（如治疗尚未终结），法院应当依据案件的具体情况，对于是否存在健康严重受损的事实进行认定。如经医院诊断构成肢体瘫痪、失明、失聪等，或者头面部受损，同时可能带来严重精神损害的，法院应当依据案件具体情形综合判断，对是否构成“健康严重受损”的损害后果作出认定。

编写人：北京市第一中级人民法院　王湘羽

16

共同吸毒者与相关经营场所经营者对吸毒者法定救助义务的认定

——敖某某、席某某诉王某甲等生命权、身体权、健康权案

【案件基本信息】

1. 裁判书字号

江西省宜春市中级人民法院（2022）赣09民终3548号民事判决书

---

① 参见《最高人民法院发布食品安全惩罚性赔偿典型案例》，载中国法院网，https：//www.chinacourt.org/article/detail/2023/11/id/7665409.shtml，2024年5月28日访问。

2. 案由：生命权、身体权、健康权纠纷

3. 当事人

原告（上诉人）：席某某

原告（被上诉人）：敖某某

被告（被上诉人）：王某甲、王某乙、陈某甲、陈某乙、聂某某、吕某、曾某、陈某丙、王某丙、卢某某、某酒店

【基本案情】

死者敖某甲出生于2005年1月，初中一年级后辍学外出学徒。敖某某、席某某系敖某甲的父母，2013年4月，二人经法院调解离婚，调解书中约定敖某由敖某某抚养成人。

2021年2月19日20时左右，王某甲等人相约到某酒店娱乐场所唱歌，并由王某丙开好包厢。随后几人提出吸食毒品，陈某乙联系陈某丙购买毒品，在陈某丙联系到毒品后，让陈某乙提取毒品。吸食毒品期间，曾某邀请吕某到娱乐场所唱歌，吕某途中偶遇敖某甲，敖某甲提出要一起去，二人便一同到娱乐场所包厢。其间，包厢里的人员时而三三两两到包厢内的厕所里吸食毒品，敖某甲也在其中。后大家离开娱乐场所去吃夜宵，敖某甲未下车，一直处于睡眠状态，其间还出现呕吐等症状。凌晨4点左右，陈某甲、陈某乙、陈某丙三人回家了，王某甲等七人发现敖某甲依然处于睡眠状态，脸色不佳，经过多次叫唤仍没有清醒。凌晨4点30分左右，敖某甲已经丧失意识，于是几人将敖某甲送到某酒店并用吕某的身份证办理入住手续，用酒店的拖车将敖某甲送到房间，到达房间后敖某甲脸色惨白，嘴唇发紫，吕某报告酒店人员，并一同上楼查看。5点左右，吕某见敖某甲状态不对便拨打120急救电话，经120急救中心医师确认敖某甲已经死亡。

2021年4月12日，樟树市公安司法鉴定中心作出《法医学尸体检验鉴定书》，鉴定意见为：死者敖某甲系因甲基苯丙胺中毒，导致心肺衰竭死亡。

王某丙于2021年2月26日因涉嫌容留他人吸毒罪被樟树市公安局刑事拘留，同年6月11日因容留他人吸毒罪被判处有期徒刑10个月，并处罚金

3000 元。

敖某某、席某某认为，几被告的行为与敖某甲的死亡之间存在因果关系，且几名被告人均为成年人，对未成年人敖某甲负有更大的照顾职责和救助义务，严重贻误了敖某甲的最佳救助时机。某酒店也未尽到管理职责，不但在娱乐场所出现吸食毒品的违法行为，还在从敖某甲入住酒店直至死亡的整个过程中严重失职失察，故诉至法院。

【案件焦点】

其他共同吸毒者以及经营场所经营者是否应当对敖某甲吸毒死亡的损害后果承担民事责任。

【法院裁判要旨】

江西省樟树市人民法院经审理认为：本案是因多种行为和原因引起的人身损害案件，是由分别实施的数个行为间接结合发生同一损害后果，应按照致害人行为的过错大小或者原因力比例各自承担相应的赔偿责任。

1. 陈某乙、陈某丙的责任。从本案毒品的来源上看，陈某乙、陈某丙是毒品来源的主要参与人，作为成年人明知毒品的危害性却仍然帮助吸毒者联系贩毒人员购买毒品。购买毒品本身就是严重违反社会管理秩序的行为，两人购买毒品后还提供给他人吸食，为受害者敖某甲吸食毒品提供来源与契机，因此陈某乙和陈某丙购买毒品的行为与敖某甲的死亡结果之间存在客观联系，应承担相应的责任。

2. 王某甲等七人的责任。敖某甲在离开娱乐场所去夜宵店的途中与王某甲等七人同乘一辆车，敖某甲本身是一个独立的个体，但是在其意识不清的状态下，正常的个体关系被打破，与其他同行人员之间形成了紧密的人身依赖关系。王某甲等七人与敖某甲在同一个包厢内吸食毒品，在离开娱乐场所后的时间段内也始终与敖某甲在一起，对敖某甲身体状况的变化最为了解。在敖某甲经多次呼叫仍未清醒且脸色不佳时，处于意识、行为正常状态下的他们有义务且有能力及时送敖某甲去就医，但是几人却选择送敖某甲去酒店，没有及时送往医院救治。在到达酒店时敖某甲仍然不省人事，脸色惨白，嘴唇发紫，但王某甲等七人任由敖某甲处于这种危险状态当中，放任敖某甲死亡结果的发生，七人的不作为行为也是促使敖某甲死亡的客观因素之一。

3. 某酒店的责任。某酒店作为经营者，应当依法经营并遵守国家法律规定，在经营中严格遵守入住登记、身份核查、情况报告等各项治安管理制度。本案中，敖某甲以吕某的身份证在某酒店办理入住，某酒店没有按照规定对酒店入住人员的身份进行核查，在王某甲等人将敖某甲通过拖车送到房间时，对这一异常情况也没有上前进行询问和查看，某酒店的管理失职对敖某甲的就医治疗造成一定的延误，故也应承担相应的赔偿责任。

4. 王某丙的责任。吸毒是一种违法行为，容留吸毒更是国家法律明令禁止的犯罪行为，王某丙本人明知吸毒对人体健康的危害性，仍然严重违反社会管理秩序，提供场所并容留敖某甲等人吸食毒品，其容留吸毒行为与敖某甲的死亡结果存在关联，对敖某甲的死亡存在过错。

5. 受害人及原告方的责任。本案受害人敖某甲虽然生理年龄为16岁，但是其心智健全且早已辍学步入社会，具有一定的生活经验，因此吸食毒品的危害性及违法性在其年龄的认知范围之内，其应当能够预见吸毒所造成的严重后果。本案中没有证据证明众被告存在引诱、教唆敖某甲吸毒的行为，敖某甲系主动吸食毒品，自己的吸毒过量行为才是造成其死亡结果的主要原因，应承担主要责任。原告方作为监护人应当对被监护人进行管理和教育，并对被监护人的行为进行相应约束。原告席某某在与敖某某离婚后对敖某甲的生活了解较少，敖某某作为直接抚养人在涉案当晚敖某甲凌晨还在外面时，也没有关心敖某甲的人身安全。二人未尽到身为父母的监护职责，其也应当对敖某甲的死亡承担相应监护失职责任。

6. 陈某甲的责任。本案中陈某甲与敖某甲并不相识，没有参与购买毒品，吃夜宵途中也并未和敖某甲同乘一辆车，吃完夜宵后直接回家了，其对敖某甲吸毒后的状况并不清楚，也并不能控制敖某甲吸毒后引发的后果，因此对敖某甲的死亡不存在过错。

结合本案的案情，综合考虑受害人、原告、被告在本起事件中各自责任及各自过错对事件结果原因力的大小，酌定由被告王某丙、陈某乙、陈某丙各自承担3%的责任，王某甲、聂某某、王某乙、王某丙、吕某、曾某、卢某某各自承担2%的责任，某酒店承担2%的责任，剩余责任由原告自行承担。

受害人敖某甲死亡的合理损失共计为833371.5元，被告王某丙、陈某乙、陈某丙各应承担的金额为25001元，被告王某甲、聂某某、王某乙、王某丙、吕某、曾某、卢某某、某酒店各应承担的金额为16667元。

江西省樟树市人民法院依照《中华人民共和国民法典》第一千一百七十二条、第一千一百七十三条、第一千一百八十三条，《最高人民法院关于确定民事侵权精神损害赔偿责任若干问题的解释》第五条，《中华人民共和国民事诉讼法》第一百四十四条之规定，作出如下判决：

一、被告王某丙、陈某乙、陈某丙于本判决生效之日起十日内各赔偿原告敖某某、席某某25001元；

二、王某丙、聂某某、王某甲、王某乙、吕某、曾某、卢某某于本判决生效之日起十日内各赔偿原告敖某某、席某某16667元；

三、驳回敖某某、席某某的其他诉讼请求。

席某某不服一审判决，提起上诉。

江西省宜春市中级人民法院经审理认为：本案的争议焦点在于各被上诉人对敖某甲的死亡是否承担赔偿责任，如应承担，赔偿责任的比例及金额。

关于敖某某责任承担问题。敖某某与席某某离婚后，虽然敖某甲由敖某某直接抚养，但是敖某某与席某某对敖某甲仍共同负有抚养、教育、保护的权利和义务。双方应当相互配合履行家庭教育责任，用正确思想、方法和行为教育敖某甲遵纪守法、养成良好品行和习惯，任何一方不得拒绝或者怠于履行。但是，敖某甲因自愿吸食毒品导致心肺衰竭死亡。显然，敖某某与席某某应共同承担监护和家庭教育失职的责任。另外，在侵权责任纠纷中，丧葬费、死亡赔偿金、精神抚慰金、交通费等赔偿项目是对于死者近亲属的赔偿，敖某某与席某某作为敖某甲的父母均有权获得前述赔偿，一审判决对于敖某某与席某某之间如何分配监护责任及对赔偿款项如何分配并未处理，故对席某某要求敖某某承担主要监护失职责任的上诉请求，不予支持。

关于其他被上诉人的责任承担问题。虽然死者敖某甲在事件发生时是已满16周岁未满18周岁的未成年人，但是其初中一年级后便辍学外出学徒，此时其已具有一定社会经验，在心理、智识以及意思能力等方面已接近成年人。在明知吸食毒品是违法行为，吸毒可能会造成严重后果的情况下仍吸食毒品、饮酒，最终导致死亡的损害后果。席某某关于被上诉人王某甲等11人提供毒品和场所引诱敖某甲吸毒的主张没有提交证据证实，不予采信。敖某甲自身的违法行为对死亡后果存在重大过错，应承担主要责任。被上诉人陈某乙、陈某丙是购买毒品的主要参与人，是造成敖某甲死亡的客观因素之一，存在过错，应承担相应责任。被上诉人王某丙、王某甲、王某乙、吕某、聂某某、曾某、卢某某既是与敖某甲共同吸食毒品的参与人，又是敖某甲失去意识后的同乘人员，未尽到安全注意义务，没有及时采取合理措施将敖某甲送医治疗，而是将敖某甲送往某酒店休息后放任不管，对敖某甲的死亡存在一定过错，应承担相应责任。被上诉人某酒店对敖某甲失去意识后入住酒店没有进行身份核查，没有及时报警、送医或者联系敖某甲的家属，或者对敖某甲提供必要的照顾和保护义务，没有尽到合理限度范围内的安全保障义务，对敖某甲不能及时救治存在一定的过失，也应承担相应责任。被上诉人王某丙容留吸毒人员与敖某甲的死亡结果存在关联，对敖某甲的死亡存在一定过错，应承担相应责任。

综上，江西省宜春市中级人民法院依照《中华人民共和国民事诉讼法》第一百七十七条第一款第一项之规定，判决：

驳回上诉，维持原判。

【法官后语】

生命权、身体权和健康权是自然人享有的最基本的人格权，应受到最大限度的保护，虽然吸毒行为本身是不被社会认可的违法行为，但当吸毒者处于紧急危难状态时，负有法定紧急救助义务的组织或个人仍应履行紧急救助义务，否则，对于吸毒者的人身损害需承担相应的法律责任。吸毒者自愿吸毒致损，并不免除他人的法定救助义务，其他共同吸毒者以及经营场所管理者在吸毒者因吸毒产生损害风险时未履行救助义务而导致损害结果产生的应承担侵权责任。同时鼓励其他负有一般救助义务的主体进行紧急救助，妥善发挥好人条款的积极引导作用，对改善不良社会风气，弘扬社会主义核心价值观将产生积极的影响。

一、行为人对受害人救助义务的合理扩大解读

《中华人民共和国民法典》第一千零五条规定，自然人的生命权、身体权、健康权受到侵害或者处于其他危难情形的，负有法定救助义务的组织或者个人应当及时施救。《中华人民共和国民法典》规定的“法定救助义务”包括：基于制定法产生的救助义务、基于合同产生的救助义务、基于先行行为产生的救助义务、基于职责的自愿承担产生的救助义务、基于当事人之间合理信赖关系产生的救助义务。但救助义务的发生根据并非限于这几类。从我国司法实践看，已经倾向于承认在同居关系、恋爱关系、相约同行、共同饮酒等情形下发生一方人身损害风险时其他主体的救助义务，故对救助义务的来源应作更广泛的理解，在社会风险不断出现甚至程度不断加深的背景下，救助义务所彰显的济贫解困功能日益突显。在见死不救频频报道和社会人际关系日益淡化的当下，可通过合理解读法定救助义务，力求满足社会发展和分散风险的需求。

二、共同吸毒行为人对受害人具有法定救助义务的认定

共同吸毒人员之间应认定互负救助义务，首先，该法定救助义务的产生不会过多限制行为人的自由，反而可以引导良好的社会风气。吸毒本身是法律禁止的行为，共同吸毒更是与社会善良风俗相违背。故不同于共同饮酒、共同探险等具有积极社会意义的行为，法律对共同吸毒行为所采取的是完全否定的态度，故对共同吸毒成员施加救助义务，有利于将因吸毒而产生的危害减轻，也通过加重共同吸毒人员责任的形式，督促更多的人避免共同吸毒直至戒毒。其次，该救助义务的产生具有事实基础。共同吸毒行为使各主体形成了侵权法上的“特殊关系”，吸毒者之间形成合理信赖或依赖关系，可以合理预见自己的作为或不作为会导致其他吸毒人员的损害，组织策划的吸毒人员的先行行为开

启或制造了某种可能造成其他吸毒人员的危险，由此产生了避免此危险发生或在危险发生之后予以救助的作为义务，违反基于不法行为产生的救助义务会产生刑事责任与民事责任。本案中，聚众吸毒的被告对死者的救助义务亦来源于“共吸”之间合理的信赖关系，当发现共同吸毒者的身体状况异常且具有救助可能性时，其他人的法定救助义务产生的条件就已经具备，其他人应当履行但是没有履行救助义务，应当认定其对吸毒致死存在过错，应当根据过错程度承担侵权责任。

共同吸毒发生于经营场所的，经营场所也负有救助义务。经营场所的救助义务来源于法律规定的安全保障义务，即安全保障义务包含损害发生后的及时、合理救助义务。安全保障义务的主体为营业场所的经营者，其应当对进入场所的人员尽到合理限度内的安全保障义务，主要体现在消除潜在危险、提示可能的风险、发生危险后及时救助这三个方面。本案酒店作为依法登记的旅馆业经营者，应当依法经营并遵守国家法律、法规规定。其工作人员应具备一定酒店服务工作经验以及预防和控制风险的业务能力，在发现入住旅客行为及意识异常时，应及时登记报备并提高注意及保护义务。酒店在吸毒者昏迷不醒被推进酒店时未履行入住登记，也未对其身体异常状况进行照顾救助，并及时协助就医，对死者不能及时救治而死亡存在一定的过失，应当根据过错程度承担赔偿责任。

三、行为人根据过错程度按份承担侵权责任

《中华人民共和国民法典》第一千一百七十二条规定，二人以上分别实施侵权行为造成同一损害，能够确定责任大小的，各自承担相应的责任；难以确定责任大小的，平均承担责任。无意思联络的数人侵权中，只要任何一个行为人的行为不足以造成全部损害，就无须向被侵权人承担连带责任，而仅承担按份责任。各侵权责任人按照法律规定或事先约定或与过错相对应的比例承担一定份额的民事责任，各责任人之间无连带关系，赔偿权利人不得要求任何一方承担超出其比例的责任，法律没有规定或当事人没有约定的，推定各责任人承担相同的份额。本案中，吸食毒品的组织者、毒品提供者、容留吸毒者、购买毒品联系者与普通的共同吸毒者之间的过错程度有所差别，不同吸毒者的可归责强度可以区分，根据受害人与侵权人行为的因果关联情况、各责任人的过错大小按份承担责任，责任划分越具体，越能做到不偏不倚，不枉不纵，达至公平公正，也体现了司法的人道主义关怀。

编写人：江西省樟树市人民法院　袁青青

17

羽毛球比赛中自甘风险规则构成要件的认定

——招某诉王某某健康权案

【案件基本信息】

1. 裁判书字号

广东省湛江市中级人民法院（2022）粤08民终968号民事判决书

2. 案由：健康权纠纷

3. 当事人

原告（上诉人）：招某

被告（被上诉人）：王某某

【基本案情】

2021年5月6日晚，招某与王某某自愿报名参加微信名为“某某俱乐部”的微信群组建的羽毛球活动，活动场地位于某羽毛球馆内。在活动过程中，招某、王某某组为一方，与对手进行羽毛球双打比赛。招某位于网前，王某某位于后场。当王某某在后场平抽击球回对方场地时，因招某回头看球况，导致其佩戴的眼镜片被羽毛球击碎，造成招某眼睛被镜片刮伤的事故。事故发生后，王某某和群主阿某某即将招某送往某医院，因该院的眼科医生不值急诊，王某某再将招某转送广东医科大学附属医院急诊救治。医院诊断招某的伤情为：(1) 左眼结膜裂伤；(2) 左眼角膜损伤。王某某垫付了当日的医疗费用 150 元。之后，王某某送招某回家并确认其伤情无碍后离开。

【案件焦点】

1. 原告招某所受损害是否由羽毛球运动的风险导致；2. 被告王某某是否存在重大过失或者故意。

【法院裁判要旨】

广东省湛江市麻章区人民法院经审理认为：羽毛球运动是典型的对抗性体育竞赛，招某作为参与羽毛球运动的爱好者，对于其自身和其他参赛者的能力以及此项运动的危险和可能造成的损害，应当有所认知和预见，而招某仍自愿参加羽毛球活动，并在比赛中佩戴玻璃材质眼镜，将自身置于潜在危险之中，应认定为自甘冒险的行为。在此种情况下，只有王某某对招某受伤的损害后果存在故意或者重大过失的情形，才需承担侵权损害赔偿责任，否则无须担责。

关于王某某在涉案事故中是否存在故意或者重大过失行为的问题。首先，招某、王某某在参加“某某俱乐部”活动前双方互不相识，没有任何过节和仇怨，二人是临时组合参与羽毛球的双打比赛。故可认定王某某没有故意伤害招某的主观动机。其次，“重大过失”是指行为人未尽到普通人的基本注意义务。本案中，王某某在后场将对方回挑到其所在场地羽毛球平抽杀球加以进攻，并无过多考虑、判断的时间，而王某某系羽毛球业余爱好者，未经专业训练，不具备精准控制落球点的专业素质和能力，也不存在明显违反比赛规则的情形。加之招某在网前回头看球况，才导致其佩戴的眼镜片被羽毛球击碎致眼睛受伤；而且招某受伤后，王某某及时送招某到医院救治。故，王某某在涉案事故中已尽到一般普通人注意义务，不存在故意或者重大过失行为，无须对招某的损失承担赔偿责任。

综上所述，招某在与王某某自愿组队进行羽毛球双打比赛中遭受身体伤害，实属意外事件。由于招某的行为构成自甘风险，而王某某对招某损害的发生不具有故意或重大过失，故招某不得请求王某某承担侵权责任。因此，招某要求王某某赔偿各项损失的诉讼请求，于法无据，应予驳回。

广东省湛江市麻章区人民法院依照《中华人民共和国民法典》第一千一百七十六条第一款以及《中华人民共和国民事诉讼法》第六十四条第一款规定，判决如下：

驳回原告招某的全部诉讼请求。

招某不服一审判决，提起上诉。广东省湛江市中级人民法院经审理认为：《中华人民共和国民法典》第一千一百七十六条第一款规定的含义为：（1）自愿参加具有一定风险的文体活动为自甘冒险；（2）自甘冒险受到损害原则上免除其他参加者的责任；（3）自甘冒险的适用范围限定在活动参加者当中；（4）其他参加者对损害的发生有故意或者重大过失才承担责任，并且受害人要对其他参加者存在故意或者重大过失承担举证责任。本案中，招某、王某某临时组合参加羽毛球比赛属于自甘冒险行为，两人均属于活动参加者，招某在比赛中因王某某的行为受到损害，其主张王某某承担赔偿责任，须就王某某存在故意或者重大过失承担举证责任。而招某未能举证证明王某某存在故意或者重大过失，其应承担举证不能的不利后果。

广东省湛江市中级人民法院依照《中华人民共和国民事诉讼法》第一百七十七条第一款第一项的规定，判决：

驳回上诉，维持原判。

【法官后语】

自甘风险源于罗马法格言“对自愿者不构成伤害”，又称风险自负、自冒风险，是指受害人已经意识到某种风险的存在，或者明知将遭受到某种风险，却依然冒险行事，致使自己遭受损害。受害人构成自甘风险，就会免除加害人的赔偿责任。依据《中华人民共和国民法典》第一千一百七十六条之规定，自甘风险的构成要件应包括：一是受害人对风险有相当之认知；二是受害人对参加活动有主观意愿；三是导致损害产生的是文体活动的固有风险；四是其他参加者对损害的发生并无故意或者重大过失。文体活动中的固有风险是文体项目的重要组成部分，如长跑中对膝盖的损伤、篮球运动中运动员之间的碰撞、垒球运动中实心球掉落时的冲击等，这些风险都是在文体活动中不可避免、不可预知是否发生的，但是活动参与者是一定可以预见存在这样风险的，甚至有些体育活动中就是以追求在不可确定中寻求刺激感、成就感作为主要追求的，如攀岩、跳伞、跑酷、山地单车等。在文体活动中一方面风险不可避免，不接受风险活动就无法展开；另一方面参与者在面对风险时展现的勇气和智慧也是文体活动最大的魅力之一。

本案涉及的由羽毛球爱好者俱乐部组织的羽毛球比赛，虽然相对于专业比赛的竞技体育而言，对抗性相对缓和，风险没有那么高，但参与者多为羽毛球共同爱好者，大部分参与者都存在动作技术不规范、专业装备不齐全等问题，决定了这种活动存在更大的人身安全危险，易造成参与者受伤的后果。原告作为完全民事行为能力人、自愿参加羽毛球俱乐部举行的羽毛球活动的羽毛球爱好者，对于参加羽毛球双打应当预见到存在的风险，且被告的行为并未违反运动规则，并不存在主观伤害故意或者重大过失，尽管原告在比赛过程中受到损害和被告的挥球有着直接的条件关系，但其在比赛中被高速飞行的羽毛球砸中的情形并未超出羽毛球比赛固有风险的范围，应当认定为自甘风险的情形。

本案之所以未追究羽毛球场馆管理人和俱乐部作为场地管理者和活动组织者的安全保障责任，是因为本案中原告受伤的情形系由羽毛球比赛中周边队友击球致伤，这种情形很难以安全保障责任条款进行救济。羽毛球比赛是一种双边相互以球拍击打高速飞行的比赛用球使其不落地面的竞赛游戏，场地管理者、活动组织者不可能阻止高速飞行的羽毛球飞往何地或者落往何地，因此难以追究场地管理者对于羽毛球意外致伤的安全保障责任，除非羽毛球的非正常飞行与场地管理者和活动组织者未尽一定义务有因果关系，如因场地地面过滑致使活动人员摔倒、因场地灯光摆设不当致使活动人员视界受限等，这些情形下羽毛球有非正常飞行致使人员受伤的风险，因此存在向相关人员请求未尽安全保障义务而造成损害的侵权赔偿责任的可能。而本案中造成损伤的情形为“同边活动者的正常击球动作未能及时注意到受伤者位置+受伤者同时为观察羽毛球飞行轨道而面向飞行中的羽毛球”，从而造成意外。该情形非羽毛球场馆管理人和俱乐部过错所致，不存在安全保障义务条款适用的空间。

编写人：广东省湛江市中级人民法院　王凌霄

18

人身损害赔偿案件中被侵权人是否尽到自身安全注意义务的认定

——石某某诉申某某等生命权、身体权、健康权案

【案件基本信息】

1. 裁判书字号

北京市第二中级人民法院（2022）京02民终5506号民事判决书

2. 案由：生命权、身体权、健康权纠纷

3. 当事人

原告（上诉人）：石某某

被告（被上诉人）：申某某、张某某、A公司

【基本案情】

申某某与张某某系夫妻关系。2021年6月1日，二人在A公司运营的某地铁站I口上行电梯上反向行走，均双手提重物，未握扶手带，致其先后摔倒，又将乘该电梯上行出站的石某某撞倒。事发后，A公司工作人员对三人的伤情分别进行了询问，在征得三人同意的情况下，对其患处进行了简单处置。后石某某经就医治疗，认定撞击导致其脚踝损伤以及半月板损伤。石某某认为，三被告的共同侵权行为造成其人身损害，依法应当承担赔偿责任，故请求判令三被告连带赔偿石某某医药费等损失。

【案件焦点】

1. A公司是否应当承担赔偿责任；2. 如何认定侵权责任比例。

【法院裁判要旨】

北京市丰台区人民法院经审理认为：行为人因过错侵害他人民事权益造成损害的，应当承担侵权责任。二人以上共同实施侵权行为，造成他人损害的，应当承担连带责任。被侵权人对损害的发生也有过错的，可以减轻侵权人的责任。本案中，根据已经查明的事实，申某某搭乘A公司管理的扶梯时，双手提重物，未握扶手带，在未站稳的情况下在扶梯上反向行走，导致其从扶梯上摔倒并将同样手提重物、未握扶手带的同行人员张某某带倒，在此过程中二人均未遵守乘梯须知，因自身过失导致案涉事故发生，从而造成将石某某撞倒的后果，故二人应对石某某的合理损失承担相应的责任。同时，考虑到石某某搭乘扶梯时未能注意到其前方存在的危险情况，亦未手握扶手带，故其自身对损害后果的发生亦存在一定的过失，综合考量申某某、张某某与石某某的过错程度、各方对危险防范的注意义务等因素，本院酌情确定申某某、张某某对案涉事故给石某某造成的损害承担主要责任，石某某对此承担次要责任，双方的责任比例为8：2，申某某、张某某应按此责任比例对石某某的合理损失予以赔偿。石某某主张A公司未尽到安全保障义务，应对案涉损害后果承担连带赔偿责任，从本案查证的事实来看，A公司管理的扶梯本身并不存在安全风险，且事发后该公司积极询问石某某的伤情，在征得石某某同意后采取及时合理的救治，并不存在违反安全保障义务的情形，故本院对石某某的该项主张不予采纳。对于申某某、张某某辩称其并未与石某某有身体接触，石某某的伤情非其造成的意见，明显与事实不符，不予采纳。

北京市丰台区人民法院依照《中华人民共和国民法典》第一千一百六十五条、第一千一百六十八条、第一千一百七十三条、第一千一百七十九条、第一千一百九十八条，《最高人民法院关于审理人身损害赔偿案件适用法律若干问题的解释》第六条、第七条、第九条规定，判决如下：

一、申某某、张某某于本判决生效之日起七日内赔偿石某某医疗费2743

元、交通费 353.5 元、误工费 4800 元；

二、驳回石某某的其他诉讼请求。

石某某不服一审判决，提出上诉。

北京市第二中级人民法院经审理认为：根据已查明的事实经过，尽管石某某对案涉具体事故的发生无法预判，但其在搭乘扶梯时并未手握扶手带，扩大了案涉事故造成自身损害的可能性，而该基础注意义务系出于其应当具备的对于乘梯风险及风险防范的共性认知；故一审法院综合考量该因素以及各方过错程度酌定的责任比例，属合理范畴。

案涉事故发生具有偶然性，案涉扶梯在事故发生前后并不存在安全风险，且事故发生后 A 公司亦就事故进行了必要而适当的处理；在 A 公司已尽到基础全面的安全保障义务的情况下，石某某上诉对 A 公司应尽的安全保障义务所作扩大理解，缺乏事实及法律依据；其据此上诉主张 A 公司承担赔偿责任，不予采纳。

北京市第二中级人民法院依照《中华人民共和国民事诉讼法》第一百七十七条第一款第一项规定，作出如下判决：

驳回上诉，维持原判。

【法官后语】

本案系一起乘坐扶梯“被摔倒”的案件，其典型之处在于，明确了乘坐扶梯“被摔倒”的被侵权人有过错时也需对自身损害承担相应的责任。本案发生于地铁扶梯，与人民群众的日常出行息息相关，因而具有较高的普法价值，提示人民群众日常出行中应当谨慎尽到自身安全的注意义务。

一般侵权行为中的人身损害赔偿案件适用一般过错责任原则，其构成要件有四，分别为：侵权人实施了侵权行为、侵权人实施行为有过错、被侵权人有损害、侵权行为与损害后果之间存在因果关系。但若侵权人可以举证证明被侵权人对同一损害的发生或者扩大有过错的，可以减轻侵权人的责任，即基于被侵权人的过错行为与损害后果之间原因力的大小来适当减轻侵权人的责任。因此，过错的认定对于是否构成侵权至关重要。过错包括故意和过失，其核心在于行为人违反了对他人或对自身的注意义务，并造成对他人或对自己的损害，注意义务的核心内容包括该行为造成损害后果的预见义务及避免义务。注意义务是判断行为人是否承担责任及承担责任比例的重要依据，法官在进行责任划分时，需要对注意义务进行综合考量。

本案的争议焦点在于侵权责任比例的认定以及A公司是否应当承担赔偿责任。对于侵权责任比例的认定问题，在被侵权人对损害发生也有过错时，判定双方责任比例的原则在于比较侵权人与被侵权人的过错大小。本案中，申某某、张某某因自身过失而造成石某某被撞倒的侵权后果发生，其二人应当就石某某的合理损失承担相应的责任。案涉事故发生于上行扶梯，乘坐扶梯时站稳扶好系每个乘梯人最基础的注意义务，尽管石某某对案涉具体事故的发生无法预判，但其在搭乘扶梯时亦未手握扶手带，扩大了案涉事故造成自身损害的可能性，而该基础注意义务系出于其应当具备的对于乘梯风险及风险防范的共性认知，其自身对其损害后果的发生亦存在一定过失，若其能紧握扶手，靠边上行，也许可以避免自身损害的发生。对于被侵权人自身安全注意义务的审查标准，应结合完全民事行为能力人的谨慎义务，并结合日常经验法则等进行综合判定。因此，本案综合考量申某某、张某某与石某某的过错程度、各方对危险防范的注意义务等因素的基础之上，酌情确定双方的责任比例为8∶2。

对于A公司是否应承担相应责任的问题，实则是对经营场所、公共场所的经营者、管理者或群众性活动的组织者的安全保障义务的边界划分问题。经营场所、公共场所的经营者、管理者或群众性活动的组织者在事前、事中、事后均应尽到相应的安全保障义务。具体来说，事前应当知道公共场所的各项设备设施是否存在危险点，提前制订好应急处置方案，配备有相应知识的管理协调人员；事中应当保障设备设施正常运行，配备专人看守；事后对于涉事故人员应进行及时处置和救助。本案中，A公司管理的扶梯本身并不存在安全风险，且事发后该公司积极询问石某某的伤情，在征得石某某同意后采取及时合理的救治，并不存在违反安全保障义务的情形，且案涉事故具有偶然性，不应对A公司的安全保障义务进行扩大理解，故A公司不应对案涉事故承担赔偿责任。

每个人都是自身安全的第一责任人，在日常出行等活动中，不可避免与他人产生交集，公共安全的维护依赖于每一位公民对秩序的自觉遵守，公民均应加强对危险防范的注意义务，时刻保持警惕，不能因为自身的过失造成安全事故的发生，同样地，遇到紧急情况，亦不可因自己的疏忽大意造成自身损害后果的扩大。提高自身注意义务的标准并谨慎履行自身注意义务，是防免此类安全事故的重要保障。

编写人：北京市丰台区人民法院　李廷悦

19

受害人患有疾病的侵权责任认定

——李某某等诉刘某某、王某乙生命权、健康权、身体权案

【案件基本信息】

1. 裁判书字号

北京市第二中级人民法院（2021）京02民终7681号民事裁定书

2. 案由：生命权、健康权、身体权纠纷

3. 当事人

原告（被上诉人）：李某某、王某甲、于某

被告（上诉人）：王某乙

被告：刘某某

【基本案情】

死者于某某系李某某之子、王某甲之夫、于某之父，李某某、王某甲、于某系于某某之合法继承人。于某某生前系房山区某社区执勤人员。2020年6月5日20时30分许，在某社区某街路口，于某某与王某乙因挪车问题发生争执。

根据法院向公安机关调取的录像显示：20 时 38 分王某乙乘轮椅进入某社区，20 时 46 分王某乙指挥一男子将停放在门口的面包车挪走，20 时 49 分于某某从街区门口出现，指挥面包车令其驶离院内，此时王某乙与于某某发生争执，王某乙情绪较为激动，并用轮椅将汽车边的于某某挤走，大约 1 分钟后于某某离开争执地进入事发街区门口自家房屋内，此时另一执勤人员指挥车辆驶离事发街区。20 时 51—58 分，王某乙先后四次在于某某房屋门口吵嚷，并不停用手指向屋内，情绪激动，均经周边人劝解后离开。21：03，于某某之妻王某甲出现在事发街区门口，与王某乙发生冲突，21：05，经人劝解后王某甲进入街区门口房屋内，21：06，王某乙离开。21：11，王某甲从屋内跑出，行色紧张，21：23，救护车出现在街区门口。当日，医院诊断证明书载明于某某呼吸心跳骤停，心源性猝死。

王某甲在公安机关做询问笔录时表示“于某某十年前得过冠心病”“平时身体一直很健康”。案外人杨某某在公安机关做笔录时陈述，王某乙和于某某争吵时急了，“说的话都挺过激的”。

经核算，李某某合理的经济损失为：医疗费 2539.55 元、死亡赔偿金 1554243.33 元（含被扶养人生活费 77263.33 元）、丧葬费 47128.98 元。

【案件焦点】

1. 王某乙的行为是否有过错，与于某某的损害后果之间是否存在法律上的因果关系；2. 于某某作为患有疾病受害人是否对损害后果存在过失，能否据此减轻王某乙的赔偿责任。

【法院裁判要旨】

北京市房山区人民法院经审理认为：首先，于某某去世前与王某乙发生了争吵，王某乙情绪激动、话语激烈，且在于某某回家后多次折返至于某某房屋处进行吵闹，其言行超出必要限度。王某乙虽不知晓于某某曾患有心脏病，但应当认识到于某某已是年逾五十的中老年人，亦应当预见到与该类人员发生争吵时如言行过激便存在诱发其他疾病的风险，此种情形下王某乙仍多次、长时间地在于某某房屋外吵闹，未尽到一般人审慎的注意义务，行为不当，存在过错。其次，根据医疗机构的诊断证明记载，于某某死于心源性猝死，且发病时间与争吵时间间隔不到一小时，可以确认王某乙的过激行为直接导致本身患有冠心病的于某某情绪不稳、病情发作，故王某乙的行为与于某某的死亡之间具有法律上的因果关系，应当承担相应的侵权责任。关于刘某某，通过庭审证据未发现刘某某与于某某发生争执，故李某某等三人要求刘某某承担赔偿责任的主张无事实及法律依据，法院不予支持。

然，王某乙与于某某并无身体接触，正常情况下其吵闹行为不会导致对方发生生命危险，且二人之前并不相识，王某乙对于某某患有冠心病的情况并不知晓，虽然其言行不当存在过错，但本身不具有侵害于某某生命权的故意，于某某死亡的主要原因在于其自身疾病，故法院综合上述认定酌情判令由王某乙对于某某的死亡承担5%的赔偿责任。

北京市房山区人民法院判决：

王某乙赔偿李某某、王某甲、于某医疗费、死亡赔偿金、丧葬费、精神损害抚慰金共计82695.59元。

王某乙不服一审判决，提起上诉，后又申请撤回上诉。北京市第二中级人民法院依照《中华人民共和国民事诉讼法》第一百七十三条之规定，裁定：

准许王某乙撤回上诉，一审判决自本裁定书送达之日起发生法律效力。

【法官后语】

处理受害人患有疾病的侵权责任纠纷案件，首先要处理“赔不赔”的问题，然后再处理“赔多少”的问题。侵权行为发生后，受害人患有疾病作为特殊的介入因素，应考虑其在侵权责任成立阶段对各要件的影响及影响程度，责任认定之后方可讨论责任范围及责任分担的问题。当行为人侵权责任成立后，就直接损害，原则上适用全部赔偿的原则，但同时应以过失相抵规则对该原则进行适当限制。

一、受害人患有疾病对侵权责任成立的影响

（一）受害人患有疾病对行为人过错的影响

在一般侵权案件中，如果具备侵权责任成立的要件，就其中的主观过错并不区分是故意还是过失，若无其他抗辩事由，则行为人应尽可能填平受害人所受的损失。但是在受害人患有疾病的案件中，因涉及过失相抵规则的适用，应将故意和过失进行区分处理。

首先，行为人主观为故意的情形下，受害人患有疾病的侵权责任与普通侵权案件并无区别。若行为人明知受害人患有疾病，仍放任后果的发生，与受害人激烈争吵、刺激受害人致受害人人身损害的，主观上已经构成故意，如果没有其他抗辩事由，行为人的侵权责任成立，应承担赔偿责任。

其次，行为人主观为过失的情形下，又可以区分为两种具体情形：一是行为人主观上不知受害人患有疾病，但行为人的行为本身已经偏离了客观理性人的标准，如本案中的王某乙，虽不知晓于某某曾患有心脏病，但应当认识到于某某已是年近六十的中老年人，亦应当预见到与该类人员发生争吵时如言行过激便存在诱发其他疾病的风险，此种情形下王某乙仍多次、长时间地在于某某房屋外吵闹，未尽到一般人审慎的注意义务，偏离了客观理性人的标准，行为不当，存在过错，构成过失侵权。二是行为人主观上知悉受害人患有疾病，但轻信能够避免，没有合理预见其行为可能给受害人带来的损害，此时行为人也应承担相应的侵权责任，适当提高知情行为人的注意义务和注意程度，能够有效防止失当行为，降低患有疾病的人群因他人侵权行为受损的可能性。

（二）受害人患有疾病对认定因果关系的影响

侵权责任纠纷案件中，在认定行为人存在过错的情况下，下一步就该分析是否存在因果关系。对因果关系这一要件的认定，可以适用因果关系的二分论，分两个层次进行判断。

首先是事实因果关系的认定。理论界一般采取“必要条件说”即“若无则不”规则，[①] 简言之，即若行为人不为某种行为，损害就不会发生，可认定事实因果关系存在；若行为人不为某种行为，损害依旧出现，则认定行为与结果之间无事实因果关系。在侵权行为与损害事实的联系中加入受害人患有疾病的因素后，事实因果关系则多一层思考。结合本案，根据“若无则不”规则，于

① 陈聪富：《因果关系与损害赔偿》，北京大学出版社2006年版，第157页。

某某虽然曾患心脏方面的疾病，但是若无王某乙在不到十分钟内的数次反复激烈吵闹，于某某就不会于当日因心脏病突发死亡，据此可以认定吵闹行为与死亡后果之间有事实因果关系，至于于某某患有疾病是否会对王某乙责任的成立造成妨碍，需要下一层次对法律因果关系进行判断后才能认定。

其次是法律因果关系的认定。在受害人患有疾病的案件中，可以根据具体情况考虑适用可预见规则。(1) 当行为人对受害人患有疾病这一情形具有主观认知时，其应当预见其行为可能导致受害人损失，此时应认定损害后果与行为人行为之间存在法律上的因果关系；(2) 若行为人对受害人患有疾病毫不知情，应按照客观理性人的标准，综合考虑受害人的年龄、身形、现场反应等因素判断行为人是否能够认识到受害人患有疾病。如本案中，受害人于某某已年近六十，行为人王某乙在与其发生争吵时，应当认知对中老年人的过度刺激会引发其身体的不良反应甚至诱发其原有的疾病，但是王某乙未能正确处理，对于某某正常的停车管理行为不配合，还以过激语言与于某某进行争吵，在于某某离开后仍不依不饶，此种情况下可以认定王某乙的行为与于某某的受损事实具有法律上的因果关系。

二、受害人患有疾病对行为人侵权责任承担的影响

侵权法的功能之一为填补损害。故，在受害人患有疾病的侵权纠纷案件中，仍应以完全赔偿为原则，同时以过失相抵规则对该原则进行适当限制。

首先，受害人患有疾病的侵权纠纷案件，实践中，一般都是行为人具有过错，作为无辜的受害者并不会因其患有疾病凭空产生过错，故此类案件中原则上仍以完全赔偿为原则。

其次，受害人因自身患有疾病的存在，应承担一定的注意义务和规避义务，不为一些可能有害于自身生命健康的行为，以避免意外发生和损害的扩大，如果完全赔偿原则毫无限制地适用，可能变相鼓励患有疾病的人群积极将自己置身于危险境地，以达到转嫁损害后果的目的。故，在此类案件中，应以过失相抵规则对该原则进行适当限制。具体到本案中，受害人于某某自知自身存在心脏病史就应避免情绪激动，但仍与行为人王某乙争吵，故对于损害后果，于某

某自身存在过失，应减轻行为人王某乙的赔偿责任。

最后，受害人的人身损害是因其自身未尽注意义务所导致，行为人无过错的，就一般侵权而言，过错为一般侵权责任成立的构成要件，是一般侵权行为归责的基础，“无过错则无责任”，故行为人不承担侵权责任，损害后果应由受害人自己承担。但是，受害人的人身损害属于法律规定应当适用无过错责任原则情形的，按照法律规定认定双方的责任。

编写人：北京市房山区人民法院 周蕊

20

参加文体活动的致害行为人是否存在重大过失的认定

——孔某某诉安某某等生命权、身体权、健康权案

【案件基本信息】

1. 裁判书字号

北京市第三中级人民法院（2022）京03民终10313号民事判决书

2. 案由：生命权、身体权、健康权纠纷

3. 当事人

原告（被上诉人）：孔某某

被告（上诉人）：安某某

被告（被上诉人）：某溜冰场、某公司

【基本案情】

2019年12月29日，孔某某购买溜冰券前往某溜冰场滑冰。当日下午，孔某某在滑行中摔倒，被安某某的冰鞋刀割伤。事发现场的监控视频显示，孔某某在某溜冰场靠近场地边缘的区域逆时针方向滑行，安某某向孔某某方向顺时

针滑行，二人相向而行，孔某某在距离安某某约一个身位的距离时，突然向前摔倒，手部与安某某的冰鞋刀接触受伤。当时孔某某未佩戴手部护具。视频中的其他滑冰者都是逆时针滑行，安某某逆时针滑行一段后，向右侧转身顺时针滑行至场地边缘区域，此时其附近的滑冰者与安某某的滑行方向均相反。事发后，孔某某称某溜冰场仅为其提供一团棉花，未提供其他救护设备和器材，其自行前往医院住院手术治疗2日，出院诊断为手部开放性损伤（左）、伸指肌腱部分断裂（左手 中、环指）。

某溜冰场系某公司的分公司。某溜冰场内的护栏板上有显著的红色大字“请按指定方向滑行请勿逆行、请初学者手扶护栏按指定方向滑行注意自身及他人安全”及方向箭头。某溜冰场亦通过多种途径、方式告知入场人员滑冰具有一定的危险性，需阅读、遵守《溜冰须知》、佩戴手套等安全护具。

孔某某向法院提起诉讼，请求安某某、某溜冰场、某公司赔偿其医疗费、康复费、护理费、住宿费、交通费、精神损害抚慰金等各项损失共计58194.25元。

【案件焦点】

安某某对孔某某损害的发生是否存在重大过失，应否适用自甘风险规则免除其侵权责任。

【法院裁判要旨】

北京市朝阳区人民法院经审理认为：孔某某自愿参加的滑冰是一项具有一定危险性的运动，参与该运动的人应当意识到该运动具有风险并自甘风险。然而，孔某某虽然在滑冰中摔倒，但安某某在逆时针滑行的人群中顺时针滑行，在主观上有重大过失，其加害行为与损害结果之间存在相当因果关系，符合侵权的构成要件，应当承担本次事故的主要责任。本院结合案件具体情况，酌定孔某某承担30%的责任，安某某承担70%的责任。

某溜冰场自认是涉案溜冰场的实际经营者，孔某某虽主张某溜冰场与某公司共同经营，但对此未举证，不予采信。某溜冰场在履行安全保障义务上存在一定瑕疵，根据法律规定，应当承担补充责任，法院酌定其承担10%的补充责任。某溜冰场是某公司的分公司，分支机构以自己的名义从事民事活动，产生的民事责任由法人承担；也可以先以该分支机构管理的财产承担，不足以承担的，由法人承担。

北京市朝阳区人民法院判决如下：

一、安某某于判决生效之日起七日内赔偿孔某某医疗费 9454.38 元、护理费 1400 元、交通费 287 元、住宿费 816.9 元、精神损害抚慰金 2100 元，以上共计 14058.28 元。

二、某溜冰场在孔某某就上述第一项中的赔偿款项对安某某名下财产依法申请强制执行后仍不能获得清偿时，在 1405.83 元的范围内承担补充责任；如果某溜冰场的财产不足以承担上述补充责任，该补充责任由某公司承担。

三、驳回孔某某的其他诉讼请求。

安某某不服一审判决，提出上诉。

北京市第三中级人民法院经审理认为：本案争议焦点为各方当事人侵权责任的认定。

关于安某某对孔某某所受损害是否存在过错。某溜冰场作为一个对外开放的营业性经营场所，进入该场地滑冰的人员既可能有初学者，也可能有不同程度的熟练者，冰场要求按照指定方向滑行，是为了减少滑行过程中发生接触、碰撞的情况，维护冰场秩序，某溜冰场的场地护栏板上亦有“按指定方向滑行”等安全提示和标识。事发当时，围绕冰场边缘区域滑行的人员较多，但包括孔某某在内都是逆时针滑行，而安某某顺时针滑行朝向在场地边缘区域的逆时针滑行人群，其应当意识到逆行可能给其他人造成危险，但其仍然逆行，放任有可能发生的损害，没有尽到普通人的注意义务，应认定其在主观上存在过错。综合全案事实及证据，可以认定安某某在逆时针滑行的人群中顺时针滑行的行为与孔某某所受损害之间存在相当因果关系，符合侵权的构成要件，故安某某应当承担侵权责任。被侵权人对同一损害的发生或者扩大有过错的，可以减轻侵权人的责任。本案中，孔某某作为完全民事行为能力人，亦应意识到滑冰系一项具有较高风险的体育活动，更应注意防范危险的发生，留意周边环境情况，增强自我保护意识，谨防摔倒受伤，孔某某自身未尽谨慎注意义务亦是其遭受损害的原因。故，综合当事人的过错程度、致害原因力及本案实际情况等因素，法院酌定孔某某承担 30%的责任，安某某承担 70%的责任。

自愿参加具有一定风险的文体活动，因其他参加者的行为受到损害的，受害人不得请求其他参加者承担侵权责任；但是，其他参加者对损害的发生有故意或者重大过失的除外。故，并非所有具有一定风险的文体活动的自愿参加者受到损害，均可适用《中华人民共和国民法典》第一千一百七十六条规定免除其他参加者的民事责任，应具体案件具体分析，充分考量双方当事人参加该项活动时是否尽到足够的审慎注意义务，以保证裁判结果最大限度体现公平正义。结合本案已查明的事实，可以认定安某某在主观上存在重大过失，本案情形并不符合《中华人民共和国民法典》第一千一百七十六条规定的免责条件，故对安某某主张本案应适用自甘风险规则免除其责任的意见不予采信。

关于某溜冰场的侵权责任承担。本案中，某溜冰场通过多种途径对入场人员在滑冰活动中可能面临的风险、应当遵循的规则以及为防止危险发生应采取的必要措施进行了明确提示和告知，可以认定其已经尽到提醒、告知的义务。此外，冰雪运动场所应当根据要求配备符合安全需要的救护人员、巡逻员、巡场员等安全责任人员，配备安全经营必需的救护设备和器材，某溜冰场对于突发安全事件缺乏完备的救助措施、必要的救护人员和物资，在履行安全保障义务上存在一定瑕疵，一审法院据此认定其承担 10%的补充责任，并无不当，予以确认。

北京市第三中级人民法院依照《中华人民共和国民事诉讼法》第一百七十七条第一款第一项之规定，作出如下判决：

驳回上诉，维持原判。

【法官后语】

本案涉及参加文体活动的致害行为人是否存在重大过失的认定问题。《中华人民共和国民法典》第一千一百七十六条第一款规定："自愿参加具有一定风险的文体活动，因其他参加者的行为受到损害的，受害人不得请求其他参加者承担侵权责任；但是，其他参加者对损害的发生有故意或者重大过失的除外。”根据该规定，仅当致害行为人存在一般过失时，可以适用自甘风险规则免除其侵权责任。当行为人不存在过错时，行为人不构成侵权，自然无须承担侵权责任。当行为人存在故意或重大过失时，应当排除适用自甘风险规则，适用侵权法一般条款对侵权行为加以规制。由此，对于致害行为人主观过错的认定，将直接影响自甘风险规则的适用，这也是司法实践中的一大难题。

一、过错判断：是否违反注意义务

过错是对行为人主观心理状态的评价，分为故意和过失。故意是指“行为人明知其行为会发生侵害他人民事权益的后果，仍有意为之的一种主观心理状态”。即行为人认识到其行为后果，并希冀（直接故意）或放任（间接故意）损害结果的发生。过失依程度可分为重大过失与一般过失。判断行为人属于重大过失或一般过失，应当以其注意义务为依据。重大过失指的是行为人以极为异常的方式、程度违反普通人最基本的注意义务，而一般过失指的是行为人违反善良管理人的注意义务。

在文体活动中，普通人的注意义务应当是以正常人（非专业人士）的一般智识能力能够预见并避免损害发生的义务，如跑步比赛中禁止身体接触，若行为人违反该注意义务导致损害的，则可能构成重大过失，应当根据其过错程度承担相应的侵权责任。善良管理人的注意义务应当是根据专业人士（或某一项目具备一定基础的运动员）的智识和身体控制能力而设定，如篮球比赛中禁止违体犯规，若行为人违反该注意义务，则可能构成一般过失，继而可以适用自甘风险规则免除其侵权责任。

二、客观参考：区分活动类型、借助活动规则

对于参加文体活动的致害行为人是否尽到注意义务的问题，应当区分文体活动的不同类型、借助其具体规则进行综合判断。

1. 正式比赛、业余比赛与休闲活动的区分

对于正式比赛的参加者，可以推定其对于比赛规则、风险等情况具有充分、同等的认识，此种情况下，注意义务等同于比赛规则义务。对于业余比赛的参

加者，其对于比赛规则、风险的认识程度以及自身身体控制能力有所降低，应当负有更高程度的注意义务。对于主要以学习、健康、休闲、娱乐为主的休闲活动的参加者，其大都未接受过活动风险防控训练，在对抗性、专业性、风险保障机制等方面有所欠缺，由此应当负有更高程度的注意义务。

2. 非对抗活动、隔网对抗活动、同场对抗活动与格斗对抗活动的区分

对于跑步、滑雪、滑冰、滑翔伞等非对抗活动，因参加者之间并不存在直接的身体对抗，其固有风险一般小于对抗活动，若行为人违反活动规则导致他人损害，即应当认定其存在故意或者重大过失。对于乒乓球、网球、羽毛球等对抗活动中的隔网对抗活动，此类活动亦不存在参加者之间的身体接触，若行为人违反规定发生接触并造成了损害，应当认定其存在故意或重大过失，而非一般过失。对于足球、篮球等对抗活动中的同场竞技活动，其固有风险较大，参加者之间存在一定的身体接触，若行为人一般犯规超出了体育活动固有风险或严重犯规，则应当认定为行为人存在故意或重大过失。对于拳击等对抗活动中的格斗活动，此类活动固有风险大，不能仅因违反技术规则而排除自甘风险规则的适用，还需个案具体分析。

本案中，安某某、孔某某进入某溜冰场滑冰，二人均属休闲活动、非对抗活动的参加者，均应负有较高的注意义务，且应当遵守活动规则。某溜冰场对外营业，进入某溜冰场滑冰的人员既可能有初学者，也可能有不同程度的熟练者，冰场要求按照指定方向滑行，是为了减少滑行过程中发生接触、碰撞的情况，维护冰场秩序，某溜冰场的场地护栏板上亦有“按指定方向滑行”等安全提示和标识。事发当时，虽围绕冰场边缘区域滑行的人员较多，但包括孔某某在内都是逆时针滑行，而安某某顺时针滑行，朝向在场地边缘区域的逆时针滑行人群，其应当意识到逆行可能给其他人造成危险，但其继续逆行，放任有可能发生的损害，没有尽到普通人的注意义务，故结合本案查明的事实，可以认定安某某在主观上存在重大过失，应当排除适用自甘风险规则，安某某应当根据其过错程度承担相应的侵权责任。

编写人：北京市第三中级人民法院　高贵　屈露露

21

文体活动中自甘风险规则的适用

——沈某某诉某文化公司等生命权、身体权、健康权案

【案件基本信息】

1. 裁判书字号

北京市第二中级人民法院（2022）京02民终11861号民事判决书

2. 案由：生命权、身体权、健康权纠纷

3. 当事人

原告（上诉人）：沈某某

被告（上诉人）：某文化公司

被告（被上诉人）：刘某某、某发展公司

【基本案情】

2019年2月，沈某某与某文化公司签订《会员协议》，约定沈某某以家庭形式成为某格斗馆会员。协议第一章第六条约定："申请人在入会时需要确认自己适合参加本会馆提供的所有健身运动项目。"第七条约定："申请人需了解任何运动项目均可能存在运动风险。"第八条约定："申请人在成为本会馆会员后，参与本会馆运动项目过程中发生的扭伤、挫伤、甚至骨折等运动损伤均由会员本人自己承担，与本会馆无关。"该协议上盖章字样为"某文化公司"，协议最后一行印刷字体有"某格斗馆"。

2020年12月8日，在某格斗馆训练期间，沈某某与刘某某进行对抗练习时受伤，后自行离开。次日，沈某某前往医院就诊，被诊断为外伤（右膝），为此住院接受手术治疗。

经司法鉴定，认定：（1）被鉴定人沈某某的伤残等级为人体损伤，致残程度为十级伤残，人体致残率为10%。（2）被鉴定人沈某某的误工期为60—120日，护理期为60—90日，营养期为30—60日。沈某某交纳鉴定费为4350元。

某文化公司提供沈某某受伤当时视频材料，显示沈某某在与刘某某对抗过程中倒地，后有人对沈某某进行了简单的护理。

沈某某将刘某某、某文化公司和某发展公司诉至法院，要求三被告赔偿医疗费等共计20万余元。

刘某某认为自己与沈某某之间进行的项目练习，本身就具有对抗性，整个训练过程都是在教练的监管之下进行。其不存在故意伤害沈某某的情况，不同意承担赔偿责任。

某文化公司认为沈某某是在进行正常的对抗训练中受伤，双方签订的《会员协议》中明确约定沈某某了解其所从事的项目存在风险，并且愿意自行承担这种风险。该公司对沈某某受伤没有故意或重大过失。另外，在沈某某受伤后，公司对其进行了必要救助，公司已尽到安全保障义务，沈某某应自行承担责任。

某发展公司认为其与某文化公司之间没有任何关联，与沈某某受伤也没有任何关联，不同意承担责任。

【案件焦点】

对沈某某损害的赔偿责任如何承担。

【法院裁判要旨】

北京市丰台区人民法院经审理认为：首先，沈某某系在某文化公司的健身场所且在教练的指导下进行的锻炼，亦由教练对刘某某和沈某某的锻炼进行配对。其次，某文化公司作为专业从事健身服务的机构，其安排专业的教练负责指导沈某某进行锻炼，负有较大的安全保障义务，应根据沈某某的身体素质状况合理安排练习活动，但某文化公司未尽到相应的安全保障义务，故其应对沈某某的受伤承担相应的赔偿责任。最后，自愿参加具有一定风险的文体活动，因其他参加者的行为受到损害的，受害人不得请求其他参加者承担侵权责任；

但是其他参加者对损害的发生有故意或重大过失的除外。本案中，沈某某、刘某某到某格斗馆进行的对抗练习系有一定风险的体育活动，双方均系自愿参加，在教练指导下进行对抗，现无证据证明刘某某在沈某某的受伤过程中存在故意或重大过失，故刘某某不应对沈某某的受伤承担相应的责任；另外，沈某某作为有完全民事行为能力的个体，自愿参加具有风险的体育对抗训练，应对该活动的风险有一定的了解，同时其应对自身的健康、体质状况有所了解，同时应对自己在健身活动中的安全尽注意义务，沈某某未对自身的状况尽到审慎的注意义务，故其对自身伤情也存在相应的过失。综合本院查明的事实，本院酌定某文化公司对沈某某的受伤承担50%的赔偿责任，沈某某对其自身损害承担50%的责任。关于沈某某要求某发展公司一并承担责任的诉讼请求，现无证据证明某发展公司存在侵权行为，故某发展公司在本案中不承担侵权责任。沈某某的各项合理费用由沈某某、某文化公司各承担50%的责任。

北京市丰台区人民法院依照《中华人民共和国民法典》第一千一百七十三条、第一千一百七十六条、第一千一百七十九条、第一千一百八十三条、第一千一百九十八条的规定，判决如下：

一、某文化公司于本判决生效之日起十日内向沈某某赔偿医疗费264.4元、误工费10000元、住院伙食补助费400元、护理费800元、交通费300元、鉴定费2175元、辅助器具费1325元、伤残赔偿金81518元、精神损害抚慰金2500元；

二、驳回沈某某的其他诉讼请求。

沈某某、某文化公司不服一审判决，提出上诉。

北京市第二中级人民法院经审理，同意一审法院裁判意见，依照《中华人民共和国民事诉讼法》第一百七十七条第一款第一项的规定，判决如下：

驳回上诉，维持原判。

【法官后语】

《中华人民共和国民法典》第一千一百七十六条第一款规定了自甘风险条款，明确了在具有一定风险的文体活动中致参加者人身损害的其他参加者可以自甘风险作为抗辩事由，减轻或免除侵权责任。但是，其他参加者对损害的发生有故意或者重大过失的除外。结合本案审理，文体活动中自甘风险规则的适用应当注意审查以下三个问题。

一、自甘风险抗辩的成立

适用自甘风险条款的关键在于对受害人行为的审查，具体包括以下几个方面：

第一，文体活动的固有风险。这种危险是社会公认存在或者难以避免的，且不为法律法规所禁止，同时，无论采取何种措施，该风险都不会消除。例如，拳击、足球、篮球等风险性和身体对抗性极强的运动，无论参加者如何遵守规则，其可能带来的内在风险都无法消除。

第二，受害人的完全认知。受害人需具备完全认知这种风险的能力，该能力的判断并不必然与民事行为能力等同，而往往以一个社会公认的标准在具体案件中予以评价。例如，练习格斗、踢足球的未成年人也应当认识到其参与的活动具备较强的身体对抗性，并且可能会导致身体受伤的损害后果。应当以社会的普遍认知水平认定受害人对于活动风险的认知范围，超出该标准的风险无法适用自甘风险条款，如违反竞技规则所带来的风险。

第三，自愿参与。受害人以明示或默示的方式表达其自愿参与具有一定风险的文体活动，这种自愿是完全自愿，不受任何胁迫、欺诈。例如，受害人在已经明确表达无法继续参与活动后，活动参与者仍要求其继续，在此期间发生损害的，则无法判定受害人为完全自愿，无法适用自甘风险条款。在考量该项要素时需要注意自甘风险并不等同于受害人同意。受害人同意所涉范围远远大于自甘风险的自愿范围，受害人对于侵权行为、损害结果等均有充分认知且表示同意，而自甘风险中受害人虽对风险有充分的认知，但并不希望侵权行为、损害结果的发生。

第四，活动风险与损害结果之间有因果关系。损害结果是因风险活动直接引起，活动风险是产生损害结果的必要条件。

若满足上述要素，自甘风险成立，其他活动参与者可将其作为抗辩事由，减轻或免除承担责任。

二、其他参加者的过错

根据《中华人民共和国民法典》第一千一百七十六条第一款的但书规定，其他参加者对损害的发生有故意或者重大过失的，不能以自甘风险主张免责。因此适用自甘风险条款，需要审查其他参加者对损害发生是否有过错以及过错程度，其他参与人若仅存在一般过失，则免于承担责任；但是存在故意或重大过失的，则应当承担赔偿责任。本案中，沈某某、刘某某是在教练指导下进行对抗练习，沈某某无证据证明刘某某对其受伤存在故意或重大过失，故刘某某可以自甘风险主张免除自己对沈某某的赔偿责任。

在其他参加者因故意或重大过失承担赔偿责任的情况下，需要同时考量参加者是否尽到对自身安全的相应注意义务，以公平确认双方的责任承担。此时与过失相抵类似，均需综合考量致害人与受害人的过错程度，综合判定双方过错大小。但是二者作为减轻或者免除加害人责任的不同抗辩事由，也有区别，主要表现在，适用自甘风险但书规定对双方过错程度进行评价时，不能对活动参加者课以过高的注意义务标准，其仅对规则要求限度内的行为承担注意义务，因此其享有一般过失免责抗辩，只对超出此限度的故意和重大过失，承担过错责任。

三、文体活动组织者履行安全保障义务的认定

文体活动组织者对活动参加者负有安全保障义务，不得以自甘风险条款进行抗辩。《中华人民共和国民法典》第一千一百七十六条第二款将具有一定风险的文体活动组织者的责任引致适用安全保障义务的相关规定。按照体系解释，该条款与第一款中的自甘风险条款为并列关系，两款分别对活动其他参与者的责任和组织者责任进行规定，前者在一般过失情况下可以免责，后者没有该项免责抗辩权。考量组织者是否尽到安全保障义务，实际上就是对组织者是否尽到防范风险的作为义务进而对其是否具有过错进行界定，具体可从以下几个方面入手。第一，安全保障义务的范围。活动开始前，组织者应当对可能产生的风险有充分认知，并履行适当的告知义务，且采取必要的措施防止危险发生，如确保活动开展场地安全、对现场指导教练应进行充分的安全培训；活动进行

过程中，组织者应当采取风险应对措施，如在参与者或他人作出可能导致损害发生的行为时予以及时制止；同时，在损害发生后，积极采取措施，避免损害扩大，如在参与者受伤后及时采取有效的救助措施。第二，违反安全保障义务的行为与损害结果之间的因果关系。违反安全保障义务属于不作为侵权，在判断时应当遵循按照社会一般标准考察，采“相当因果关系说”，即从社会通常经验看，假如活动组织者从事了某种行为，则能够降低侵害或意外发生的风险，但安全保障义务人并未实施该行为，则能对因果关系予以认定。第三，过错有无及大小。组织者未尽到防范风险的作为义务，通常就被认定为存在过失。此外，还要将组织者与受害人之间的关系纳入考察范围，如组织者面向社会不特定对象开展活动与针对会员开展私教培训，二者对应的安全保障义务范围及过失认定标准是不同的。

有一定风险的文体活动的组织者要尽到相应的安全保障义务和注意义务，以充分发挥文体活动纾解压力、愉悦身心的积极作用。第一，安全保障先行，避免一般过失。有一定风险的文体活动的组织者，可以通过制定完备的活动规则、配备救助设备和安全员、开展安全培训等措施充分履行安全保障义务。可以通过签订承诺书的方式明确参加者对自身情况的如实告知义务，并充分提示说明该活动存在的风险及可能产生的结果，以便在纠纷产生时能够明晰责任。第二，自甘风险要谨慎。参加有一定风险的文体活动者，在活动开始之前要充分了解活动的形式、特点及活动组织者的安全保障能力，并结合自身的健康、体质状况合理预估风险，决定是否参加相关活动。在活动过程中要增强自我保护意识，采取充分的安全保护措施，避免危险发生，也要遵守活动规则，避免对其他人员造成损害。

编写人：北京市丰台区人民法院　邢昊　刁彤　相淑朝

二、姓名权纠纷

22

离婚后女方有权要求将自己的名字从男方家的墓碑上面清除

——刘某某、石某甲诉石某乙姓名权案

【案件基本信息】

1. 裁判书字号

广西壮族自治区河池市中级人民法院（2022）桂 12 民终 1552 号民事判决书

2. 案由：姓名权纠纷

3. 当事人

原告（上诉人）：刘某某、石某甲

被告（被上诉人）：石某乙

【基本案情】

石某某是石某乙与案外人石某丙的祖父，石某某先后与吴氏、卢氏结婚，吴氏、卢氏分别是石某乙与石某丙的祖母。刘某某与石某丙原系夫妻，石某甲系二人之子。二人婚后，石某某及吴氏、卢氏相继去世。2018 年 3 月，刘某某与石某丙登记离婚。2018 年农历二月，石某乙家属立碑安葬吴氏，将刘某某、石某甲的姓名分别以孙媳、曾孙的名义雕刻于墓碑之上。刘某某、石某甲认为石某乙私自将二人的名字刻在墓碑上是对其姓名的侵权，遂要求石某乙承担侵权损害赔偿责任。

2022 年 3 月 16 日，刘某某、石某甲向法院起诉，石某乙接到法院送达的起诉状副本、应诉通知书等法律文书后，将其祖母吴氏墓碑上刘某某、石某甲的姓名予以清除。

庭审中，石某乙同意向刘某某、石某甲赔礼道歉，并出具赔礼道歉书。刘某某、石某甲当庭表示接受石某乙的赔礼道歉，收执赔礼道歉书。但是要求石某乙换立新碑。

【案件焦点】

石某乙已将刘某某、石某甲的姓名自案涉墓碑上清除，刘某某、石某甲要求更换整块墓碑是否应当支持。

【法院裁判要旨】

广西壮族自治区都安瑶族自治县人民法院经审理认为：本案中，首先，石某乙未经刘某某、石某甲同意，将二人姓名以孙媳、曾孙的名义篆刻于其祖母吴氏墓碑上，此举有不妥之处，应予批评。但考虑到双方存在族亲关系，且石某乙作为石家族人通过电话联系石某丙得知二人姓名后，才将二人姓名篆刻于墓碑上，其行为不存在捏造事实或者侮辱、丑化二人姓名、名誉之主观恶意；其次，在本案案发后，石某乙已经及时将二人姓名从墓碑上清除，达到了“停止侵害、消除影响”的目的；最后，案涉墓碑位于偏僻深山，交通不便且没有住家，碑文内容也不足以降低公众对二人的社会评价。据此，不能认定刘某某、石某甲确有姓名权、名誉权被损害的结果。另外，石某乙已在法庭上赔礼道歉，刘某某予以接受，二人的第一项诉讼目的已实现，故对该请求不再作出判决。石某乙已将二人的姓名从墓碑清除，刘某某、石某甲要求将整块墓碑销毁，显为苛求，故对该项诉讼请求，不予支持。关于精神损害抚慰金的问题。《中华人民共和国民法典》第一千一百八十三条规定，侵害自然人人身权益造成严重精神损害的，被侵权人有权请求精神损害赔偿。本案中，石某乙在墓碑上刻上刘某某、石某甲的姓名并无侮辱、诽谤、丑化等行为，未对二人造成严重精神损害，故对该项诉求，不予支持。

广西壮族自治区都安瑶族自治县人民法院判决如下：

驳回刘某某、石某甲的诉讼请求。

刘某某、石某甲不服一审判决，提起上诉。

广西壮族自治区河池市中级人民法院经审理认为：本案中，石某乙未经刘某某、石某甲同意，将二人的名字刻于石碑之上，侵犯了二人的姓名权，二人有权要求其承担消除影响、赔礼道歉等民事责任。《中华人民共和国民法典》第一千条规定，行为人因侵害人格权承担消除影响、恢复名誉、赔礼道歉等民事责任的，应当与行为的具体方式和造成的影响范围相当。本案事发后，石某乙将石碑上刻有二人名字的地方凿掉，无法辨认，已经达到停止侵害、消除影响的目的。二人要求毁掉石碑会导致责任承担的具体方式与侵权行为不相称，也与消除影响的目的不相符，故对其该项诉求，不予支持。

广西壮族自治区河池市中级人民法院依照《中华人民共和国民事诉讼法》第一百七十七条第一款第一项之规定，判决如下：

驳回上诉，维持原判。

【法官后语】

墓碑是立在坟墓前面或者后面的石碑，上面刻有关于死者姓名、事迹等的文字。既介绍了死者的生平，又寄托着子孙的哀思、悼念之情，是一种特定的、不可替代的纪念物品。同时，墓碑具有物的形态，有一定财产价值。在我国一些地方，有立碑时篆刻上子孙及其配偶姓名的传统。本案由离婚后女方要求从男方亲属墓碑上清除姓名引起。离婚后，男女双方亲属关系消失，就产生了这种墓碑刻名行为是否侵犯女方姓名权、是否应当将女方姓名从墓碑上清除、是否可以主张更换墓碑、是否构成精神损害赔偿等问题。本案例旨在对以上问题进行深入剖析，提炼出具有参考价值的裁判规则，为类案处理提供参考，维护社会公序良俗。

一、墓碑刻名应当尊重公序良俗

关于墓碑刻名是否侵犯女方姓名权的问题。法院裁判时，应当分两种情况处理：一是如果立碑刻名发生在当事人婚姻关系存续期间，双方存在亲属关系，女方对刻碑事宜知情并不表示反对，则不侵犯其姓名权，即使离婚，女方亦不能以侵犯其姓名权为由，要求将其姓名从墓碑上清除。根据我国传统风俗，墓碑既介绍了死者的生平，又寄托着子孙的哀思，是一种特定的、不可替代的纪念物品，某个人姓名的清除势必会在墓碑上留下痕迹，造成破坏，既可能损害死者的名誉，也可能伤及立碑者的感情。在没有造成严重后果的情况下，基于对公序良俗的尊重，不宜认定行为人侵犯姓名权。二是如果立碑刻名发生在当事人离婚后，双方亲属关系解除，男方或其家人未经女方同意，在自家墓碑上篆刻女方姓名的，则构成姓名权侵权。

本案中，立碑时刘某某与石某丙已经离婚，石某乙是从石某丙处获知刘某某、石某甲姓名并刻于案涉墓碑之上，使用刘某某及未成年石某甲的姓名均未获得刘某某同意，侵犯了二人的姓名权，二人请求消除影响、赔礼道歉并无不当，应当支持。

二、侵犯姓名权的责任承担亦应与侵权后果相适应

侵权责任的立法本意，旨在弥补当事人的损失，侵权责任的承担与侵权后果相适应，这是侵权责任的应然之义。除以金钱支付为履行方式的损害赔偿责任应当以填补损害为原则外，其他的侵权责任承担方式也应当注意侵权责任的适度性。故此，《中华人民共和国民法典》第一千条第一款规定：“行为人因侵害人格权承担消除影响、恢复名誉、赔礼道歉等民事责任的，应当与行为的具体方式和造成的影响范围相当。”墓碑系祭奠性、纪念性物品，不管是立碑还是换碑，都要遵循一定的风俗习惯，墓碑遭受毁损可能引发侵权诉讼。在姓名权被侵害的女方提出行为人以更换墓碑的方式承担侵权责任时，法院不宜草率支持，原因有二：一方面，擅自更换墓碑不尊重死者又伤及立碑人的感情；另一方面，墓碑往往由死者亲属筹资所购，系共有物，具有一定的财产价值，为了清除女方一人之姓名而更换整个墓碑，侵犯了共同出资人的合法财产权，显然超过侵权责任承担之度，如此处理显失公平。

本案中，侵权人将被侵权人姓名从墓碑上清除已足以达到消除影响之目的，更换墓碑明显与侵权后果不相适应，故未支持被侵权人的该项诉求。

三、侵犯姓名权造成严重精神损害的应当赔偿

侵害自然人人身权益造成严重精神损害的，被侵权人有权请求精神损害赔偿。精神损害表现为精神痛苦和精神利益的减损，是否构成精神损害应当从行为人的主观过错及行为后果方面进行综合考量。一方面，侵权行为人是否是未经他人授权恶意使用他人姓名，即是否存在主观过错；另一方面，该侵权行为是否造成《中华人民共和国民法典》第一千一百八十三条所称之严重后果。根据“谁主张，谁举证”这一基本举证规则，女方以墓碑刻名侵犯其姓名权为由主张精神损害赔偿的，应就侵权行为是否存在、他人主观有无过错及自己遭受何种损害等承担举证责任，并能够证明侵权行为人因恶意使用女方姓名，造成女方严重精神损害，否则将承担败诉的不利后果。

本案中，石某乙将刘某某、石某甲的姓名刻在涉案墓碑之上虽是客观事实，但其并非恶意，刘某某、石某甲未就其受到严重精神损害进行举证，故对于其精神抚慰金之主张，不予支持。

编写人：广西壮族自治区都安瑶族自治县人民法院　唐柳媚

23

未经允许向新闻媒体公开冒用签名的材料构成姓名权侵权

——孙某甲诉刘某某等姓名权案

【案件基本信息】

1. 裁判书字号

四川省宜宾市中级人民法院（2022）川15民终65号民事判决书

2. 案由：姓名权纠纷

3. 当事人

原告（被上诉人）：孙某甲

被告（上诉人）：刘某某、古某某

被告：某电科公司、某商务公司

【基本案情】

2020年9月21日，某电科公司在其微信公众号上发布一篇文章，文中加载有包括署名为孙某甲、孙某乙、赵某某等人的举报材料图片作为文章所涉内容的依据，其中署名为孙某甲的《举报人》材料系刘某某提交给某电科公司微信公众号的。后某商务公司在其设立的微信公众号上转载了上述文章，也附有署名为孙某甲的《举报人》材料图片。

2020年10月，孙某甲以某电科公司公众号、某商务公司公众号刊载报道的文章中署名为孙某甲的《举报人》材料侵犯其姓名权为由向法院提起诉讼，要求二公司澄清事实，赔礼道歉，为孙某甲恢复名誉，并赔偿精神抚慰金50000元。诉讼中，某商务公司称涉案材料系刘某某、古某某提供，某电科公司公众号、某商务公司公众号并未无故盗用孙某甲之名，也不是自行伪造。刘某某、古某某称该份材料系孙某甲本人书写捺印。孙某甲对此否认，向法院申请对该材料上署名“孙某甲”的笔迹及所捺手印进行鉴定。法院依法委托鉴定后，孙某甲撤回该案诉讼。

受托鉴定中心于2021年2月3日出具鉴定意见：《举报人》上的“孙某甲”签名字迹与送检样本上的“孙某甲”签名字迹不是同一人书写；《举报人》的“孙某甲”签名字迹上所捺印的指印，不是孙某甲手指所留。为此，孙某甲支付鉴定费6900元，并提起本案诉讼。

庭审中，刘某某、古某某皆认可在接收该张署名为孙某甲的《举报人》字条时未向孙某甲进行核实，该字条是刘某某向某电科公司公众号提供。并陈述在本案受理后，二人经核实，署名为孙某甲的《举报人》的字条系孙某乙书写后，交由张某某转交给古某某，再由刘某某将该字条提供给某电科公司公众号。后某电科公司、某商务公司在各自认证的公众号上删除了案涉文章。

【案件焦点】

刘某某、古某某将涉案举报材料交给媒体的行为是否侵犯了孙某甲的姓名权。

【法院裁判要旨】

四川省筠连县人民法院经审理认为：微信公众号等自媒体舆论传播媒介，既发挥着传播信息的作用，又是社会舆论的一种新兴表现形式，其正当合法的舆论监督权应当得到法律的保护。但自媒体对外发布的信息，应当尽到必要审查义务，如实报道、力求措辞适当，避免有夸大性描述，加强网络自律，否则将有可能承担不利的法律后果。本案中，案涉《举报人》上署名为“孙某甲”的签名及捺印均不是孙某甲本人所写所捺，某电科公司在未经核实情况下，擅自将案涉字条图片加载于发表的文章中，在无证据证明某电科公司使用孙某甲的姓名经过其同意或有其他合法依据的情况下，某电科公司的行为构成对孙某甲姓名权的侵害。某商务公司转载此类具有明显贬低真实人物人格的文章时，应审查核实内容及依据的真实性，但该公司未尽到此项义务，进一步扩大了原发布作品侵害的后果和影响，其行为亦构成对孙某甲姓名权的侵害。刘某某、古某某系该举报材料的直接收集提供者，其行为系侵害孙某甲姓名权的来源，也构成对孙某甲姓名权的侵害。鉴于二被告公司侵权行为影响范围较小，情节轻微，未给孙某甲造成严重危害，且及时删除侵权文章，停止了继续侵害，消除了不利影响，故对孙某甲要求四被告恢复名誉、赔礼道歉、赔偿精神损失抚慰金的请求不予支持。关于鉴定费，因刘某某、古某某是《举报人》字条材料的收集者和提供者，系酿成本案侵权诉讼的直接责任人。纠纷发生后，经法院质询，二人仍提交书面材料称案涉字条系孙某甲亲自书写提供，导致启动鉴定，故鉴定费应由刘某某、古某某共同承担。

四川省筠连县人民法院依照《中华人民共和国民法典》第一百一十条第一款、第一百二十条、第一千零一十四条、第一千一百九十四条，《最高人民法院关于审理利用信息网络侵害人身权益民事纠纷案件适用法律若干问题的规定》第七条之规定，判决如下：

一、刘某某、古某某于判决生效之日起十五日内支付孙某甲垫付的鉴定费6900 元；

二、驳回孙某甲的其他诉讼请求。

刘某某、古某某不服一审判决，提出上诉。四川省宜宾市中级人民法院经审理认为：鉴定意见证实举报材料上孙某甲签名捺印均不是其本人所为，刘某某、古某某未经孙某甲同意或者授权，擅自冒用孙某甲签名的举报材料向媒体公开，侵犯了孙某甲的姓名权，应当承担侵权责任。至于材料反映的事实是否真实，不属于本案的审查范围。

虽然刘某某、古某某因鉴定当时尚未被追加为被告而未参与选择鉴定机构，但是一审庭审中孙某甲举示了案涉鉴定报告，刘某某、古某某对鉴定报告真实性不持异议，故在已经认定刘某某、古某某侵犯孙某甲姓名权的情况下，鉴定费用属于孙某甲维权支出的合理费用，应当由侵权人刘某某、古某某承担。

四川省宜宾市中级人民法院依照《中华人民共和国民事诉讼法》第一百七十七条第一款第一项之规定，作出如下判决：

驳回上诉，维持原判。

【法官后语】

自然人对自己的姓名享有姓名权。自然人享有的姓名权除体现在姓名权的积极权能，包括对姓名有权依法决定、使用、变更或者许可他人使用方面外；还体现在姓名权的消极权能方面，即任何组织或者个人不得以干涉、盗用、假冒等方式侵害自己的姓名权。实践中，侵害姓名权的方式有很多：一是非法干涉，即无正当理由干涉他人对姓名的决定、使用、变更或者许可他人使用的权利；二是盗用，即未经他人同意或者授权，擅自以他人的姓名实施有害于他人或者社会的行为；三是假冒，即侵权人假冒他人之名进行活动，表现为民事主体从事民事活动时不用自己的姓名而使用他人姓名。侵害姓名权的违法行为一般是作为的方式。如本案中，二被告提供冒用原告姓名的涉案材料向自媒体进行发布，即是以作为的方式侵害他人姓名权。侵害姓名权的损害事实，以盗用、冒用他人姓名，干涉他人行使姓名权等客观事实为认定标准，对于是否出现损害结果、行为人主观上是否有不正当目的等并非姓名权侵权的必要构成要件。

在互联网和自媒体日益兴起的今天，各种文章、资讯信手拈来，网络上的信息涉及面之宽、传播速度之快都呈现出前所未有的状态。基于我国网络用户可以对网络资信自由发布、随意转载，资信真实性难以保障等原因，网络侵权行为日益滋生，网络人格权保护问题显得尤为突出。现实中，自媒体发布信息、转载信息存在不加甄别、不核真伪，导致网络虚假信息层出不穷的现象，甚至侵犯了自然人的人格权益。《中华人民共和国民法典》第九百九十九条规定：“为公共利益实施新闻报道、舆论监督等行为的，可以合理使用民事主体的姓名、名称、肖像、个人信息等；使用不合理侵害民事主体人格权的，应当依法承担民事责任。”据此，自媒体对其发布或转载的信息真实性负责，对涉网络民事权益包括人格权的保护负有当然的责任，应当尽到必要审查义务，如实报道、力求措辞适当，避免有夸大性描述，否则可能承担不利的法律后果。

本案的审理重点在于向新闻媒体投递公开的举报材料上的签名是否其本人所为或者是经本人授权后签署。根据查明的事实及鉴定机构出具的鉴定意见均证实举报材料上的签名捺印非原告本人所为，故可以认定刘某某、古某某未经同意或者授权，擅自将冒用签名的举报材料向新闻媒体公开，侵犯了原告的姓名权，应当承担侵权责任。同时，某电科公司和某商务公司在未经核实的情况下，擅自将案涉举报材料进行发表或转载，实际上是为了增加文章阅读量从而提高微信公众号的知名度，具有一定的营利目的，该公司的行为亦构成侵犯姓名权。

编写人：四川省筠连县人民法院　赖嘉莉

三、肖像权纠纷

24

侵害精神性人格权责任认定中动态体系论的适用

——刘某甲诉操某某等肖像权、隐私权、个人信息保护案

【案件基本信息】

1. 裁判书字号

上海市第一中级人民法院（2022）沪01民终12761号民事判决书

2. 案由：肖像权、隐私权、个人信息保护纠纷

3. 当事人

原告（上诉人）：刘某甲

被告（被上诉人）：操某某等

【基本案情】

刘某甲、刘某乙、操某某均系上海市徐汇区某公寓居民。2021年8月13日，刘某乙携9周岁女儿刘某甲返回某公寓住宅前将某居民委员会、某物业公司先后放置于公寓一楼告示栏中的三份文书取下带回家中，并在公寓业主微信群中称“明日物业和居委未经过业主大会表决同意，擅自动用业主维修基金……”

2021年8月17日上午，某居民委员会就刘某乙私自从告示栏中取走三份

文书一事出具情况说明。同日10时50分许，刘某乙在某公寓业主微信群作出解释，称取走文书系准备扫描取证作为诉讼的证据，但之后忘记放回原处。

同日，操某某针对刘某乙的上述解释，在某公寓业主微信群中发送语音进行反驳，并发送公寓一楼告示栏处的两段监控视频，反映刘某乙取走三份文书及重新放置三份文书的过程，其中有一段监控视频中显示刘某甲全程在刘某乙的身旁。

原告刘某甲认为，刘某甲系未成年人，操某某未经刘某甲监护人允许在业主微信群内发布刘某甲的视频影像，该视频系某物业公司在未经刘某甲认可的情况下私自交于操某某。操某某和物业公司私自恶意披露刘某甲的影像信息，严重侵犯刘某甲的肖像权、隐私权和未成年人信息。故请求：（1）某物业公司在某公寓公告栏发布赔礼道歉信；（2）操某某在某公寓业主微信群内删除侵权视频，并以群公告方式向刘某甲赔礼道歉；（3）操某某、物业公司赔偿刘某甲精神损失10000元。

被告操某某、某物业公司辩称，刘某甲的监护人刘某乙擅自取走涉案文书并进而在公寓业主微信群内制造物业公司未经公示告知使用维修基金的假象。后又在业主微信群内误导其他业主，操某某发布监控视频是为了还原刘某乙的行为过程，不存在侵犯未成年人权益的故意。因刘某乙取下公告时，刘某甲跟随在旁，故监控视频不可避免地会出现刘某甲的影像，究其根源也系刘某乙的不当行为所造成。

【案件焦点】

如何运用动态体系论认定侵害肖像权、隐私权等精神性人格权。

【法院裁判要旨】

上海市徐汇区人民法院经审理认为：认定构成侵害精神性人格权，除须满足传统侵权构成要件外，还须考虑影响范围、过错程度、行为目的和方式等多方面的因素。

在案证据显示，操某某在公寓业主微信群中发布系争监控视频，主观上在于质疑和驳斥刘某乙当日所作解释，客观上有助于使其他业主能直观了解告示栏中公示文件失而复得的过程。至于系争监控视频中出现刘某甲的影像，系由当时的监控范围、现场环境、人物活动所决定，不可避免地被拍摄留存；且基于某公寓内监控视频的完整性，也不宜进行删减屏蔽。就发布内容结合前因后果而言，操某某并无恶意利用刘某甲的肖像或者意图泄露刘某甲的隐私、个人信息等主观过错，行为目的也非指向刘某甲，加之受众范围有限，未见对刘某甲的人格权益造成不利影响。故，对刘某甲的诉讼请求均不予支持。

法院向刘某乙指出，本起纠纷更多的是暴露出刘某乙在处理物业纠纷时的问题，刘某乙对于取走涉案文书原因的解释显然无法按常理被认同。且刘某乙既知对未成年人的保护关爱，就更不应该在刘某甲面前作出擅自取走公示文件的错误示范。刘某乙应当对自身的不当行为、可能造成的不利后果甚至代为提起本案诉讼的真实意图进行反思。

法院同时也向操某某和某物业公司指出，在处理物业纠纷时除应目的正当之外，尚需手段、方式得当。在某居民委员会已经作出情况说明的前提下，操某某应当相信其他业主能够自主作出正确的价值判断，再在业主微信群中强调是非曲直并不利于邻里和谐，相反会有刻意凸显个人能力之嫌。而某物业公司应当在今后加强对于所持监控视频的控制。

上海市徐汇区人民法院依照《中华人民共和国民法典》第九百九十八条、第一千一百六十五条第一款之规定，判决如下：

驳回刘某甲的全部诉讼请求。

刘某甲不服一审判决，提起上诉。

上海市第一中级人民法院经审理认为：纵观涉案视频发布的原因、场景及内容，可以认定，操某某的主观目的在于说明涉案告示丢失的原因、过程，并非恶意侵犯他人人格权，更非针对刘某甲本人，至于系争监控视频中出现刘某甲的影像，系由当时的监控范围、现场环境、人物活动等监控视频的客观条件所决定，不可避免地被拍摄留存，且该影像并未完整清晰地显示刘某甲的脸部特征。一审法院据此认定刘某甲主张的侵权行为不成立，是正确的。但是，在业主邻里之间发生的争议，各方都应当恪守尊重他人人格的准则，理性进行处理。故，就一审法院对于刘某乙、操某某、某物业公司的行为告诫，亦均予以认同。

上海市第一中级人民法院依照《中华人民共和国民事诉讼法》第一百七十七条第一款第一项之规定，判决如下：

驳回上诉，维持原判。

【法官后语】

在数字时代背景下，信息传播出现了实时性、易复制性、可互动性的新特征。自然人的影像信息、行为举止、运动轨迹通过电子设备的记录可以即时在互联网上被转载、评价。曾经作为主要传播媒介的纸张、胶片、磁带已被无线网络、手机所取代，原本需要借助设备进行印刷、摄制、录音的手段都可以简化为手指的触屏点击。由于信息传播途径变得简便、信息传播效率得到提高、信息传播范围更加扩大。针对侵害精神性人格权案件，如果仅通过一般侵权构成要件审查，在一定程度上会出现司法僵化的情况。该案中，操某某未经许可将未成年人刘某甲的影像一键发布至公开的微信群聊中，根据这一既定事实认定侵权行为成立似乎顺理成章。然而细究之下，这个结论显然无法与操某某行为的初衷、缘由以及当时的客观环境相匹配。故，该案审理在传统侵权构成要件的基础上引入动态体系视角，结合案件情况从主客观两方面因素予以综合判定，在一定的自由裁量空间内对相关影响因素的协动过程以可视化的方式呈现，有助于增强审判的说服力及可接受度，同时兼顾了法的稳定性和开放性。

《中华人民共和国民法典》第九百九十八条创建了动态系统论，据以认定侵害除生命权、身体权和健康权外的人格权的侵权责任。故，审理精神性人格权纠纷时，应当在考虑侵权责任构成要件情况的基础上结合当事人的职业、影响范围等多种因素来认定，将多个评价因素之间的协动过程以可视化的方式呈现，更能彰显审判智慧和裁判公正。该条规定并未突破传统侵权构成要件论，只是在此基础上综合考量多种因素。由于动态系统论有扩大自由裁量权的风险，立法者通过该条在承认自由裁量权的同时又将之限制在合理范围内，从而实现了社会正义和适法统一之间的平衡。综合《中华人民共和国民法典》第九百九十八条所列举的因素，可以将之划分为客观因素和主观因素两类。

（一）客观因素：职业和影响范围

当事人的职业及影响范围是相辅相成的两个概念，在分析具体案件时，两者通常是无法分割的影响因素。

1. 行为人和受害人的职业。考虑职业不在于为职业不同的当事人提供区别对待，而是为了平衡职业背后所体现的社会利益。实践中，一方面，职业的不同有可能在认定构成侵权上起到强化的作用；另一方面，某些特定的职业可成为免责事由。

2. 影响范围。在考虑影响范围方面，具体可分为社会评价和个人评价两方面。社会评价强调侵权行为在社会上造成的影响，具有客观性。个人评价则强调当事人的主观感受。因为人格权保护的是人格尊严，而人格尊严在个体身上的表现形式不一，据此，同类的侵权行为对不同的受害人造成的影响可能不一致，但鉴于个人评价的主观性，审判人员必须将此与社会评价结合，避免陷入主观陷阱。

（二）主观因素：过错程度以及行为的目的、方式、后果

在认定侵权行为时，将其与行为人的主观意志予以联系，是对过错归责原则的体现，符合侵权法的矫正正义理论。

1. 过错程度。行为人的过错程度越高，其承担的责任越重。在实践中，可以将行为人的过错程度外化为悖俗性。行为人实施行为的悖俗性越强，可反映出其过错程度越高，如长时间不间断而非偶尔地实施骚扰行为、在公众场合而非隐秘空间实施侮辱行为等。

2. 行为的目的、方式、后果。在具体案件中，需要结合具体的侵权行为进行综合考量，具体案件具体分析。有些情况下即使行为目的正当，如果行为方式不合法且造成相应的损害后果，行为人仍需承担相应责任。

（三）主客观因素之间的关系

上述列举的因素之间并不存在价值位阶或者适用上的先后顺序，各个因素

处于平等地位，可以结合具体案件考量上述因素如何作用于侵权责任的认定以及责任的承担方式上。与此同时，正如《中华人民共和国民法典》第九百九十八条所述，侵权案件中法官并非拘泥于上述列举的因素，动态系统论纳入的考量因素是开放的，审判人员可以结合具体案件考量分析具体的影响因素。

编写人：上海市徐汇区人民法院　汪健　郑晓宜

25

利用深度合成技术伪造他人形象构成肖像权侵权

——楼某某诉上海某某信息科技有限公司肖像权案

【案件基本信息】

1. 裁判书字号

杭州互联网法院（2022）浙 0192 民初 6186 号民事判决书

2. 案由：肖像权纠纷

3. 当事人

原告：楼某某

被告：上海某某信息科技有限公司（以下简称某公司）

【基本案情】

楼某某系国内古风汉服模特，常通过短视频平台发布本人古风汉服照片和短视频作品。2022 年 3 月，楼某某于短视频平台发布一段短视频。在该视频中，楼某某带有清晰的面部古风妆容，并着汉服半身出镜，视频包括多段造型形象片段。

某公司是一款“AI（人工智能）换脸”APP（应用程序）的运营主体。该 APP 宣传“仅需一张照片，立即变成视频主角”“只需一张自拍，马上改头换面”。该 APP 介绍功能实现步骤为：“（1）分析脸部特质 分析照片，并识别您的面部特质以提高人脸融合的相似度；（2）人脸融合 利用对原始照片的分析结果，人脸融合 APP 将在视频中合成新的人脸，该人脸将与您具有较高的相似度。”用户通过支付 68—198 元不等的会员费，即可使用全部“换脸”视频模板。

楼某某发现，某公司运营的“AI 换脸”APP 中有楼某某拍摄的古风造型视频模板。用户可通过上传个人照片，将视频模板中的人脸替换成用户上传的人脸，除五官发生实质性变化外，其余内容都与原视频保持一致。软件生成换脸后的古风造型视频，用户可以将其保存并分享到其他平台。楼某某认为，某公司的行为侵害其肖像权，请求法院判令某公司停止侵权、赔礼道歉并赔偿经济损失及精神抚慰金等。

【案件焦点】

1.“利用信息技术手段伪造”侵害肖像权案件中对肖像的识别判断标准；2.“利用信息技术手段伪造”方式侵害肖像权案件中对侵权行为的认定。

【法院裁判要旨】

杭州互联网法院经审理认为：楼某某对案涉要素模板视频及替换后视频中所载人物肖像均享有肖像权。在视频中楼某某虽以古风妆容并着汉服出镜，但通过其面部形象、体貌特征，普通人仍可对其主体身份进行识别。该视频被上传至“AI 换脸”APP 作为合成要素模板供他人使用时，视频内容未做篡改，亦不发生对主体形象不可识别的问题。在他人使用其他面部形象替换视频中楼某某的面部形象后，楼某某在替换后的视频中仅剩身体形象留存，但通过与原视频素材对比，普通人仍能从未被修改的相应场景和细节中识别出身体形象的对应主体为楼某某，故从替换前、替换后两个环节而言，以社会普通人标准均能通过面部形象、身体形象等识别出视频中的对应形象主体身份为楼某某。综上，楼某某对案涉要素模板视频及替换后视频中所载对应形象的人物肖像均享有肖像权。另外，某公司未经楼某某同意利用深度合成技术使用楼某某肖像制作伪造视频，产生难以甄别的伪造、非真实存在的肖像图片、影像内容，谋取了不正当利益。某公司未经楼某某同意，通过技术手段提取楼某某肖像视频，并擅自上传至其运营的换脸 APP 中供用户选择使用，该行为本身已侵害楼某某肖像权。同时，涉案视频模板已被用户多次使用和收藏，可以认定某公司利用深度合成技术将其他用户提供的人脸替换至涉案视频中的身体形象之上，并生成了形象逼真、画面流畅的伪造肖像视频，可供用户进行下载保存、发布共享等不当使用。综上，某公司未经楼某某同意，利用深度合成技术使用其肖像制作伪造视频，依法应认定为构成对楼某某肖像权的侵害。

杭州互联网法院依据《中华人民共和国民法典》第一千零一十九条第一款之规定，作出如下判决：

一、某公司于判决生效后在其运营的“AI 换脸”APP 中刊登赔礼道歉声明；

二、某公司于判决生效后赔偿楼某某精神抚慰金 2000 元；

三、某公司于判决生效后赔偿楼某某财产损失（含合理维权费用）3000 元；

四、驳回楼某某其他诉讼请求。

宣判后，双方当事人未提出上诉，该判决已发生法律效力。

【法官后语】

《中华人民共和国民法典》第一千零一十九条第一款在列举侵害肖像权的典型方式时，首次明确规定了“利用信息技术手段伪造”方式侵害当事人肖像权的类型，此规定适应了新技术环境下肖像权保护的现实需要，体现了立法的与时俱进。

肖像，是指通过影像、绘画等方式在一定载体上所反映的特定自然人可被识别的外部形象。肖像是人的外部特征，而人的外部特征通常具有唯一性，能够将特定自然人与其他主体进行区分，直接体现出该自然人独特的外表体貌特征，是一种典型的标表型人格权。自然人的肖像具有极强的生物识别属性，具有独一无二的辨识性，是伴随自然人一生的外在表征，更是自然人建立自我主体认知，将自身与外界人、物进行区分的重要载体，对于构建健全、独立的主体人格具有极为重要的作用。因此，肖像权涉及肖像权人的人格尊严，是具有极强精神属性的权利，也是自然人享有的一项重要人格权。为因应信息技术手段、人工智能技术的迅速发展，特别是不当利用深度合成技术可能对自然人肖像权造成的侵害，《中华人民共和国民法典》明确将“不得利用信息技术手段伪造等方式侵害他人的肖像权”，作为侵害肖像权的一种典型形态予以规制。“不得利用信息技术手段伪造等方式侵害他人的肖像权”，主要是指利用人工智能合成内容技术深度伪造他人肖像的行为，即通过人工智能技术，以数字化方式创建或者修改图片、影像等内容，将某人的肖像换成他人的肖像，并在此基础上形成高度逼真且难以甄别的图像、视频等。结合一般肖像权侵权的构成要件可知，以人工智能合成内容技术深度伪造形态侵害他人肖像权的具体构成要件应为：(1) 自然人对伪造前、伪造后的肖像享有肖像权；(2) 行为人未经同意利用信息技术手段对权利人的肖像进行篡改、伪造和自动生成等，产生难以甄别的伪造、非真实存在的肖像图片、影像内容，达到一定的非法目的。

一、“利用信息技术手段伪造”侵害肖像权案件中对肖像的识别判断标准

当事人肖像权被侵害的前提是，当事人对载体所呈现的肖像享有肖像权。对于自然人是否对呈现在某一载体中的特定肖像享有肖像权，《中华人民共和国民法典》采可识别性标准，即载体中再现的个人肖像必须是能被人们辨认为具体的某个人，据以识别的外部形象既包括个人的面部形象，当然也应包括个人的全部外部身体形象，关键在于是否能从个人的外部形象识别出个人的身份。在利用信息技术手段伪造等方式侵害他人肖像权的场景中，往往存在替换和被替换的两个肖像主体，替换一方的主要是面部形象，被替换一方的主要是其他外部身体形象，通过面部形象易于识别权利人，但通过外部身体形象往往难以识别，故在该特殊场景中，对肖像的可识别标准应适当予以放宽，具体标准和识别方法为：首先，在认定“深度合成”技术是否侵犯某人的肖像权时，无论其在“深度合成”技术中被使用的是面部形象还是身体形象，是局部形象还是整体形象，均应以可被识别性标准作为认定该形象是否为特定主体肖像的核心标准，当某一身体形象能够被识别为特定自然人所属时，便符合肖像的可被识别标准；其次，对已公开特别是为公众所熟知的影像，从社会一般普通人的视

角，能够通过视频中属于原有视频素材的未被修改的相应场景和细节识别出身体形象的所有人，该身体形象因符合可被识别标准而能够被认定为特定主体的肖像，身体形象的所有人得对“深度伪造”视频中的身体形象享有肖像权；最后，对此前未公开且不为社会公众所知的影像，只要权利人穷尽所有识别手段，能够证明自己系该身体形象的所有人，即使一般人未将该形象与形象所有人建立联系，仍应肯定其对该形象享有肖像权利。

二、“利用信息技术手段伪造”方式侵害肖像权案件中对侵权行为的认定

肖像权是一种对世性的绝对权，具有极强的精神属性，对于自我认知和独立人格的构建具有重要价值，自然人对肖像具有自主决定权，其对自己的肖像既具有积极利用的权能，也具有消极防御的权利。深度合成技术，是指利用以深度学习、虚拟现实为代表的生成合成类算法制作文本、图像、音频、视频、虚拟场景等信息的技术，包括人脸生成、人脸替换、人脸操控等图像、视频内容中人脸等生物特征进行生成或者编辑的技术。深度合成技术的应用，破坏了肖像与主体的同一性，人人当然有权在事先未经同意的情况下拒绝自己的肖像被用于深度伪造技术制作的虚假视频中，一方面，面部形象的主人有权拒绝将其面部移转至他人身体形象中；另一方面，身体形象的主人亦应有权利拒绝其身体形象被冠以他人之面目，这均是由肖像权的绝对性、专属性、排他性等权利特征所决定的。与此同时，人脸替换此类深度合成技术需要获取大量人脸图像中的眼、鼻、口和表情等特征数据信息，而人脸信息属于个人信息保护法予以特殊保护的生物识别信息。法律对于人脸识别信息这种紧密依附于身体、直接体现个人身体特征和行为特征，对人身具有直接指向性的敏感个人信息予以特别的保护。据此，深度合成服务提供者提供人脸等生物识别信息编辑功能的，必须具有特定的目的和充分的必要性，采取严格保护措施，并取得被编辑的个人信息主体的单独同意。本案中，某公司没有经过楼某某同意，通过技术手段自网络平台扒取楼某某肖像视频，擅自上传自“AI 换脸”APP 中作为可供用户选择的合成视频要素模板，该行为本身已侵害楼某某的肖像权。同时，该APP 中楼某某的视频模板已被其他主体用户使用收藏 50 余次，可以认定某公司

已因其他用户的操作，利用了深度合成技术自动以楼某某视频肖像为替换对象，将其他用户提供的主体面部形象替换至楼某某视频中的身体形象之上，并生成了形象逼真、画面流畅的伪造肖像视频，可供用户进行下载保存、发布共享等不当使用。综上，某公司未经楼某某同意利用深度合成技术使用其肖像制作了伪造视频，依法应认定为“利用信息技术手段伪造”对楼某某实施了肖像权侵权。

三、应积极培育向上、向善的算法技术规制机制

数字时代中数据是一种资源，算法则是利用这一资源必不可少的工具，深度合成技术是算法的一种。技术本身是中立无害的，技术本身也不应当直接受到法律的负面评价，脱离开发、使用而单纯对于技术进行规制既无必要也无可行性，但技术中立并不意味着价值中立，特别是开发、应用者的价值中立，更不等于“深度合成”的参与者不应当受到来自法律的规制、道德伦理的约束。算法的独特性质，如不透明性、歧视性和归责困难的特征确需法律对其进行特殊规制。概言之，应当在场景化思维下着重把握算法设计、算法应用和救济三个阶段。在算法设计阶段，应建立评估备案制度，并将技术伦理和道德伦理嵌入算法开发、设计中，使算法在开发、设计时就兼备人情与法理。在算法应用阶段，应提高算法的透明度，刺破算法笼罩的神秘面纱，并充分保护个人信息、数据权益。算法的应用应坚持人本地位，辅助人获得更加美好的生活是算法和其他技术应用的铁则，如果个人在算法应用过程中产生不适与风险，那么应该赋予其获得算法解释的知情权以及拒绝成为算法分析对象等权利。在救济阶段，应构建、强化算法问责机制，使算法问责过程兼具救济与惩戒。技术的运用是把双刃剑，用之为善可以造福社会，不当滥用则会造成社会风险和损害，故此，对于“深度合成”的规制应当从其参与者入手，包括发明者、应用者、传播者等方面，以规制深度合成技术使用目的为路径，实现深度合成技术的合理使用，避免该技术对个人、社会、国家造成的诸多方面的风险，同时，也需要引导技术开发、应用者自觉遵守法律规定和科技伦理道德，培育积极健康、向上向善的研发、应用环境，保护和鼓励新兴智能技术的有益探索。

编写人：杭州互联网法院　肖芄

26

侵害婴幼儿肖像权和精神损害赔偿责任的认定

——王某某诉黄某、某科技公司肖像权案

【案件基本信息】

1. 裁判书字号

广州互联网法院（2021）粤0192民初44747号民事判决书

2. 案由：肖像权纠纷

3. 当事人

原告：王某某

被告：黄某、某科技公司

【基本案情】

王某某系一名婴儿，王某甲系其父亲。黄某系“某短视频”平台用户，昵称为“黄某某”，粉丝逾千人，作品200余个，视频作品共获赞超5万。某科技公司系某短视频平台的运营者。

2021年9月11日，黄某于某短视频平台发布视频，视频内容为王某甲怀抱王某某在主题乐园与机器人的合照。经王某甲投诉，平台于当日下架该视频。同日，黄某又发布一则视频，内容为相关观众在主题乐园与机器人合照的现场画面，视频2分04秒时为王某甲怀抱王某某以及一位成年女性与机器人合影的画面，该视频经王某甲投诉后，于9月14日被平台下架处理。

2021年9月13日23时左右，黄某于某短视频平台再次发布视频，与9月11日视频画面相同，但王某某以及王某甲的脸部被打上大便形状贴纸。9月14日，该视频经王某甲投诉后平台进行了删除处理。

上述视频发布期间，王某甲通过某短视频平台要求黄某停止发布含有王某某肖像的视频，黄某不予处理。

王某某认为，黄某未经许可发布含有王某某肖像的视频，并在视频中恶意丑化、污损王某某肖像，构成对王某某肖像权的侵害，某科技公司客观上为黄某的侵权行为提供了平台，构成共同侵权。遂起诉请求判令：（1）黄某在某短视频平台向王某某赔礼道歉；（2）黄某赔偿王某某精神损害赔偿金、维权费用，某科技公司承担连带赔偿责任。

黄某辩称：案涉视频均以主题乐园机器人表演者为主，黄某未在其中加入个人评论，不可能对未成年人王某某造成不良影响。王某某所述的“不雅视频”，系黄某使用视频编辑软件中的贴纸功能，用软件自带的卡通贴纸模板遮挡住了与机器人互动的观众，达到无法辨认出具体某人的效果，黄某没有恶意。黄某在收到王某甲私信后，已第一时间删除案涉视频。不同意王某某的诉讼请求。

某科技公司辩称：某科技公司对案涉内容不存在明知或应知的主观过错，在收到投诉后，及时对案涉视频进行下架处理，已依法履行了事后监管义务。

【案件焦点】

被告黄某是否侵害了原告王某某的肖像权。

【法院裁判要旨】

广州互联网法院经审理认为：根据《中华人民共和国民法典》第一千零一十八条第一款的规定，法律所保护的肖像系由人的外部形象、外部形象载体和可识别性三个要件所构成，通过一定载体呈现出的外部形象应当具有较为清晰的指向性和可识别性，如果呈现出来的外部形象无法指向特定自然人，则不应该纳入肖像的范围。本案中，黄某于 2021 年 9 月 11 日发布的两段涉案视频含有王某某清晰的面部特征，能清晰地指向王某某本人，构成法律保护的肖像。虽然黄某对 2021 年 9 月 13 日视频中的人物进行了打码处理，但因该打码视频与 9 月 11 日发布的视频内容一致，且未打码视频已经通过网络传播，故以社会一般人的认知标准，通过对比未打码的视频，能够确认打码视频中的肖像为王某某，故王某某对该视频中打码的肖像亦享有肖像权。

根据《中华人民共和国民法典》第二十条、第一千零一十九条第一款的规定，肖像权作为自然人享有的重要人格权，具有绝对性、专有性、排他性等特征，法律禁止通过各种方式恶意丑化、污损他人的肖像，以及禁止未经肖像权人同意，制作、使用、公开肖像权人肖像的行为。若肖像权人为未成年人，未经其法定代理人的同意，不得制作、使用、公开该未成年人的肖像。本案中，黄某未经王某甲同意，于某短视频平台公开上传含有王某某肖像的两则短视频，在某短视频平台下架处理，且王某甲告知黄某删除案涉视频后，黄某不仅重新上传案涉视频，还对王某某的头像使用大便图案进行打码处理，污损王某某的肖像，主观恶意明显。黄某作为一名完全民事行为能力人，且为粉丝逾千人、作品 200 余个、视频作品共获赞超 5 万的视频发布者，应当知道使用大便图案作为马赛克对肖像权人具有的贬损意义。因此，黄某的行为构成对王某某肖像权的侵害。

《中华人民共和国民法典》第一千一百九十七条规定："网络服务提供者知道或者应当知道网络用户利用其网络服务侵害他人民事权益，未采取必要措施的，与该网络用户承担连带责任。"据此，某科技公司只有在"知道"或"应知"用户侵权的情况下，才对用户的侵权行为承担连带责任。本案中，并无证据证实某科技公司对案涉视频存在"知道"或"应知"的主观过错，王某某主张某科技公司为黄某的侵权行为提供了平台，构成共同侵权，无事实和法律依据，不予支持。

广州互联网法院依照《中华人民共和国民法典》第二十条、第一百七十九条、第一千条、第一千零一十八条、第一千零一十九条、第一千一百八十三条、第一千一百九十七条，《中华人民共和国民事诉讼法》第六十四条之规定，判决如下：

一、黄某在某短视频平台发布道歉声明，向王某某赔礼道歉；

二、黄某赔偿王某某精神损害抚慰金 5000 元、合理开支 5000 元；

三、驳回王某某的其他诉讼请求。

宣判后，双方当事人未提出上诉，该判决已发生法律效力。

【法官后语】

数字时代，随着媒介的发达、短视频平台的崛起以及民众强烈的分享欲望，广大网络用户热衷于“随手拍 随手传”，随时随地拍摄、上传能吸引眼球的视频内容。在网络环境下，幼稚可爱的婴幼儿，形象更容易吸引粉丝，但是同时也伴随着侵权风险。本案就是一起典型的发布短视频侵害婴幼儿肖像权的案例。保护未成年人，是全社会的共同责任；保护尚在襁褓里的婴幼儿，更是责无旁贷。在网络时代，如何认定侵害婴幼儿肖像权的行为，以及无成人般精神痛苦感知能力的婴幼儿是否享有精神损害赔偿请求权的问题，本案提供了一定的参考。

一、肖像权保护范围的界定

何谓肖像？这是保护肖像权首先要厘清的问题。《中华人民共和国民法典》第一千零一十八条第二款规定，肖像是通过影像、雕塑、绘画等方式在一定载体上所反映的特定自然人可以被识别的外部形象。根据该规定，法律所保护的肖像系由以下要件构成：

一是外部形象。肖像的主要、基本内容是面部特征，但不应限于自然人的面部特征。除面部特征外，其他能够确定一个人“真实形象和特征”的形象或者部位，如侧影、形体动作、身体某个部位等可以呈现自然人外部特征的形象，同样可以成为肖像。若不把任何足以反映或者可以识别特定自然人的外部形象纳入肖像权的保护范围，则可能给自然人的人格尊严保护留下灰色地带。

二是外部形象载体。肖像是指通过一定载体所能够客观真实地反映出的自然人外部形象，这种载体可以是绘画、雕塑、照片、图片、影像等任何形式。

三是可识别性。法律保护自然人肖像的目的是保护其外部形象不被他人混淆从而贬损或者滥用，因而通过一定载体呈现出的外部形象应当具有较为清晰的指向性和可识别性，如果呈现出来的外部形象无法指向特定自然人，则不应该纳入肖像的范围。2003年被最高人民法院公报收录的“叶某诉某医院、某出版社、广告公司肖像权纠纷案”① 已表明“可识别性”对于司法实践认定肖像

① 参见《最高人民法院公报》2003年第6期。

权侵权的重要意义，相关裁判规则指出，“在广告中使用的照片并非完整的特定人形象，不能反映特定人相貌的综合特征及引起一般人产生与特定人有关的思想或感情活动的，不构成对他人肖像权的侵犯”。

就本案来看，黄某发布的两段未打码涉案视频含有王某某清晰的面部特征构成法律保护的肖像，能清晰地指向王某某本人。关于打码的案涉视频，虽然黄某对视频中的人物进行了打码处理，但因该打码视频与之前发布的未打码视频内容一致，且未打码视频已经通过网络广泛传播，故知情人从中可联想到王某某的形象和特征，从可识别性角度判断，应当认定王某某对该视频中打码的肖像亦享有肖像权。

二、侵害婴幼儿肖像权的行为认定

肖像权作为自然人享有的重要人格权，具有绝对性、专有性、排他性等特征，肖像权人对其肖像既享有依法制作、使用、公开或者许可他人使用的权利，也享有排除他人侵害的权利。《中华人民共和国民法典》第一千零一十九条第一款规定，任何组织或者个人不得以丑化、污损，或者利用信息技术手段伪造等方式侵害他人的肖像权。未经肖像权人同意，不得制作、使用、公开肖像权人的肖像，但是法律另有规定的除外。该条款列举了侵害肖像权的形态，王某某虽然为婴幼儿，但其同样享有民事权利能力，认定行为人使用、公开肖像的行为是否构成对婴幼儿肖像权的侵害，应当坚持儿童利益最大化原则，考量该行为是否属于该条款规制的行为。

（一）未经婴幼儿监护人同意，不得使用、公开肖像权人的肖像

《中华人民共和国民法典》第二十条规定，不满八周岁的未成年人为无民事行为能力人，由其法定代理人代理实施民事法律行为。若肖像权人为未成年人，制作、使用、公开该未成年人的肖像，需经其法定代理人的同意。《中华人民共和国未成年人保护法》第七十二条规定，处理不满十四周岁未成年人个人信息的，应当征得未成年人的父母或者其他监护人同意。《儿童个人信息网络保护规定》第九条规定，网络运营者收集、使用、转移、披露儿童个人信息的，应当以显著、清晰的方式告知儿童监护人，并应当征得儿童监护人的同意。

《信息安全技术 个人信息安全规范》（GB/T 35273—2020）第5.4条规定，收集年满十四周岁未成年人的个人信息前，应征得未成年人或监护人的明示同意；不满十四周岁，应征得其监护人的明示同意。

可见，我国的各项法律法规都已明确了处理未成年人个人信息需要获得监护人同意这一原则。肖像作为个人信息中的生物识别信息，使用、公开婴幼儿的肖像，依法应获得监护人的同意。本案中，从王某某监护人与黄某的沟通来看，王某某监护人对于黄某公开王某某的肖像是明确表示不同意的，因此，在不符合合理使用的情形下，黄某公开王某某肖像的行为具有违法性。

（二）丑化、污损婴幼儿肖像的，构成对肖像权的侵害

肖像权涉及肖像权人的人格尊严，是具有极强精神属性的权利，以丑化、污损方式侵害他人肖像权的，会对肖像权人的精神造成严重损害，为法律所禁止。本案中，黄某发布含有王某某肖像的视频时，对王某某的头像使用大便图案进行打码处理，属于对王某某肖像的丑化和污损，贬低了王某某的人格尊严。值得注意的是，在网络社交环境下，使用带有贬损性质的贴纸、图案不一定构成对他人的丑化、污损，在某些场景下，有可能带有搞笑、具有戏谑成分的用意，应予以区分。黄某在王某某监护人明确不同意其使用王某某肖像的情况下，又在重新上传的视频中对王某某的肖像覆盖了大便贴纸，一定程度上属于泄愤，主观上具有丑化、污损王某某肖像的故意，可以认定构成侵权。

（三）行为人使用、公开肖像权人肖像的行为不符合合理使用情形

肖像权同其他民事权利一样，并非绝对的权利。肖像不仅对本人意义重大，对他人甚至对全社会都具有重大价值，一些正常的社会活动都离不开对他人肖像的合理使用，因此，法律应当在保护个人肖像权和保护社会公共利益间进行平衡和协调。《中华人民共和国民法典》第一千零二十条规定了肖像权合理使用的几类情形，包括为个人学习、艺术欣赏、课堂教学或者科学研究，在必要范围内使用肖像权人已经公开的肖像；为实施新闻报道，不可避免地制作、使用、公开肖像权人的肖像；为依法履行职责，国家机关在必要范围内制作、使用、公开肖像权人的肖像；为展示特定公共环境，不可避免地制作、使用、公

开肖像权人的肖像；为维护公共利益或者肖像权人合法权益，制作、使用、公开肖像权人的肖像的其他行为。本案中，黄某辩称其发布视频内容只是为了表达主题乐园机器人这一人物主题，此种使用目的并不属于上述合理使用的情形，因此不属于肖像权保护的例外情形。

三、对婴幼儿精神损害赔偿的认定

自然人作为精神损害赔偿的权利主体以其有权利能力为前提，其依据是《中华人民共和国民法典》第十三条，即自然人从出生时起到死亡时止，具有民事权利能力，依法享有民事权利，承担民事义务。一般而言，精神损害赔偿具有减轻或消除受害人因侵权行为而遭受精神痛苦的性质，但如果将精神损害仅仅局限于精神痛苦，那么本案王某某在案涉纠纷发生时尚不足一岁，其对侵权行为可以说是无精神痛苦感受能力的，则其是否可以获得侵权精神损害赔偿？对此，本案尚需探究的问题是，自然人作为精神损害赔偿的权利主体，除了须具有权利能力外，还是否以对精神痛苦有感受之能力为必要条件。

在该问题上，有两种学说观点：一种是痛苦感受能力必要说。该观点认为，精神损害赔偿之请求权人必须对痛苦有感知能力，对痛苦无感知能力者，不得请求抚慰金赔偿。另一种是痛苦感受能力不要说。该观点认为，精神损害赔偿之请求权人不以其对痛苦有感知能力为必要，此说为实务界及学术界普遍支持的主流学说。史尚宽先生认为："无痛苦知觉之幼童及心神丧失人，亦有无形的损害赔偿请求权。盖此不独精神上之痛苦，其他因被害人之死亡所蒙受不得以财产估计之一切损失，均包含在内，不得以其不知痛苦而否定其此项请求权，而且无痛苦知觉之幼童或心神丧失人，如年事稍长或于意识状态回复之时，必然感觉痛苦，尤其此种失恃失依之人，所关更为深切也。"①

笔者同意第二种观点，认为精神损害赔偿的权利主体无须具有对痛苦有感受之能力，尚在襁褓中的婴幼儿亦可主张精神损害赔偿。一方面，精神损害赔偿的目的是多重的，除具有使受害人克服心理创伤、抚慰受害人所遭受的精神痛苦、补偿受害人损害的作用外，也具有一定的惩罚功能。王利明教授认为：

① 史尚宽：《债法总论》，中国政法大学出版社2000年版，第210页。

"对精神损害赔偿而言，其具有一定的惩罚功能，可以实现对不法行为人的惩罚，并发挥预防不法行为，维护社会秩序的作用。"① 从加害人角度看，通过强制不法行为人向受害人支付一定数额的金钱，无疑对不法行为人具有惩罚和制裁的性质。司法不能以受害人无法感受痛苦而否定其精神损害赔偿请求权，而忽视侵权行为法制裁不法行为和补救无辜受害人的职责，以维护社会公平正义的使命。另一方面，在本案中判定黄某赔偿王某某精神损害赔偿金，也符合儿童利益最大化原则。保护未成年人，是全社会的共同责任。儿童作为无民事行为能力的特殊群体，应以儿童最大利益原则加强对未成年人的特殊保护，处理相关问题时全方位考虑儿童的长远利益和根本利益，以最有益于儿童的发展为出发点。虽然婴幼儿尚无成人般的精神痛苦感知能力，但对儿童人格权利的侵害所造成的精神损害后果往往具有潜在性和长期性，特别是在互联网环境下发生的侵权行为，基于互联网传播的广泛性和隐蔽性，随着儿童年纪的增长，其有可能接触到、感受到侵权行为所致影响，使其感受到人格尊严受到侵害。鉴此，本案判定黄某赔偿王某某精神损害赔偿金，可以达到制裁侵权行为，呵护尊重、保护未成年人良好氛围的目的。

本案虽然未认定某短视频平台对黄某的侵权赔偿承担连带责任，但是，仍然需要强调网络平台经营者的责任和义务也是未成年人人格权益保护重要的一部分，《中华人民共和国未成年人保护法》亦明确了网络经营者对未成年人个人信息的保护义务，包括根据监护人要求更正、删除未成年人个人信息，采取删除、屏蔽、断开链接等措施制止对未成年人的网络欺凌行为，向网信、公安等部门报告等。但是，以上更多是事中和事后的管理措施，更应关注、落实保护未成年人合法权益的事前预防措施，网络平台经营者应严格遵守"监护人同意"制度，在收集、使用或披露未成年人的个人信息前，必须在现有技术的基础上，考虑采取合理措施确保个人信息的公开确实是经过未成年人监护人的同意。

编写人：广州互联网法院　朱晓瑾

① 王利明：《人格权法研究》，中国人民大学出版社2018年版，第716页。

四、名誉权纠纷

27

双方争吵中表达的不当言辞是否构成名誉侵权的认定

——李某诉王甲等名誉权案

【案件基本信息】

1. 裁判书字号

北京市第三中级人民法院（2022）京03民终14733号民事判决书

2. 案由：名誉权纠纷

3. 当事人

原告（上诉人）：李某

被告（被上诉人）：王甲、王乙、方某某

【基本案情】

双方当事人同在某小区同幢楼内居住。李某居住在A门407号，王甲、王乙居住在B门408号，方某某居住在B门309号。

因李某认为王乙家中加工东西产生噪音影响其生活，双方发生矛盾。后王乙认为李某砸墙导致自己家的财产损害，双方矛盾进一步升级。

为证明受到三被告的辱骂，李某提交9份录音证据，认为双方对话中，三被告所述指责她的“缺德”“损”“讹钱”“臭不要脸”“有病”“装孙子”“看你就恶心”“耍混蛋”等，以及指责李某砸墙的话语，均侵犯其名誉权。三被告表示所有录音都是李某砸完墙、骂完人，在有人报警后故意录的，且录音中双方均说了脏话，李某亦有“××疯了你们家”“你有病是不是”等或引起事端或争吵的话语，是双方吵架，不存在名誉侵权。

案外人张某某（王乙婆婆）曾以李某制造噪音、砸墙损坏 B 门 408 号墙面等为由诉至法院，要求李某停止噪音侵害并赔偿相应损失。案经一、二审审理，法院作出（2022）京 03 民终 3127 号民事判决书，认定李某存在持续敲击墙体制造噪音的行为，并导致张某某家墙面受损，故判决李某立即停止实施噪音侵扰行为，赔偿张某某墙面维修费用。

本案三被告当庭表示，双方争吵时情绪激动，应该就事论事，不应该对李某说过激的话，三被告对自己的过激言辞表示歉意。

【案件焦点】

双方因故发生争执过程中的不当言辞是否构成名誉侵权。

【法院裁判要旨】

北京市朝阳区人民法院经审理认为：本案的争议焦点在于三被告对李某所述言辞是否侵犯了李某的名誉权。三被告对李某的言辞确有不妥之处，但李某提交的录音亦表明其存在不当言辞，双方在争吵中均存在不当言辞造成争议升级。现有证据亦无法证明三被告的言辞导致李某社会评价的降低。对于三被告言辞不当之处，三被告当庭表示赔礼道歉，故李某要求三被告书面赔礼道歉，不予支持。李某要求消除影响、恢复名誉、停止侵权并赔偿精神损害抚慰金，不予支持。

北京市朝阳区人民法院依据《中华人民共和国民法典》第一千零二十四条、第一千一百六十五条，《最高人民法院关于适用〈中华人民共和国民法典〉时间效力的若干规定》第一条之规定，判决如下：

驳回原告李某全部诉讼请求。

李某不服一审判决，提起上诉。北京市第三中级人民法院经审理认为，王甲、王乙、方某某对李某的言辞确有不妥之处，但不足以导致李某社会评价的降低，同时，李某提交的录音亦表明其存在不当言辞，双方在争吵中均存在不当言辞造成争议升级，而针对言辞不当之处，王甲、王乙、方某某已当庭表示赔礼道歉，综合考虑上述情况，一审法院对李某的诉讼请求未予支持并无不当，本院予以维持。

北京市第三中级人民法院依照《中华人民共和国民事诉讼法》第一百七十七条第一款第一项之规定，判决如下：

驳回上诉，维持原判。

【法官后语】

名誉，是对民事主体的品德、声望、才能、信用等的社会评价。《中华人民共和国民法典》第一千零二十四条规定，民事主体享有名誉权，任何组织或者个人不得以侮辱、诽谤等方式侵害他人的名誉权。《中华人民共和国民法典》还在第四编第五章对名誉权进行了详尽的阐释，如新闻作品、文学、艺术作品中对真人真事的描述在何种情况下构成侵权以及免责事由等。名誉侵权，是指行为人通过作出名誉毁损性陈述来毁损他人名誉的行为，这种名誉毁损性陈述会导致他人在社会中受人尊重的程度降低，或者导致其他社会公众不愿意与该人进行社会交往。实务中通常从法律救济的角度认定名誉侵权，即从侵权法的角度认定。一个行为被认定为应承担责任的侵权行为，其构成需符合“四要件”——行为的违法性、有损害事实、加害行为与损害事实之间有因果关系和行为人主观上有过错。名誉侵权行为成立也必须符合此“四要件”，即有侵害名誉的行为、被侵害人社会评价降低、被侵害人社会评价降低与加害人侵害名誉的行为之间有因果关系，以及侵害人对发表具有名誉毁损性言论的行为具有过错。

第一，存在侵害名誉的违法行为。就侵犯名誉的行为方式，有书面方式、口头方式，甚至还包括直接的人身接触等行为方式。主要言辞内容应包含丑化、侮辱、诽谤他人的人格。就侵犯名誉的行为发生的空间与场合，行为可能发生在现实社会的工作的单位、生活的社区、活动的公共场合中，也可能延伸至网络社区、微信群、朋友圈等网络空间中。由此可以看出，侵害名誉需要具有一定的公开性。本案中，三被告在与原告争吵中出现的不当言辞，是在社区中发生，本身具有一定的公开性，后让社区中的其他居民听到，言辞过激之处亦带有一定侮辱的色彩，应认定为行为具有一定违法性。

第二，损害后果。损害后果主要是被侵害人的社会评价降低。社会评价的损害是一种无形的损害，主要判断标准是被侵害人周遭其他社会成员是否对被侵害人产生了不良的消极的看法、议论、孤立等。更深一层，侵害行为可能造成受害人精神损害和财产损害。精神损害表现为被侵害人存在不健康的精神和心理状态，比如过度的气愤、苦恼、烦忧、暴躁、悲伤、敏感，甚至达到精神疾病的程度。财产损害表现为被侵害人因此产生了治疗的费用、收入发生了降低等。在上述损害中，被侵权人社会评价降低是认定侵权所必需的，后两种是可能出现的，并非每个名誉侵权中都会产生。对于普通老百姓来说，其不同于公众人物，其社会评价主要来源于其生活、工作环境中的人员，如果侵害人发布的不当言辞造成他人的社会评价降低或有其他损害，就应认定为有损害后果。回到本案中，原、被告双方都是普通老百姓，双方因相邻关系纠纷产生争吵，虽然发生在社区中，但是社区中听到争吵的其他住户并没有因他们的争吵，对他们个人的社会评价降低。因此，争吵中的不当言辞没有造成损害后果。

第三，被侵害人社会评价降低等损害后果与侵害人侵害名誉的违法行为之间具有因果关系。此处的因果关系，应依常人的经验判断，当侵害名誉的行为出现，通常均有发生案件中损害结果的可能时，此时该行为人之行为与损害后果之间具有相当因果关系。本案中，损害后果尚没有认定，因果关系亦无法认定。

第四，侵害人对发表的具有名誉毁损性言论的行为具有主观过错。对于一般自然人的名誉侵害，需要侵害人有过错即具备侵权行为之构成的主观要件；对于公职人员或者社会公众人物的名誉之侵害，要求侵害人具有故意或重大过失的主观要件。对过错的举证一般是比较困难的，所以对一般自然人的侵权，受害人无须对侵害人的过错进行实质性的举证和证明。但侵害人需举证自己不存在过错，从而免除其侵害名誉权的民事责任。本案中，邻里之间的争吵是具有毁损对方名誉的目的的，即具有主观过错。

本案提出的裁判规则具有一定的代表性和普适性，总结来看，就类似的邻里间争吵中的不当言辞是否构成名誉侵权的判断，应从以下几方面进行认定。第一，争吵中的不当言辞是否含有虚假暗示、不当评论，污名化他人，侮辱、诽谤、公然丑化他人的内容；第二，争吵中的不当言辞是否在社区公开的有其他居民在场的场合发表的，如住户众多的楼道、居民在场的社区公园、开放时间的社区会所等；第三，争吵中的不当言辞致他人的社会评价降低，如知晓争吵内容的邻里对事件当事人有了降低的评价和讨论，甚至造成当事人更深的精神伤害、财产损害等结果；第四，发表不当言辞的人是否具有贬低他人的主观故意。如果上述情形全都符合，那么应认定名誉侵权存在，法院应根据侵权行为的轻重程度，判定侵权人承担相应的侵权责任。

编写人：北京市朝阳区人民法院　毛文蝶

28

贬损人格是否构成侵害名誉权的司法认定

——诸某诉杜某、葛某某名誉权案

【案件基本信息】

1. 裁判书字号

北京市第二中级人民法院（2022）京02民终8251号民事判决书

2. 案由：名誉权纠纷

3. 当事人

原告（上诉人）：诸某

被告（被上诉人）：杜某、葛某某

【基本案情】

葛某某系杜某之父。诸某系北京某公益基金会（以下简称某基金会）法定代表人，杜某原系某基金会职员。杜某与某基金会解除劳动合同后双方产生争议。2021年7月15日，某市某区人力资源和社会保障局（以下简称某人社局）、某市某区工会等部门在某人社局会议室召开协调会，处理杜某与某基金会劳动争议相关事宜，诸某、杜某、葛某某参与会议。其间，葛某某在会议室墙上张贴大字报一张并向参会人员发放书面材料十余份，书面材料所载内容含有邹、诸二位无德、阴损等不文明用语，并留有葛某某的手机号码。葛某某称，大字报、书面材料的内容系其书写，会议结束后，其已经将大字报揭下带走。诸某称，其丈夫姓邹，大字报和书面材料上的“邹、诸”二人系指其夫妻二人，认为葛某某侵害其夫妻名誉权，所以诉至法院请求：1. 判令二被告收回并销毁侵权大字报及传单；2. 判令二被告就其侮辱诽谤行为承担消除影响、恢复名誉及赔礼道歉的侵权责任，并于某市某区某路×号向原告公开赔礼道歉，同时向某人社局、某市某区工会、某市某区工商业联合会、某市某区宛平城地区办事处寄送赔礼道歉公告。

【案件焦点】

杜某、葛某某贬损诸某人格，但并未造成其社会评价降低的行为是否构成侵害名誉权。

【法院裁判要旨】

北京市丰台区人民法院经审理认为：评价杜某、葛某某的行为是否构成侵权，应当通过综合评价葛某某言行的方式及其内容、是否超出必要限度、因果关系以及损害后果等方面进行判断。首先，从方式上看，当天召开会议的目的是解决杜某与某基金会的劳动争议，杜某、葛某某作为纠纷的一方，将己方的意见写成书面材料，并将书面材料发放给与会各方，并无不当，但葛某某在会议场所墙上张贴大字报，方式欠妥。其次，从内容上看，大字报及书面材料的内容主要包括双方劳动争议处理过程中的相关事实陈述及葛某某对此的评论评价，事实陈述部分不存在诽谤内容，不构成侵权，评论评价部分出现“仙人跳”“无德害虫”等字眼，其中包括不文明用语，构成对他人人格的贬损。但，葛某某系劳动争议纠纷中的一方，在双方矛盾比较尖锐的情况下，一方出现对另一方的否定性评价或者过激言辞，不宜要求过苛。再次，从影响范围看，当天参加会议的系杜某与某基金会纠纷的参与方或者解决方，并未涉及其他无关人员，这区别于涉及不特定人的公共场所，影响范围有限。最后，从损害后果看，葛某某的言辞虽构成对诸某的人格贬损，但作为当天参与会议的纠纷解决各方，应对纠纷中一方的过激言辞有所预见、理解，并能理性作出判断，一般而言，不会单纯因为葛某某对诸某的否定性评价，而作出对诸某的否定性评价。综上，葛某某的行为确有不当，但是不足以导致诸某的社会评价降低，故杜某、葛某某不构成侵犯诸某名誉权。

需指出的是，诸某与杜某、葛某某产生纠纷，双方均应依法、理性、妥善解决，但杜某、葛某某在纠纷的解决过程中，采取的方式欠妥，且使用不文明语言攻击他人，应予批评。

北京市丰台区人民法院依照《中华人民共和国民法典》第一千零二十四条之规定，判决如下：

驳回诸某的诉讼请求。

诸某不服一审判决，提出上诉，北京市第二中级人民法院经审理认为：自然人的名誉权是指自然人对由其活动产生的社会评价而享有的不受他人侵害的权利。侵害名誉权的认定要件包括行为人实施了侮辱、诽谤等毁损名誉的行为，并且侵害行为影响了受害人的社会评价，应以社会公众对受害人的评价降低为标准。本案中，杜某、葛某某的行为是否侵犯了诸某的名誉权，应综合考虑该行为是否构成侮辱、诽谤，行为是否超出必要限度足以使诸某的社会评价降低。

侮辱是指故意以暴力或其他方式贬损他人人格；诽谤通常指捏造虚假事实丑化他人人格。从大字报的内容来看，事实描述部分不构成诽谤，但杜某、葛某某在大字报中使用“仙人跳”“无德害虫”等不文明词语，构成对诸某人格的贬损。杜某、葛某某上述贬损他人人格的行为是否构成名誉权的侵害，还需要考虑行为的限度以及是否降低了诸某的社会评价。首先，从行为发生的场合来看，杜某、葛某某在某人社局的会议室张贴大字报、发放书面材料，该场所是单位内部办公场所，参加会议人员系杜某与某基金会纠纷的参与方或解决方，杜某、葛某某亦未在会议室以外区域散发书面材料、张贴大字报。区别于涉及不特定多数人的公共场所，杜某、葛某某行为的影响范围有限；其次，从行为产生的效果来看，与会的各单位人员均在此前参与过解决杜某的劳动争议纠纷，应知晓杜某、葛某某与诸某之间已积累了较深的矛盾，对杜某、葛某某一方的过激言辞也应有所预见并作出理性判断，通常来说，不会单纯因杜某、葛某某一方的否定性评价而降低对诸某个人的评价。基于此，从行为限度和影响范围来看，难以认定诸某的社会评价因此而降低。

北京市第二中级人民法院依照《中华人民共和国民事诉讼法》第一百七十七条第一款第一项之规定，判决如下：

驳回上诉，维持原判。

【法官后语】

本案关键点是明确人格贬损是否构成侵害名誉权的认定标准。本案中，杜某、葛某某张贴不文明大字报的行为属于贬损他人人格，但影响范围和损害结果有限，未导致诸某社会评价降低，因此不属于侵害名誉权。《中华人民共和国民法典》第一千零二十四条规定："任何组织或者个人不得以侮辱、诽谤等方式侵害他人的名誉权。"侵害名誉权是加害人采取侮辱、诽谤等方式破坏他人名誉，并为第三人所知晓，使他人社会评价降低的行为。侮辱、诽谤等行为都会造成贬损他人人格，但是是否构成侵害名誉权，还要综合影响范围和损害结果认定是否造成受害人的社会评价降低。在类似于本案的名誉权纠纷案件中，能否认定名誉权侵权，应综合考察以下因素。

一是行为是否造成他人人格贬损。行为人对他人存在侮辱、诽谤等行为，才可能对他人名誉造成侵害。造成人格贬损的主要方式是侮辱、诽谤等。侮辱是指行为人故意以语言、文字、暴力等手段贬损他人人格，损害他人名誉的行为。本案中，杜某、葛某某张贴的大字报及分发的材料内容主要包括双方劳动争议处理过程中的相关事实陈述及葛某某对此的评论评价，事实陈述部分具有事实依据，不存在故意捏造、散布虚假事实的情形，不构成诽谤，不具有违法性；评论评价的部分出现“仙人跳”“无德害虫”等字眼，使用了不文明字眼，是以谩骂的方式对他人人格进行贬损，构成侮辱。综上，葛某某实施了侮辱行为，造成对诸某的人格贬损。

二是行为影响范围是否达到“社会”范畴。行为人实施了影响范围达到社会层面的人格贬损行为，才可能对他人名誉造成侵害。这就要求人格贬损行为需为第三人所知悉，具体影响范围应当依据行为发生场所是否为公共场合、在场人员是否为不特定社会人员、行为方式即传播手段影响人数是否较多等进行综合判断。本案中，从发生场所来看，是在某人社局内部会议室的协调会上，区别于涉及不特定人的公共场所或者社交媒体；从在场人员看，当天参加会议的为丰台区人社局等相关部门工作人员及北京某书店相关人员，均系杜某与某基金会纠纷的参与方或者解决方，并未涉及其他无关人员；从行为方式、传播手段上看，葛某某制作大字报一张，书面材料十余份，难以认定其可以突破地理、时空限制影响社会不特定人员。综上，葛某某的贬损人格行为影响范围只局限于到场参会的纠纷相关人员，并未涉及不特定的人员，影响范围未达到社会层面。

三是行为影响结果是否导致受害人社会评价降低。行为人实施了足以降低他人社会评价的人格贬损行为，才可能对他人名誉造成侵害。贬损人格行为的影响结果要依据受害人自身实际损失和他人负面评价等进行综合判断。本案从自身实际损失来看，诸某并未因葛某某的行为在其职业、职务、营业等方面发生或者可能发生困难，没有产生现实损失；从他人负面评价来看，与会的各单位人员均在此前参与过解决杜某的劳动争议纠纷，应知晓杜某、葛某某与诸某之间已积累了较深的矛盾，对杜某、葛某某一方的过激言辞也应有所预见并作出理性判断，并未因此产生对诸某的负面评价。综上，葛某某实施的贬损人格行为没有造成诸某现实损失和他人负面评价，并未导致其社会评价降低。

综上，实施侮辱行为贬损他人人格并不必然构成名誉权侵害，仅在有限范围实施且未造成他人社会评价降低的人格贬损行为不构成侵害名誉权。

编写人：北京市丰台区人民法院　黄卓铭　全敏敏　解红展

29

网络名誉侵权的认定及行为与责任相适应的把握

——王某甲诉郑某某名誉权案

【案件基本信息】

1. 裁判书字号

福建省南平市中级人民法院（2022）闽 07 民终 1924 号民事判决书

2. 案由：名誉权纠纷

3. 当事人

原告（上诉人）：王某甲

被告（被上诉人）：郑某某

【基本案情】

2021 年 10 月，郑某某在其微信视频号中以视频方式发布“有可能相关部门叫王某甲这些团伙”“你……三个人打人的事件，就已经构成团伙打人”等言论。2022 年 7 月，郑某某在其注册的抖音号的用户主页发布抖音视频，内容为：“全国屠宰场哪家强，就是武夷山找王甲。他屠宰场不管你什么猪，只要……他都可以进去。而且杀出来的猪……不管你啥病，反正吃了都是身体健康的，……你就是去举报都是免追责的……他打人不违法，法就是他的。你如果在外面私屠滥宰……不明身份的人到你摊位上拿肉……法律是他家，有保护伞撑着……你若敢私屠滥宰……可以去抓你。”王某甲保全证据时，该视频转发 0

条，评论7条，收藏5次，抖音粉丝为193人。2022年7月18日，王某甲与郑某某通过手机通话，对话内容："王：你是郑某某吧，我是王甲……前两天你那个抖音，你没有证据敢那样发？郑：那你可以去告我啊……"王某甲委托公证机构对两份视频进行保全，后委托律师提起诉讼。诉讼期间，上述视频均已删除。王某甲认为郑某某侵害其名誉权，起诉请求郑某某立即删除上述视频，在全国性媒体上公开道歉，并赔偿精神损失费、证据保全费、律师代理费。郑某某辩称，王某甲与案涉视频中的主体王甲并非同一主体，其行为不构成侵权。

【案件焦点】

1. 郑某某发布相关视频行为是否侵害了王某甲的名誉权；2. 如果构成侵权，郑某某应当承担何种侵权责任，以及责任形式、赔偿金额如何确定。

【法院裁判要旨】

福建省武夷山市人民法院经审理认为：郑某某发布的抖音视频虽没有直接指名为本案的王某甲，但王甲从事生猪屠宰行业，且王某甲亦帮助他人经营生猪屠宰公司，郑某某未能确认其视频中陈述的王甲为他人的情况下，应可推断其指的是本案的原告王某甲。郑某某在没有证据的情况下，仅凭自己的臆测发布不实的视频内容，主观上存在过错。但鉴于视频已经删除，公众对该视频没有继续关注、评论，没有出现大量转载的严重后果。且视频内容只有记录郑某某的陈述，没有配发王某甲的照片，王某甲并非公众人物，普通不认识王某甲的公众，并不足以认定郑某某所陈述的王甲就是本案原告王某甲。王某甲所举证据亦不足以证实该行为造成其社会评价降低。王某甲诉请郑某某删除视频内容，已经庭审确认删除，不再进行判决。其诉请的要求郑某某在全国性媒体上公开道歉，并赔偿精神损失证据保全费和律师代理费的请求，不予支持。

福建省武夷山市人民法院依照《中华人民共和国民事诉讼法》第六十七条第一款之规定，判决：

驳回王某甲的诉讼请求。

王某甲不服一审判决，提起上诉。

福建省南平市中级人民法院经审理认为：关于郑某某发布相关视频的行为是否侵害了王某甲的名誉权。第一，作为现代社会传播媒介的网络空间，成为人们传播信息和交流的不可或缺场所，应当受到道德的规范和法律的制约，也应当是一个健康、有序、和谐、文明的活动空间。个人在自媒体平台中的言论自由应当受法律和道德的约束，郑某某在没有事实依据的情况下，发布涉案视频中的言论内容，不仅有意在贬损“王甲”“王某甲”的个人品德、信用等社会评价，也扰乱了社会秩序。其行为不仅有悖于社会主义核心价值观，也违反了法律规定。第二，虽然郑某某在抖音平台上发布的视频内容指向为“武夷山”“王甲”，但结合该视频针对生猪屠宰行业评论内容、王某甲在武夷山市有帮人经营生猪屠宰企业以及王某甲与郑某某通话交涉的内容等，同时郑某某在微信视频号发表的言论直接点明“王某甲这些团伙”，足以认定郑某某在抖音及微信社交平台上发布的视频具有特定指向性，即指向王某甲。认识王某甲的人看到视频后，自然会对应到王某甲。郑某某没有证据证明其所发表言论的客观真实性，即使有相关事实发生，其亦应通过合法途径解决。郑某某发布的没有事实依据的视频的行为存在明显的主观过错。第三，虽然郑某某是普通公民或网民，但发布的视频言论通过网络平台公之于众，亦有一定数量网民点赞、评论，易引发公众对王某甲品德、信用的猜测、误解和负面认知，损害公众对王某甲的信赖，并造成王某甲个人的社会评价降低。郑某某的违法行为与王某甲名誉受损之间存在因果关系，符合侵权构成要件，侵害了王某甲的名誉权。

关于郑某的侵权责任。郑某某发布涉案视频的行为侵害了王某甲的名誉权，依法应承担相应的法律责任。王某甲主张郑某某立即删除涉案视频内容，因有关视频内容已经删除，侵权行为已经停止，故该项诉请不予支持。王某甲主张郑某某向其道歉于法有据，但道歉的范围和形式应与侵权造成的影响范围相当；因郑某某的侵权行为并未造成王某甲严重的精神损害，且通过赔礼道歉的责任形式足以让其在精神上得到抚慰，故对其主张赔偿精神损失费的诉请不予支持；王某甲因维权而支付证据保全费8000元，该费用必要且合理，属于因侵权行为所造成的损失，予以支持；对于律师代理费，参考本地律师服务收费指导标准，并结合本案情况酌情予以支持6000元。

综上，一审判决认定基本事实不清，适用法律错误，本院予以纠正。

福建省南平市中级人民法院依照《中华人民共和国民法典》第一百七十九条、第一千条、第一千零二十四条，《最高人民法院关于审理利用信息网络侵害人身权益民事纠纷案件适用法律若干问题的规定》第十二条第一款，《中华人民共和国民事诉讼法》第六十七条第一款、第一百七十七条第一款第三项之规定，判决：

一、撤销一审判决；

二、郑某某应于判决生效后十日内，在其抖音号及其微信视频号分别向王某甲道歉，内容经一审法院审核后登载，登载不少于十日；

三、郑某某应于本判决生效后十日内赔偿王某甲保全费8000元、律师代理费6000元；

四、驳回王某甲的其他诉讼请求。

【法官后语】

作为现代社会传播媒介的网络空间，成为人们传播信息和交流不可或缺的场所，但利用网络平台侵害他人名誉权也随之更加便捷，而被侵权人维权难度大、成本高。针对网络名誉侵权独特性，应更加全面、客观地审查各有关要素，以准确界定是否构成侵权，并充分把握好侵权行为与民事责任相适应，兼顾维权合理费用与违法行为成本相平衡。

一、侵权认定：违法行为指向性及损害结果判断

网络名誉侵权的认定必须符合侵权的四个构成要件。《中华人民共和国网络安全法》第十二条规定，任何个人和组织不得利用网络编造、传播虚假信息扰乱社会秩序，以及侵害他人名誉、隐私和其他合法权益等。郑某某的行为不仅有意在贬损他人品德、信用等的社会评价，也扰乱了社会秩序，其行为违法性以及主观过错明显。从网络侵权特征来看，违法行为人往往不明确指名道姓，违法行为的指向性较难判断，对被侵权人是否造成损害亦不易衡量，导致因果关系难以认定。

（1）违法行为的指向性判断。笔者认为可以通过“要素”特征来推定违法行为的唯一指向性。常见要素：①名称的相似度要素。本案中，行为指向的“王甲”与王某甲的名字有相似度，且王某甲陈述当地人就称呼其王甲。②地域对应要素。行为指向的“武夷山”王甲，与王某甲居住的地域具有对应性。③行业对应要素。行为指向生猪屠宰行业的王甲，与王某甲参与生猪屠宰企业经营具有对应性。④行为人的主观要素。从双方通话交涉的内容看，郑某某并不否认其指向王某甲，而且言语中带有“你可以去告我”的挑衅性语言，可以推断其主观上就是针对王某甲。⑤行为指向要素。郑某某的言论中有“王某甲这些团伙”的表述，直接点明指向王某甲，而非王某甲自己对号入座。通过上述各要素特征判断，足以认定本案侵权行为具有特定指向性。

（2）损害后果的判断及知名度对损害后果的影响。本案中，主观上，王某甲认为郑某某的行为贬损其人格，其精神上受到了伤害。客观上，郑某某发布的视频言论通过网络平台公之于众，认识王某甲的人看到视频后，自然会对应到王某甲，造成对王某甲个人的社会评价降低。普通自然人与知名人士的名誉权应同等受到法律的保护，侵权行为人或被侵权人是否知名并不是侵权构成的要件，知名程度主要关系到事件的受关注度，对于侵权损害程度的影响力不同。因此，虽二人均不是“网红”，但因郑某某的否定性言语评价同样造成王某甲名誉损害的事实，只是由于二人均不知名，并未引起大量网友围观的严重后果。

二、责任确定：民事责任与侵权行为相适应的把握

《中华人民共和国民法典》第一千条第一款规定：“行为人因侵害人格权承担消除影响、恢复名誉、赔礼道歉等民事责任的，应当与行为的具体方式和造成的影响范围相当。”

（1）民事责任方式与侵权行为相当的参考因素。民事责任主要目的是消除影响、恢复名誉，以及抚慰受害人。因此，责任承担应与侵权行为对应的地域、空间、时间、受众、方式等因素相当。本案侵权发生于抖音和微信平台上的网络空间。王某甲主张郑某某在全国性媒体上公开道歉，在空间、受众、方式上都不具有相当性，不能精准发挥消除影响、恢复名誉的功能。赔礼道歉的范围

和形式应与侵权造成的影响范围相当，故判决在原侵权行为实施的平台上道歉更为适当。

(2) 精神损害赔偿的适用。赔礼道歉以及精神损害赔偿均具有填补精神损害的功能。《中华人民共和国民法典》第一千一百八十三条第一款规定："侵害自然人人身权益造成严重精神损害的，被侵权人有权请求精神损害赔偿。"精神损害一般是指精神、肉体的痛苦，精神损害赔偿的前提是造成严重精神损害，实践中往往从严把握。本案侵权行为更多的是基于一定的商业竞争目的，结果并未造成王某甲严重的精神痛苦，通过赔礼道歉就足以抚慰其精神上的伤害，故对其精神损失费主张不应支持。

三、自由裁量：维权成本与赔偿责任相当的考量

名誉权侵权案件中，被侵权人为维权必然要支付相关费用，如果不能得到合理赔偿，将会造成被侵权人维权成本过高、侵权人违法成本过低的不平衡状态。《最高人民法院关于审理利用信息网络侵害人身权益民事纠纷案件适用法律若干问题的规定》第十二条规定，被侵权人为制止侵权行为所支付的合理开支可以认定为财产损失，人民法院根据当事人的请求和具体案情，可以将符合国家有关部门规定的律师费用计算在赔偿范围内。

(1) 合理开支的认定。制止侵权行为的开支一般包含公证费、调查取证费、保全费、翻译费、交通费、住宿费、律师代理费等费用。上述费用项目是否合理及支持的比例应由法院根据案件具体情况对必要性、合理性进行综合审查后认定。本案因维权而支付证据保全费 8000 元属于合理且必要的开支。

(2) 律师代理费用的认定。按上述规定，律师代理费用能否支持，需要根据当事人请求、具体案情、符合国家有关部门规定三个因素来认定。实践中主张律师代理费损失的主要依据是发票。对此有两种观点：一是只要律师代理费不违反有关收费标准就应当认定为合理，法院不宜再进行酌定；二是即便当事人提供了律师费发票，法院仍可以在发票载明的金额范围内进行合理酌定。笔者认同第二种观点，理由：一是律师代理费实质上也是为制止侵权行为的开支，应当确保合理性，不宜简单根据发票认定。二是法院对律师代理费的支持应考

虑个案平衡。由于律师收费没有固定价格，当前主管部门及律师协会制定收费指导价幅度宽泛，收费基本是取决于律师与当事人之间的协商约定，一般不可能超过指导价收费。如完全以发票论，容易造成个案之间失衡。三是避免当事人和律师以故意提高律师代理费方式损害行为人的利益。本案属于不涉及财产标的的案件，对照《南平市律师服务收费指导标准（试行）》第十条规定，不涉及财产关系或涉及财产标的但金额不超过 10 万元的，律师服务收费标准 6000 元至 50000 元。综合考虑本案的诉讼并不复杂，且当事人也不能提供实际支付 2 万元律师代理费的付款凭证，最终以收费标准的下限酌定支持律师代理费 6000 元。

编写人：福建省南平市中级人民法院　肖坚盛　张廷贵

30

社会主义核心价值观在名誉权纠纷案件中的说理运用

——某甲诉某乙名誉权案

【案件基本信息】

1. 裁判书字号

福建省漳州市中级人民法院（2023）闽 06 民终 158 号民事判决书

2. 案由：名誉权纠纷

3. 当事人

原告：（反诉被告、上诉人）：某甲

被告：（反诉原告、被上诉人）：某乙

【基本案情】

某甲与某乙均系教师。案外人某丙与某乙原系夫妻，二人于 2020 年 8 月离婚。2020年春节开始，某丙与某甲交往并发生两性关系，直至2021年5月双方发生矛盾后终止。2021年5月，某丙与某甲矛盾公开后，某乙对外宣称某甲陷害某丙。某甲意欲与某乙解释为由，多次采用发送短信息、上门等方式，约某乙见面，某乙予以拒绝，致某甲与某乙产生矛盾。2021年6月，某甲曾与某乙的女儿搭讪。后某丙的亲属打电话给某甲，警告某甲不得再骚扰某丙、某乙及其女儿。6月22日，某甲得知某乙母亲在某医院住院，未经某乙同意，看望了黄母，当天下午，黄母被送到重症监护室治疗，后于6月30日去世。2021年8月，某乙两次在某甲居住的小区喊"某甲害死我母亲"，还到某甲工作单位，说某甲是"贱人、杀人犯"。

【案件焦点】

某乙多次在公众场所对某甲使用"婊子""杀人犯"等不文明用语，是否构成对某甲名誉权的侵害。

【法院裁判要旨】

福建省南靖县人民法院经审理认为：某甲、某乙作为人民教师，为人师表，在为人处世方面应以更高的标准约束自己的行为。某乙的丈夫与某甲发生不正当关系，某甲未经某乙同意擅自看望黄母，后黄母死亡，故而喊某甲"婊子""杀人犯"，某乙在没有事实依据的情况下作出的上述行为显属不当，应当予以批评。但考虑到某乙因其丈夫与某甲的不正当关系受到的伤害，及其母亲死亡对其造成一定的精神刺激，某乙的过激行为属事出有因，且现有证据不足以证明某甲确有名誉权被损害，故对某甲主张某乙立即停止侵权行为、赔礼道歉和赔偿精神损害抚慰金的诉请均不予支持。另外，某甲意欲与某乙说清楚婚外情的事实真相，多次采用发送短信息、上门等方式约某乙见面，某甲的上述行为显属不当，应当予以批评。但考虑到某甲上述行为，一定程度是受某乙对外宣称某甲陷害其丈夫、在短信中称某甲是杀人犯言语刺激的影响才发生的，故对某甲主张某乙立即停止侵权行为、公开赔礼道歉和赔偿精神损害抚慰金的诉请亦不予支持。

某甲不服一审判决，提起上诉。

福建省漳州市中级人民法院经审理认为：婚姻家庭关系是社会关系中最基本的关系，受国家优先保护。社会主义核心价值观具有法律体系的法源地位，是具有普遍意义的法律原则，符合社会主义核心价值观和社会公序良俗的要求，是保护民事主体的合法权益、处理民事纠纷的本质要求和应有之义。某甲与某乙丈夫的婚外情行为严重背离社会主义核心价值观的诚信要求，严重违背社会公序良俗，对双方的婚姻家庭及成员均存在显著伤害。某乙多次在公众场所使用“婊子”“杀人犯”等不文明用语称呼某甲，具有侮辱性，存在明显的行为不当。某乙是婚外情的最大受害者，某乙的不当行为基于某甲存在先行过错而产生，某甲相对于某乙属于严重过错方，其要求某乙道歉的诉求没有合法依据。某乙虽是婚姻家庭关系中的受害者，且某甲存在一定的先行过错，但某甲及其家人，特别是未成年子女的正常生活、工作环境仍受法律保护，某乙的行为、言论仍应当遵守法律规定。某乙多次在公众场所谩骂某甲的行为，明显违背一般道德准则，该些行为依法应当予以否定性评价。

福建省漳州市中级人民法院依照《中华人民共和国民事诉讼法》第一百七十七条第一款第一项之规定，判决：

驳回上诉，维持原判。

【法官后语】

本案是婚外情引发的名誉权侵权案例，法律保护民事主体的合法权益，但违背社会主义核心价值观的行为不应受到法律保护。基于常情常理，社会公众对婚外情受害者的行为评价具有一定的包容度。将社会主义核心价值观融入裁判说理，恰是拉回民众与法院认识分歧的最优辅助线。

婚外情受害者的言论是否超出必要的限度、是否侵害他人人格，需考量第三者的言行是否侵犯到他人隐私、对其先行行为引发的婚外情受害者反应的预见程度以及双方家人特别是未成年人子女的正常生活、生产环境等因素。本案中，法院在认定第三者过错的同时，指出婚外情受害者亦有不当之处，通过援引社会主义核心价值观说明社会公共利益的存在，从而为最终的裁判提供了非常好的说理依据。

本案一、二审法院在判决中均涉及援引社会主义核心价值观进行释法说理。一审判决认为："婚外情受害者、第三者作为人民教师，为人师表，在为人处世方面应用更高的标准约束自己的行为。"二审法院对该案进行评析时，作了进一步说明："婚姻家庭关系是社会关系中最基本的关系，受国家优先保护。社会主义核心价值观具有法律体系的法源地位，是具有普遍意义的法律原则，符合社会主义核心价值观和社会公序良俗的要求，是保护民事主体的合法权益、处理民事纠纷的本质要求和应有之义。""双方应遵循社会主义核心价值观，恪守社会公序良俗，各自回归正常的工作、生活中；若不思悛改，仍执意实施导致矛盾纠纷进一步激化、明显有触及法律底线的行为，将依法予以惩处。"

婚外情行为严重背离社会主义核心价值观的要求，严重违背社会公序良俗，对双方的婚姻家庭及成员均存在显著伤害。第三者与婚外情受害者先后在公共场所公开随意贬损对方，发表不当言论，导致对方的社会评价降低，第三者相对于婚外情受害者属于严重过错方，要求婚外情受害者道歉的诉求没有合法依据，不能得到法律支持；婚外情受害者谩骂对方的行为也违背一般道德准则。维护公序良俗是民法的基本原则，弘扬社会主义核心价值观是民法的立法宗旨，司法裁判对于违反公序良俗和社会主义核心价值观的行为应当依法予以否定，以弘扬社会主义核心价值观，促进社会文明，培养公民共建文明社会的道德责任。裁判最后指出，"双方应遵循社会主义核心价值观，恪守社会公序良俗，各自回归正常的工作、生活中"，以"判后指引"的方式引领当事人以社会主义核心价值观化解心结，规范行为。本案一、二审法院在准确、全面适用具体法律规范的同时，贯彻了社会主义核心价值观和社会公序良俗的原则，将社会主义核心价值观融入裁判文书释法说理，描摹出核心价值观融入裁判说理的路径，发挥了社会主义核心价值观春风化雨的引导作用。

编写人：福建省南靖县人民法院 卢明春 张欣

31

失实新闻报道是否构成名誉权侵权的认定

——某甲诉某乙、某某网络科技有限公司人格权案

【案件基本信息】

1. 裁判书字号

山东省淄博市中级人民法院（2021）鲁03民终4093号民事裁定书

2. 案由：人格权纠纷

3. 当事人

原告（上诉人）：某甲

被告（上诉人）：某乙

被告（被上诉人）：某某网络科技有限公司（以下简称某网络公司）

【基本案情】

某甲、某乙原系夫妻关系，于2019年1月经法院判决离婚。2020年12月9日，某网络公司根据某乙的陈述在其运营的APP平台上发布报道1篇。某甲以某网络公司对未经核实的内容随意刊发文章进行报道，造成某甲被社会公众及亲朋好友的评价降低，侵犯其名誉权为由提起诉讼。

【案件焦点】

网络媒体报道内容失实，在已对自然人名字作虚化处理的情形下，是否构成侵害自然人名誉权。

【法院裁判要旨】

山东省淄博市周村区人民法院经审理认为：名誉是对民事主体的品德、声

望、才能、信用等的社会评价，认定行为人对他人名誉的损害，并不以受害人的自我感觉为依据。本案中，某网络公司在发布报道前，未充分了解事实真相，全面听取新闻当事人各方意见，对某乙提供的《承诺书》的内容未能仔细审核，即发布保证人为某甲的文字内容与某乙提交的《承诺书》的内容明显不符的虚假报道，该行为违反原新闻出版总署《关于严防虚假新闻报道的若干规定》的规定。虽文章及所附两张照片对“吴×”“某甲×”予以虚化处理，但其所描述的情节系针对现实生活中的特定人物，使熟悉某甲的读者一看便知这文中“某甲×”“吴×”是影射原告某甲及被告某乙。对于自然人来说，只要侵权报道一经发表，就表明损害事实已经发生，某网络公司发布了不实报道，使认识某甲本人的读者误认某甲的相关负面行为，造成某甲名誉受损，即造成对某甲名誉权侵害的事实，应当承担民事责任。

某甲在本案中未举证证明涉案报道的受众数量、影响力大小以及名誉受损、社会评价降低的具体事实，综合全案，对其主张的要求某网络公司赔礼道歉的诉讼请求，依法予以支持，对某甲要求赔偿名誉损失的诉讼请求，依法不予支持。根据《中华人民共和国民法典》第一千零二十八条之规定，某网络公司的涉案报道内容不实，应当停止侵害并将内容不实的报道予以删除。

山东省淄博市周村区人民法院依照《中华人民共和国民法典》第九百九十八条、第一千零二十八条，《最高人民法院关于确定民事侵权精神损害赔偿责任若干问题的解释》第八条第一款，《中华人民共和国民事诉讼法》第六十四条规定，判决：

一、被告某网络公司于本判决生效之日起三日内，在其运营的“某 APP”平台删除涉案报道，向原告某甲赔礼道歉，致歉内容须经本院审核，如拒不赔礼道歉，本院将采取公告、登报等方式，将判决的主要内容及有关情况公布于众，费用由被告某网络公司负担；

二、驳回原告某甲的其他诉讼请求。

某甲、某乙不服一审判决，提起上诉。在山东省淄博市中级人民法院审理过程中，上诉人某甲、某乙向法院递交撤诉申请，以双方达成和解为由，请求撤回上诉。山东省淄博市中级人民法院经审理认为，上诉人某甲、某乙在案件审理期间提出撤回上诉的请求，不违反法律规定，予以准许。裁定如下：

准许上诉人某乙、某甲撤回上诉。一审民事判决自本裁定书送达之日起发生法律效力。

【法官后语】

本案主要涉及网络媒体报道内容失实，在已对自然人名字作虚化处理的情形下，是否构成侵害自然人名誉权的认定问题。侵害名誉权的构成要件与一般民事责任构成要件相同，同时，《中华人民共和国民法典》第一千零二十五条规定，为公共利益实施新闻报道、舆论监督等行为侵害他人名誉的认定有其自身特点，主要表现为：一是认定侵害名誉权行为的违法性，并不以行为人所陈述的内容虚假为限定条件，陈述真实事实也可能构成侵害名誉权；二是为保障新闻媒体的自由报道权，对于为公共利益实施的新闻报道、舆论监督等行为，影响他人名誉的，免除其民事责任。

但是，对于新闻报道并非施行绝对责任豁免制度。新闻报道要求本源真实，真实性永远是新闻报道追求的核心价值，报道内容必须完全立足事实、引用事实，新闻的解释需合乎客观事实本身的逻辑，透过客观现象看到事实本质，保证正确的舆论导向，因此，民法典规定新闻报道存在以下三种情形的，构成名誉权侵权：(1) 捏造、歪曲事实；(2) 对他人提供的严重失实内容未尽到合理核实义务；(3) 使用侮辱性言辞等贬损他人名誉，以最大限度实现民事主体人格权与新闻媒体自由报道权的衡平保护。

根据原新闻出版总署《关于严防虚假新闻报道的若干规定》第一条第二项规定："新闻记者从事新闻采访报道必须坚持真实、准确、全面、客观、公正的原则，深入新闻现场调查研究，充分了解事实真相，全面听取新闻当事人各方意见，客观反映事件各相关方的事实与陈述，避免只采用新闻当事人中某一方的陈述或者单一的事实证据。"因此，结合《民法典》第一千零二十五条规定，认定行为人系为公共利益实施新闻报道、舆论监督，须遵循以下原则：首先，不得捏造、歪曲事实，"捏造"即"无中生有"，"歪曲"即"颠倒黑白"，如新闻报道存有“无中生有”“颠倒黑白”等情形，可据此认定新闻报道内容没有忠于原始新闻信息，故意假借新闻报道、舆论监督之名，捏造、歪曲事实诋毁他人，行侵害他人名誉权之实。其次，对他人提供的严重失实内容应尽到合理核实义务，即新闻报道和舆论监督应当秉持客观的立场，为保证新闻内容的真实性应根据新闻报道当时的客观情况进行审查，不受新闻事件事后发展变化的影响，对于事件今后事态发展的预测等主观性内容，应显著区别于事实报道的客观性内容。最后，严禁使用侮辱性言辞等贬损他人名誉，新闻报道中的言辞应当以一般社会公众的通常理解作为审查判断标准，报道中的遣词造句等不应导致受众的普遍误解。新闻媒体对他人提供的严重失实内容未尽到合理核实义务的，造成报道歪曲事实的，虽未使用自然人的真实姓名，但其所设定的对象系特定环境、特定条件下的特定人物，有明显影射报道倾向性，使相关受众一看便足以推定其所指向的对象，即可认定符合名誉权侵权行为要求的“对象特定指向性”。对于自然人来说，认定名誉损害，并不以其自我感觉为判断依据，只要侵权报道一经发表，即可认定客观上损害事实已经发生，构成侵害名誉权。

本案中，涉案报道的主要内容系对某甲与某乙相关诉讼案件的法律程序问题发表了媒体意见，文章中对当事人的真实姓名予以虚化处理，但是某网络公司在发布报道前，未充分了解事实真相，全面听取新闻当事人各方意见，对某乙提供的《承诺书》的内容未能仔细审核，发布了与《承诺书》内容不符的报道，该报道的内容及所附照片虽未使用某甲、某乙的真实姓名，但其所描述的情节系针对现实生活中的特定的人物，符合名誉侵权行为要求的“对象特定指向性”，且其报道内容失实，会造成对某甲的负面评价，产生了名誉侵害的事实，某网络公司应当承担侵害名誉权的民事责任。

编写人：山东省淄博市周村区人民法院　吴勇

32

对承载法人名誉的特殊财产的不实负面评价可构成侵害法人名誉权

——某咨询公司诉易某某名誉权案

【案件基本信息】

1. 裁判书字号

上海市第一中级人民法院（2021）沪01民终2300号民事判决书

2. 案由：名誉权纠纷

3. 当事人

原告（上诉人）：某咨询公司

被告（被上诉人）：易某某

【基本案情】

某咨询公司系“某网”的主办单位，也享有“某客户端”软件、“某应用”软件的著作权。易某某系微信公众号“京城×××”的注册运营者。

2018年3月19日、10月23日，某咨询公司先后三次申请办理保全证据公证，分别公证微信公众号“京城×××”发布题为《听×××说某某系统》等六篇文章，发布题为《下周起，×××采访某黑媒体的内部开发人员，将曝光真相》等三篇文章，发布题为《视频爆料1：某某系统内部员工现身爆料，黑幕大揭秘》等六篇文章。某咨询公司共支付涉案公证费10050元、律师费20000元。

某咨询公司认为易某某侵犯了其名誉权，要求易某某承担侵权责任。

2020年12月22日，“某网”的主办单位变更为云南某公司，该公司于2021年11月3日注销。

【案件焦点】

1. “某网”主办单位变更的情况下，某咨询公司是否系本案主张名誉权侵权的适格主体；2. 易某某针对某网的言论是否已经构成对某咨询公司名誉权的侵害。

【法院裁判要旨】

上海市金山区人民法院经审理认为：本案的争议焦点是被告注册运营的微信公众号发布的相关文章是否存在恶意贬损原告名下“某网”，从而损害原告名誉权的行为。首先，法人名誉权包括商业信誉、产品声誉等诸多关乎企业法人发展命脉的重要人格因素。判断法人名誉权是否受损应当根据受害人是否确有名誉被损害的事实、行为人行为有无违法、违法行为与损害后果之间有无因果关系、行为人主观上有无过错加以认定。其次，原告系“某网”的主办单位，对“某网”的评价势必会影响到原告的名誉。被告在其注册运营的微信公众号“京城×××”中发表若干文章，其中公证的十五篇文章均涉及“某网”，文章多处使用了“某某系统”从事“收费删帖”“某某系统”成立了“空壳公司”“丧尽天良”“给保护费就涨分数”“公然勾结”“敲诈平台商”等字眼；被告称其发布的文章均有事实依据，但所谓“事实”真伪应由被告负举证责任，然上述语言既没有确切证据作为支撑，又带有强烈的主观感情色彩和尖锐的攻击性。被告作为自媒体平台的注册运营者，其评论文章应遵循客观、真实、中立、全面的原则，不得片面夸大事实、捏造虚假事实，其措辞显然已经超过了应有的客观评价产品的尺度，从文章的阅读量和评论量来看，已经对原告的社会评价造成了不利影响。综上，被告的行为已经构成侵权。鉴于被告在微信公众号“京城×××”中发布的涉案文章已被删除，但被告在其微信公众号“京城×××”中仍以图文方式载明“京城×××”官网链接，官网中仍有已被删除的有关原告的文章，该行为与其在微信公众号中发表侵权文章无异，亦属侵犯原告名誉权的行为，因此被告尚需删除其在微信公众号中发表的包括载有“京城×××”官网网页地址的图片和文章。

上海市金山区人民法院根据《中华人民共和国民法总则》第一百一十条、

一百七十九条，《中华人民共和国民事诉讼法》第一百四十二条之规定，判决：

一、易某某于本判决生效之日起十日内删除微信公众号“京城×××”中载有“京城×××”网页地址的图片和文章；

二、易某某于本判决生效之日起十日内连续十五日在微信公众号“京城×××”中就其侵犯名誉权行为向某咨询公司赔礼道歉、消除影响；

三、易某某于本判决生效之日起十日内赔偿某咨询公司 30050 元；

四、驳回某咨询公司其他诉讼请求。

某咨询公司不服一审判决，提起上诉。上海市第一中级人民法院经审理认为：本案中，双方争议的焦点集中在四个方面：一、某咨询公司是否系主张名誉权受侵害的适格主体？二、易某某针对某网的言论是否已经构成对某咨询公司名誉权的侵害？三、易某某的言论是否已经构成名誉权侵权责任的要件？四、若侵权责任成立，易某某应承担何种民事责任形式？

对于争议焦点一。商事主体的名誉权应当得到法律保护。某咨询公司作为商事主体，其享有受法律保护的名誉权。虽然，咨询公司于 2020 年 12 月 22 日起已经不再是“某网”的主办单位，但是在争议侵权事实发生期间，“某网”的主办单位依然系某咨询公司。因此，某咨询公司以该期间易某某发表的文章侵害了咨询公司的名誉权，提出名誉权侵权诉讼，具备适格原告的主体资格。易某某以某咨询公司一审判决之后已经不再系“某网”的主办单位，抗辩其不具有名誉权侵权诉讼的原告资格，依据不足，不予采纳。

对于争议焦点二。易某某抗辩称，由于其发表的文章系指向“某网”，故并不会对某咨询公司的名誉权造成损害。对此抗辩，二审法院认为，“某网”虽然仅是某咨询公司实现其商业利益与价值的运营工具，在性质上“某网”可以视作某咨询公司的商业“财产”。但是，对商事主体财产的商业诋毁性侵权言论，基于商事主体的经营依赖于该商业财产，从而在商事主体与商业财产之间建立并形成了紧密而公开、稳定而对应的法律关系，故对商业财产的商业诋毁性侵权言论，必然会实际侵害背后经营该商业财产的商业主体的名誉权。

本案中，由于某咨询公司通过“某某系统”网站等开展主要的商业运营，

"某网"与某咨询公司的关系，又可以通过公开途径查询，因此，"某网"与某咨询公司之间建立并形成了紧密而公开、稳定而对应的法律关系。而从易某某所发表的文章（2018年2月28日《触目惊心。某某系统的幕后老板的庞大网络图》）看，易某某亦是明确知道"某网"与某咨询公司之间的关系。故，易某某对"某网"的争议性言论必然会对某咨询公司的名誉权产生实际影响。

对于争议焦点三。从侵权事实看，易某某对其发布的涉案文章，并未提供证据证明相关事实的真实性。而其他媒体是否报道，并不免除易某某对原创文章内容、来源基本真实性的举证责任。从侵权结果看，涉案文章对外传播的阅读量及评价，已经对某咨询公司名誉权产生了实际不利的社会评价，相应的网络侵权损害已经产生。从侵权故意看，易某某发表的文章言论攻击性极强，措辞用语倾向性明显，不符合商业评价的一般标准，具有明显的主观故意。因此，易某某的行为已经符合了名誉权侵权责任的构成要件。

对于争议焦点四。民事主体侵害他人名誉权的，应当承担赔礼道歉、消除影响、恢复名誉、赔偿损失等民事责任。故，一审法院判决易某某赔礼道歉、消除影响，赔偿某咨询公司因易某某侵权而维权的支出，具有事实与法律依据，依法予以维持。对于某咨询公司要求删除涉案图片和文章的诉请，该侵权责任承担方式的目的系针对持续性侵权行为，预防侵权行为、侵权结果继续发生。由于本案二审中新事实的产生，争议的侵权文章已经被腾讯公司删除，咨询公司已非"某网"的主办单位，而转让后的主办单位亦已注销。客观上，基于侵权对象、权利主体均已消灭，涉案图片和文章已无法继续、实际侵害某咨询公司的名誉权。故，对于一审判决关于某咨询公司删除微信公众号上包含侵权网页地址的图片和文章的诉请作相应的调整。

上海市第一中级人民法院依照《最高人民法院关于适用〈中华人民共和国民法典〉时间效力的若干规定》第一条第二款以及《中华人民共和国民法总则》第一百一十条第二款、第一百七十九条，《中华人民共和国侵权责任法》第六条，《中华人民共和国民事诉讼法》第一百七十七条第一款第二项之规定，判决：

一、维持一审判决第二项、第三项；

二、撤销一审判决第一项、第四项；

三、驳回某咨询公司的其他诉讼请求。

【法官后语】

本案中，侵权人易某某系对“某网”进行不实陈述，但是其不实言论指向的均系“某网”，其言论并没有直接指向背后运营“某网”的商业机构某咨询公司，并未直接对某咨询公司进行侮辱、诽谤，那么如何判断易某某的间接负面评价是否构成对某咨询公司名誉权的侵害？对此，应当以侵权责任一般构成要件为基础，审查过程中需要把握以下两个方面：

一是网络平台与其经营者的关系：网络平台与其背后设立、经营的主体之间形成稳定、公开、可查询的紧密联系。

判断间接行为是否构成法人名誉侵权的关键环节在于确定被评价的特殊财产即网络平台与其经营主体间能否形成稳定的、对应的、可查询的公开关系。

一方面，根据行业内或社会中的一般经验法则是否可以通过特殊财产识别锁定某一特定的民事主体。具体需要判断开设的网站、网店或虚拟账号等是否与民事主体之间具有高度关联性或较强对应性。

另一方面，这种关联关系是否可以通过公开查询的方式获得，网络平台与其设立、运营的民事主体之间的关系可以进行查询，即权利人是否公开其设立人、经营者身份，即是否对外明示该网络平台作为特殊财产所开展的活动是其经营活动的组成部分。

本案中，“某网”与某咨询公司之间建立并形成了紧密而公开、稳定而对应的法律联系。某咨询公司与某网等以该名称命名的网络平台之间的关系，可以通过网络备案相关机关查询到二者之间的关系。因此，易某某对于“某网”的不实评价就会与其运营主体某咨询公司的名誉权产生联系。

二是网络平台的社会评价与其经营者名誉权的关系：对网络平台的社会评价已经构成法人名誉权的范畴。

判断间接行为是否构成法人名誉侵权的关键环节之二是对网络平台的社会

评价是否会构成其背后权利主体的名誉权的范畴。

由于网络平台与其背后权利主体之间的紧密、稳定、公开的关联性，所以，对网络平台的社会评价构成了背后权利人法人主体名誉的组成。这些民事主体系利用其网站、网店或虚拟账号等从事商业经营活动，这些网络平台的运行质量、实际效果，直接关联到其背后经营主体的产品与服务，对于该网络平台作出的不实或恶意的评价，必然会损害其经营主体的服务评价，该评价构成该经营主体法人名誉的组成部分，故间接行为亦可被认定构成侵害法人的名誉权。

所以，基于网站、网店等属于承载经营主体名誉的特殊财产，对丁特定网络平台的诋毁就间接地指向了其归属的经营主体，故经营主体作为权利人有权就其法人名誉权受损获得司法救济。这也符合最高人民法院相关司法解释①的要义。

本案中，某咨询公司的日常运营系依赖于“某网”，二者具有紧密、公开的关联性，对某网的评价构成某咨询公司名誉的组成。因此，易某某指向“某网”的不实恶意评价，间接或者说实质上侵害了某咨询公司的名誉权，易某某应当承担相应的侵权责任。

综上，在互联网时代，自媒体盛行，在微信公众号等互联网社交软件上以商业财产为对象发表不实负面评价，实质上必然会侵害背后经营该商业财产法人的名誉权。这种以间接方式侵害商业财产的所有人、运营人法人名誉权的新情形，有必要得到司法的保护，从而有助于保护互联网时代法人的名誉权，有助于促成风清气正的互联网环境，彰显人民法院在优化营商环境方面的重要作用。

编写人：上海市第一中级人民法院　凌捷

---

① 《最高人民法院关于审理利用信息网络侵害人身权益民事纠纷案件适用法律若干问题的规定》第八条规定，网络用户采取诽谤、诋毁等手段，损害公众对经营主体的信赖，降低其产品或者服务的社会评价，经营主体请求网络用户承担侵权责任的，人民法院应依法予以支持。

33

消费者差评泄愤行为不必然构成侵害名誉权

——泰州市某某宠物医院有限公司、柳某诉张某名誉权案

【案件基本信息】

1. 裁判书字号

江苏省泰州市中级人民法院（2022）苏 12 民终 3212 号民事判决书

2. 案由：名誉权纠纷

3. 当事人

原告（上诉人）：泰州市某某宠物医院有限公司（以下简称某宠物医院）、柳某

被告（被上诉人）：张某

【基本案情】

2022 年 2 月 14 日，张某饲养的宠物狗因不适被送至柳某经营的某宠物医院治疗。宠物医院接诊后，初步诊断结论为高度疑似心脏疾病。治疗期间，宠物狗喘息厉害，医生将其带至吸氧舱吸氧，并下达病危通知。吸氧后，宠物狗病情未见好转，张某家属遂将宠物狗带走，离开宠物医院后，宠物狗死亡。2 月 19 日，张某夫妻共同到某宠物医院了解宠物狗当日治疗情况，要求查看治疗监控、商谈赔偿事宜。柳某将监控视频交与张某查看，因吸氧舱系监控死角，无法提供相应监控视频，双方发生纠纷。

3 月 15 日，张某以其网名在泰无聊论坛发布涉案文章，文章主要阐述了宠物狗生病治疗直至死亡的事情经过，同时表达了其丧狗之痛、念狗之情。张某认为，极大可能因为某宠物医院在宠物狗吸氧过程中的失误治疗，导致宠物狗

缺氧而亡。文章讲述了查看吸氧舱监控未果的情况，质疑、谴责了某宠物医院推脱责任的行为。柳某对此文进行了回复，表达了对宠物狗离世的惋惜并陈述了治疗过程，呼吁张某依法维权。该文章下方的评论褒贬不一，如“鄙视没有良心的宠物医院”“理解你的心情，节哀”等。同时，张某在其抖音账号发布与论坛文章内容基本一致的动态，以及宠物狗进出吸氧舱前后的对比视频、怀念宠物狗的视频等。张某在视频下方自评或回复网友称：“狗狗天真善良、犯了错知道悔过，有的人，光明正大做着恶事却毫无羞耻之心。钻在法律的漏洞里磨牙吮血……”；“请避雷：某宠物医院”；“如果可以，我想他们经历宠物狗最后同样的痛”；等等。

柳某认为，张某的行为侵害了其及某宠物医院的名誉，诉至法院，要求张某删除发布的内容，公开赔礼道歉，并赔偿公证费、公证摄像费、律师代理费。

【案件焦点】

张某的行为是否侵害了某宠物医院、柳某的名誉权。

【法院裁判要旨】

江苏省泰州市姜堰区人民法院经审理认为：名誉是对民事主体的品德、声望、才能、信用等的社会评价，这一评价是客观的。名誉是否受到侵害，不以被害人主观感受为准，应当以社会一般人的评价作为客观判断标准。本案中，张某发表的文章主要是对宠物狗就医到死亡过程的详细描述，阐述自己的观点、表达怀念之情，同时对某宠物医院未能提供监控提出强烈质疑，而非故意丑化、侮辱某宠物医院及柳某。在爱犬死亡、调取监控的诉求未能得到满足的情况下，张某带着愤慨之情回复网友评论，言语中带有讽刺、贬抑、揶揄等情感色彩强烈的措辞，虽然不符合网络文明用语的道德规范，有失妥当，但并未超出公众所能理解和接受的范围，属于正常的情感释放。不能因张某用词本身带着贬义就认定其违法，故张某的行为虽欠妥但并不违法。

关于某宠物医院和柳某的名誉是否受到侵害。宠物医院作为公开经营的商户，必然会接待各种不同的顾客。顾客的消费评价可能因自身接受度、观点理念等差异而产生或正面或负面的评价，这是每一个商户都会面对的情况。商户不能只接受正面好评，拒绝负面差评，更不能以其主观意愿断定客户的评价是否侵害其名誉权。柳某作为某宠物医院的法定代表人，又是案涉纠纷的主要处理者，在已经与张某发生过冲突的情况下，受到张某的质疑和愤慨也属正常。柳某作为某宠物医院的法定代表人，也应当对消费者的激烈言辞和泄愤行为给予一定的容忍。

综上，根据双方当事人提供的证据和法院查明的事实，不能认定张某的行为违法，某宠物医院、柳某未能提供有效证据证明张某上述行为对其造成较大范围的恶劣影响，导致其社会评价显著降低的损害后果，故不能认定张某侵害其名誉权。

需依法释明的是，网络空间作为社会传播信息和沟通交流的重要载体，任何人的言辞行为均应受到法律的规范和道德的约束，网络空间绝不能成为为所欲为之地。张某借助网络载体诉说不满情绪，一定程度上影响了其他网友的客观认知，其对某宠物医院服务进行评价时，应尽量做到理性、客观；其发布的文章、视频虽未侵害某宠物医院、柳某名誉，但是相关用词确有不妥，应予改正。净化网络环境，人人有责。

江苏省泰州市姜堰区人民法院依照《中华人民共和国民法典》第九百九十条、《最高人民法院关于适用〈中华人民共和国民事诉讼法〉的解释》第九十条之规定，判决：

驳回某宠物医院、柳某的诉讼请求。

某宠物医院、柳某不服一审判决，提起上诉。

江苏省泰州市中级人民法院经审理认为：作为社会传播信息和沟通交流的重要载体，网络空间应当健康、文明、有序，网络空间非法外之地，任何人在网络空间所发布的相关内容及言辞均应受到法律的规范和道德的约束。张某借助网络空间诉说不满情绪，一定程度上影响了其他网友对某宠物医院和柳某的客观认知，相关用词确有不当，应当予以改正。二审期间，张某删除了其在网络上发表的相关不当言辞，该行为值得肯定。

江苏省泰州市中级人民法院依照《中华人民共和国民事诉讼法》第一百七十七条第一款第一项之规定，判决如下：

驳回上诉，维持原判。

【法官后语】

人格权的概念是为了保护自然人的人格利益而产生的，在现代社会中，法人、非法人组织作为在社会经济发展中起重要作用的主体，其独立民事主体地位同样需要保护。如何认定行为是否构成侵害法人、非法人组织的名誉权，是本案中值得探讨的重点问题。

一、认定侵害名誉权的基本要素

《中华人民共和国民法典》第一千零二十四条在吸收借鉴我国法律规定以及借鉴国外立法经验的基础上，明确规定民事主体享有名誉权。在实践中，侵害名誉权的行为主要表现为侮辱、诽谤行为。判断一个行为是否构成侵害名誉权，应当综合考虑以下几点：(1) 受害人的社会评价是否降低，没有受害人社会评价的降低就不存在名誉权受到侵害的问题。(2) 行为人发布的信息和陈述真实客观且没有侮辱性的内容，则不构成名誉权侵权。(3) 行为人侵害他人名誉权的行为需要受害人以外的不特定人知悉，否则就不可能存在社会评价降低或受损的问题。(4) 行为人具有过错。名誉权侵权属于一般侵权，行为人的过错，包括故意或过失，是其侵权的构成要件。此外，根据《中华人民共和国民法典》第九百九十八条的规定，还应当结合行为人和受害人的职业、影响范围、过错程度，以及行为的目的、方式、后果等因素综合考虑是否构成名誉权侵权。

二、注意名誉权与名誉感之间的区别

判断名誉权是否受到侵害，还需要厘清两个概念，即“客观名誉”与“主观名誉”。客观名誉是独立于权利主体之外的“对民事主体的品德、声望、才能、信用”的社会评价，这种评价不以个人感受为标准。主观名誉又称“名誉感”，是民事主体对自己素质、素养、思想、品行、信用等所具有的感情，是一种自我评价和感受。不可否认，名誉与名誉感之间有着密不可分的联系，但二者并不等同。侵害名誉必然给人带来不同程度的名誉感降低，但损害他人的名誉感并不必然导致名誉的损害，《中华人民共和国民法典》所保护的名誉是指“客观名誉”。审理此类案件时，应当注意区分“客观名誉”与“主观名誉”，若动辄支持行为人以自己的主观感受为依据提出的追究他人民事责任的主张，则有违立法本意，也不利于社会的安定和人与人之间的和睦相处。

三、区分侵害名誉权与消费者正常批评、评论的界限

消费者对生产者、经营者、销售者的产品质量或服务质量进行批评、评论，一般不应当认定为侵害他人名誉权。在消费行为中，消费者作为相对弱势的一方，加之侵害消费者权益的事件屡屡发生，消费者给予差评的行为一般会得到公众的理解。在审理此类案件时，除了按照侵害名誉权的构成要件进行基本审查外，还应当考量公众的价值取向。对消费者这一群体的特殊保护，在法人与个人之间的名誉权纠纷中也应当有所体现。首先，经营者的行为与不特定的众多消费者有利益关系，其行为应当受到更严格的社会监督，消费者的评价作为舆论监督，也是有效监督的方式之一。其次，虽然同为民事主体，但经营者与消费者之间的地位在某种程度来说并不平等，经营者无论从化解损害的能力还是专业性方面，都优于消费者。最后，公开经营的商户及其经营者，不能仅接受正面消费评价，亦要对负面消费评价具有一定的容忍度。因此，在审理此类案件时，适当向消费者倾斜，更符合社会发展和公平正义的需求。

本案中，还有一个特殊点在于，产生纠纷的一个重要原因是宠物狗死亡。现如今，越来越多的人将饲养宠物作为一种情感寄托，甚至将宠物当作家庭成员。本案被告作为宠物狗的主人，与宠物狗必然有一定的感情基础。被告面对宠物狗死亡本就伤心，欲深究死亡原因却不能，进而将失去爱宠的悲伤转化为对宠物医院和纠纷处理者柳某的不满，是一个正常人可能做出的行为，并没有超出大众能够理解的范畴。不轻易将消费者的负面评价及其中夹杂的泄愤行为认定为侵权行为，有利于保护消费者的合法权益，亦能促进经营者改进服务。

当然，我们也应当认识到，网络空间并非法外之地，应当是健康文明有序

的。任何人的言辞行为不仅应受到法律的规范，还应受到道德的约束，不能为所欲为，行为人发表言论用词欠妥的，应当在道德层面予以谴责，行为人也应当积极改正。

编写人：江苏省泰州市姜堰区人民法院　王晓理

34

消费者针对商家发表评论与侵权言论的界限认定

——上海某某宠物用品有限公司诉吴某某名誉权案

【案件基本信息】

1. 裁判书字号

上海市第一中级人民法院（2022）沪01民终5273号民事判决书

2. 案由：名誉权纠纷

3. 当事人

原告（被上诉人）：上海某某宠物用品有限公司（以下简称某宠物用品公司）

被告（上诉人）：吴某某

【基本案情】

吴某某原饲养宠物猫一只，其家人在某平台波某旗舰店购买了波某旗下某品牌幼猫粮。

2020年6月16日，吴某某接受某微信公众号采访，并发布“……希望天堂没有毒猫粮和病痛”的文章。2021年1月29日起，吴某某以其网名在多个社交平台持续发布针对波某及某品牌猫粮的言论和视频。上述文章和视频的内容包括涉案猫粮导致其宠物猫死亡、蛋白质含量低、猫粮细菌超标、掺杂羽毛粉、使用大量诱食剂、含有黄曲霉毒素和玉米赤霉稀酮、真假混卖、商家暗中操作下架猫粮等方面存在问题，其中使用了“黑心商家无道德无底线”“慢慢‘下毒’疯狂赚钱”。上述文章已删除。

2020年6月17日，吴某某通过某平台告知商家其宠物于前天死亡，并将诊治过程告知商家。后商家向吴某某提供了相关检测报告，被抽样单位为某平台波某旗舰店，产品生产日期为2018年9月17日，抽样日期为2018年9月26日，其中载明粗蛋白g/100g实测值30.6；黄曲霉毒素B1，未检出；菌落总数，无限量要求，参考值——实测值2.2*10^5。后双方因对吴某某宠物死因及赔偿等问题无法达成一致产生纠纷。

上述网络发布内容中，哔哩哔哩平台的文章及视频的点赞、收藏、转发、阅读数量较多，最高达点赞3.2万次，收藏3947次，转发4404次，阅读5627次等，其余平台发布的网络言论上述指标统计数量较少。另外，吴某某在文章或视频中所叙述的内容经多个案外主体在多个平台以新闻类型发布传播。

某宠物用品公司为证明其实际维权支出，提交了律师费15万元、检测费20万元、公证费2.3万元的支付凭证。吴某某表示，因本案与另一“光某公司”起诉吴某某的名誉权纠纷案存在关联，故认可上述发票金额中的一半系因本案诉讼支出。

某宠物用品公司认为，吴某某的行为已构成名誉侵权，要求：1. 吴某某立即停止侵权行为，删除涉案侵权内容，包括但不限于在“知乎”“哔哩哔哩”“抖音”“微博”互联网平台上发布的侵权文章及视频。2. 吴某某赔偿某宠物用品公司经济损失及合理支出100万元，其中合理支出10万元、经济损失90万元。3. 吴某某在“知乎”“哔哩哔哩”“抖音”“微博”个人账号中刊登道歉声明并连续三十天置顶；同时在《法治日报》《羊城晚报》显著位置连续三十天刊登道歉声明。4. 吴某某赔偿某宠物用品公司检测费20万元。

【案件焦点】

1. 吴某某的相关言论是否构成对某宠物用品公司名誉权的侵害；2. 如构成侵权，如何确定吴某某的民事责任。

【法院裁判要旨】

上海市浦东新区人民法院经审理认为：吴某某购买使用某宠物用品公司出售的猫粮，双方系消费者与商家的关系，消费者对于其购买的商品或接受的服务有进行评价及要求损害赔偿的权利。吴某某在消费过程中，认为其宠物猫系食用某宠物用品公司出售的猫粮致死，在无确切证据的情况下，仍可提出自己的质疑，若无果则可进一步通过合法途径主张自己的权益。本案中，吴某某主要采取了自力救济的途径，通过在网络大量发布信息的方式维护自己的权益，消费者通过该方式维权在现今网络盛行的情况下，行为本身并无不当，但对于未决事实其内容应仅限于质疑，以摆事实讲道理的方式对所质疑问题进行分析说明，这也是对有社会影响力的品牌进行社会监督的一种有效方式，有利于促进品牌产品生产质量的合法合规、公开透明，故对产品质量问题的网络讨论应当得到鼓励和支持。吴某某亦认为在其失去宠物且内心确信系食用某品牌猫粮导致的情况下，作出"差评"属于商家即某宠物用品公司应当容忍的程度范围。但本案中，吴某某频繁使用"黑心商家""毒猫粮"等词汇在其购买产品之外的平台发布大量文章进行传播，显然系侮辱性言辞，超出了合理合法的网络监督讨论范畴，非"差评"所能包含，对某宠物用品公司的名誉权造成了侵害，在一定范围内造成了其社会评价的降低，故，宠物用品公司要求吴某某删除其在各个平台发布的本案相关信息的请求应予支持。

吴某某质疑的蛋白质含量、细菌超标、添加羽毛粉、使用大量诱食剂问题，双方各执一词，但即使存在一定程度的问题，吴某某所举证据仍无法证明某宠物用品公司销售的猫粮存在毒害的程度，且因相关证据已灭失，现已无法对上述问题与吴某某宠物猫死亡之间的因果关系进行关联。若吴某某希望对上述质量问题继续主张权益，可另行提供证据或材料通过行政监管、民事诉讼等方式进行相应的维权。

关于某宠物用品公司诉请刊登致歉声明的要求，鉴于影响程度有限，且吴某某原发布网络信息的平台亦为全国传播性质，故在全国性报刊上刊登的要求无必要性，吴某某应在其发布网络信息的平台个人主页中发布致歉声明，连续十五日，声明内容应由法院审核后发布。

关于某宠物用品公司诉请的赔偿经济损失及合理支出的要求。产品生产者将其产品送检，本身系对社会公众对其产品质量问题关注的回应，即使对于消费者合理的质疑，生产者亦可采取该正常合理的渠道对自身产品质量或其名誉进行保护。对于生产者来讲，产品质量检测并非纯粹的负担行为，亦系一种正面的宣传受益行为。本案系由商家与消费者之间的纠纷引起，吴某某对某宠物用品公司所造成名誉侵权的文章及视频，虽然超出了合理限度造成了对某宠物用品公司名誉权的侵害，但其内容亦系针对某宠物用品公司所生产的宠物食品质量问题。若针对一般消费者的合理质疑而进行产品检测，费用不可归责于消费者，那么，对于作为消费者的本案被告，亦不可将该成本全部由吴某某负担。另外，某宠物用品公司进行检测的产品种类和范围对于本案情况亦非全部必要。结合吴某某发布信息的主观过错及对宠物用品公司名誉产生的影响程度、宠物用品公司所支付费用的必要程度，酌情确认由吴某某赔偿某宠物用品公司财产损失 1 万元，包括：名誉损失 4000 元、合理支出 6000 元（公证、检测费 3000 元，律师费 3000 元）。

上海市浦东新区人民法院依照《中华人民共和国民法典》第一百一十条、第一千条、第一千零二十四条、第一千零二十五条、第一千一百六十五条、第一千一百八十二条，《最高人民法院关于审理利用信息网络侵害人身权益民事纠纷案件适用法律若干问题的规定》第十二条之规定，作出如下判决：

一、吴某某于判决生效之日起十日内删除其以网名在知乎、哔哩哔哩、抖音、微博平台发布的相关评论、文章、视频（具体见审理查明部分）；并在上述平台以其网名连续十五日发布致歉声明（声明内容需由法庭审核）；

二、吴某某于判决生效之日起十日内赔偿某宠物用品公司财产损失 1 万元；

三、驳回某宠物用品公司的其余诉讼请求。

吴某某不服一审判决，提起上诉。上海市第一中级人民法院经审理认为：

一、关于吴某某的相关言论是否构成对某宠物用品公司名誉权的侵害

本案系吴某某作为消费者因对涉案猫粮的质量存在异议，在网络平台发表

言论而引发的法人名誉权纠纷。因此，关于吴某某发表的相关言论是否构成对某宠物用品公司名誉权的侵害，可以从吴某某的行为是否符合侵害名誉权的四个构成要件进行审查，即行为人实施了损害他人名誉的违法行为、行为人主观上存在过错、受害人名誉受到损害以及违法行为与损害后果之间存在因果关系。

（一）关于吴某某发表的言论是否具有客观依据。本案中，吴某某针对某宠物用品公司发布的言论和视频涉及的事实、问题众多。虽然消费者有权对其所购商品在合理范围内进行评价，但消费者对商品评价应当尊重客观事实，评价内容与客观情况应基本相符。如果消费者的言论没有事实根据或偏离客观情况，那么其言论即超出了正当评价范畴。本案中，吴某某发表言论的主要事实是认为宠物猫死亡系食用涉案猫粮导致。从查明事实来看，吴某某的宠物猫在食用涉案猫粮之前曾食用其他品牌的猫粮，宠物猫的死亡时间在其首次食用涉案猫粮半年之后。吴某某在未对其宠物猫的死因是否因涉案猫粮所致进行充分论证的情形下，就根据其个人认知，对外发表其宠物猫的死亡原因系涉案猫粮所致缺乏相应的依据。此外，吴某某对某宠物用品公司真假混卖、关联企业运作方面的问题亦未能提供有效的证据，难以证明该等言论具有客观真实性。据此，吴某某发表的部分言论缺乏客观依据，行为具有违法性。

（二）吴某某发表涉案言论是否具有主观故意，是否构成侮辱、诽谤。从吴某某发表言论的时间上分析，吴某某在向商家反映情况并进行沟通之前，就其相关言论的真实性并未进行充分论证的情形下，就接受案外主体的采访并发表针对某宠物用品公司及其产品的不利言论；从吴某某发表言论的内容、范围和持续时间分析，综观吴某某发表的言论，其作为某品牌猫粮的消费者，除了在无确凿证据情况下散播某品牌猫粮使宠物猫致病致死内容外，还包括“黑心商家无道德无底线”等言论，这些言论缺乏事实依据、夸大其词且措辞激烈，已经超出正常消费者对产品进行正当评论的界限，可以认定该部分言论具有辱骂、诋毁之目的和意图，且吴某某并非在购买涉案猫粮的某平台相关产品的评论区，而是选择知乎、哔哩哔哩、抖音、微博等具有相当受众与流量的网络平台进行发布，时间跨度长达数月，其言行显然超出了解决商品本身问题和化解矛盾的目的；从吴某某维权的途径和方法分析，吴某某可以通过协商和解、调解、投诉、仲裁、诉讼等合法途径进行维权，但其却在未能提供确凿依据的情形下，仅凭个人的主观臆测持续在各大网络平台发布具有侮辱、诽谤性质的言论，所采取的方式、方法已经超出合理限度，亦非作为消费者进行舆论监督的应有之举。据此，可以认定吴某某发布相关言论、视频亦超出普通消费者客观评价、公正评论以及正当维权的合理范畴，具有侮辱、诽谤的故意。

（三）某宠物用品公司名誉是否受到损害及吴某某的相关言论与该损害后果之间是否存在因果关系。法人名誉权是否受到损害，应当以法人的商品声誉和商业信誉的社会评价是否受到贬损作为判断依据，而非依据侵权人或者被侵权人的主观感受进行判定。如果存在侵害法人商品声誉和商业信誉的行为，且行为人发表的贬损言论已经为第三人所知悉，根据一般的经验法则，可以推定法人名誉受损的客观事实存在。本案中，吴某某在网络发布言论的点赞、收藏、转发及阅读数量较多，还经多个案外主体以新闻类型发布传播，且从双方提供的证据亦可反映出吴某某发布的言论、视频评论区，网民跟风评论、谩骂的不在少数，可见吴某某的涉案言论已被广泛传播，必然对某宠物用品公司的商品声誉及商业信誉产生损害后果。

综上，吴某某涉案行为符合侵犯名誉权的构成要件，应当承担相应的法律责任。

二、关于吴某某承担民事责任的认定问题

一审基于本案事实判令吴某某删除其于涉案网络平台发布的涉事文章、视频，并在相应范围内发布致歉声明符合法律规定。关于赔偿金额，法律规定被侵权人因人身权益受侵害造成的财产损失以及侵权人因此获得的利益难以确定的，人民法院可以根据具体案情在 50 万元以下的范围内确定赔偿数额。同时，被侵权人为制止侵权行为所支付的合理开支可以认定为财产损失。合理开支包括被侵权人或者委托代理人对侵权行为进行调查、取证的合理费用。人民法院根据当事人的请求和具体案情，可以将符合国家有关部门规定的律师费用计算在赔偿范围内。本案中，某宠物用品公司虽未提供客户退单、赔偿客户等客观证据证明其遭受的财产损失，亦无证据显示吴某某有所获利，但吴某某的侵权行为导致某宠物用品公司商品声誉和商业信誉的损害后果，一审综合考虑吴某某的主观过错、对某宠物用品公司造成的影响程度及吴某某在校学生身份等因素，酌情认定吴某某应赔偿名誉损失4000元并无不当。某宠物用品公司主张因诉讼所支出的费用包括律师费、检测费和公证费，均属合理开支，理应支持。一审综合考虑本案实际酌定吴某某赔偿合理支出6000元，某宠物用品公司虽不认同赔偿金额，但考虑到吴某某的学生身份，选择接受一审判决，是其对自身权益的处分，故不予纠正。

上海市第一中级人民法院依照《中华人民共和国民事诉讼法》第一百七十七条第一款第一项、第一百八十二条之规定，判决如下：

驳回上诉，维持原判。

【法官后语】

本案系因消费者对购买商品及服务的质量质疑，在网络平台持续发表言论、发布视频而引发的法人名誉权纠纷。案件特点在于行为人的消费者身份及言论表达系通过网络平台，凸显了消费者维权、网络言论自由与企业名誉权的冲突。司法机关如何准确界定消费者正当发表评论及网络空间言论自由的界限，是防止相关权利滥用并保障权利正确行使的关键。而判断消费者正当评论及网络言论自由的边界仍应回归到其针对的法人名誉权是否被侵犯本身，即从名誉权侵权行为的构成要件出发进行分析认定。

一、消费者发表言论的行为违法性认定

消费者对企业的产品或服务有批评、评论之权利，经营者也应当积极听取消费者对其提供的商品或服务的意见，接受消费者的批评与监督，对消费者的质疑进行解释，且经营者对消费者的批评负有多于普通大众的容忍义务。又基于公民的言论自由，任何公民有权对商家的产品提出批评、评论。但是，无论基于消费者的角度还是普通大众的角度，批评、评论的基础都应当依据客观事实，权利的行使以不侵犯他人的权利为限。如果消费者发布的文字及视频均建立在其个人的认知或臆测之上，未对其所主张的产品或服务本身的质量及危害问题的论断提供科学检验意见或其他依据，其评判基础即缺乏科学依据，所作出的针对商家的贬损性、误导性评论的行为即具有违法性。

二、行为人主观故意的判断

判断消费者在发布言论、视频时是否具有主观恶意，应从以下几个方面综合分析。

1. 行为人发表言论的时间是在与商家沟通产品及服务问题之前还是之后。如系因沟通不畅所致矛盾升级，则相应的言论及行为可谓事出有因，反之，则行为人发布评论的合法合理性即存疑。

2. 发表言论的内容是否围绕产品、服务本身，且基本属实；发表评论的范围是在网购产品的评论区还是具有相当受众与流量的其他网络平台；发表评论的持续时长。

3. 作为消费者的维权途径和方法是否符合法律规定。如在未与商家协商沟通，亦未能提供确凿依据的情形下，仅凭个人的主观臆测长时间持续在各大网络平台发布具有侮辱、诽谤性质的言论，所采取的方式、方法又超出法律规定的合理限度，则显然行为人的行为并非出于解决商品本身问题和化解矛盾的目的。

实践中，亦有行为人会主张发表言论和视频是为公共利益进行的舆论监督。对此，《中华人民共和国民法典》第九百九十九条确立了新闻报道、舆论监督行为与民事主体人格权之间利益平衡的基准性原则。第一千零二十五条确立了新闻报道、舆论监督行为之于名誉侵权的公共利益抗辩原则，也详细列举了新闻报道、舆论监督不合理使用他人人格权益，需承担侵权责任的具体情形及应考虑的因素[①]。具体到案件审理中，判断发表评论者的行为目的是监督还是恶意诋毁应审查其发表评论的内容是重在提醒其他消费者还是倾向于对商家恶意的诋毁，行为方式是否符合社会公认的价值观，也就是说需要以一个普通的“诚信善良之人”的客观要求为主进行综合判断。如其所谓的批评变为不加约

① 李延枫：《舆论监督与名誉权法律平衡研究》，中国社会科学出版社2022年版，第128页。

束的谴责甚至谩骂、攻击，非舆论监督应有之义，而是背离了监督、批评的目的，也不利于培育理性、文明、友善的社会氛围。

三、行为人言论致权利人损害后果的认定

名誉权侵权纠纷案件中关于行为人言论与权利人损害后果之间的因果关系认定具有其特殊性，需要判断权利人的社会评价是否因行为人的言论遭下降。但对于社会评价降低这一带有主观性的判断，因其作为一种观念、认识而存在于权利人以外第三人的思想之中，难以通过直观证据予以衡量。实践中，通常采取事实推定方法，即权利人提供证据证明行为人对自己的诽谤和侮辱已被第三人所知悉，法官根据这一证据，结合一般经验法则，推定必然产生损害后果，同时，该种推定不被反证推翻即可作出认定。例如，当行为人在网络发布言论、视频的点赞、收藏、转发及阅读数量较多，还经多个案外主体以新闻类型发布传播，且从在案证据可反映出行为人发布的言论、视频评论区，网民跟风评论、谩骂不在少数，则足以认定相关涉案言论已被广泛传播且对权利人的商品声誉及商业信誉产生了损害后果。有时，作为知名企业的权利人因销售额并未发生明显下降或者仍保持上升趋势，行为人即以此作为反证主张未造成权利人的实际损害后果。然商品销售量上升的原因是多方面的，商家名誉受侵害既可表现为商品销售量的下降，亦可表现为销售量上升幅度的减少，故仅通过销售量不能判断商家的社会评价状况。

最后，需要强调的是，网络平台并非法外空间，包括消费者在内的任何人在网络空间进行网络行为，都要遵守国家法律法规和基本道德规范，言论的发表应当谨慎适当，不能以评论之名行侵权之实。消费者进行网络消费评价或维权时，应遵守网络道德文明规范，不得使用有违社会道德及公序良俗的侮辱、诽谤性词语，否则即便消费经历属实，亦可能构成侵害名誉权并为此承担相应的赔偿责任。

编写人：上海市第一中级人民法院　郭葭

35

司法对正当性新闻报道的保护与修正

——田某某诉某某报社有限公司名誉权案

【案件基本信息】

1. 裁判书字号

北京市第二中级人民法院（2022）京02民终10749号民事判决书

2. 案由：名誉权纠纷

3. 当事人

原告（上诉人）：田某某

被告（被上诉人）：某某报社有限公司（以下简称某报社）

【基本案情】

某报社系国有企业，取得互联网新闻信息服务许可，主办了某网站等网络平台。2020年12月1日，某报社在某网站发布一篇由张某撰写的报道，内容主要为某单位再次被登记为国家事业单位后的体制改革、结构治理和内部管理中存在的问题。全篇共有9个章节、12314个字，涉及田某某的有一个章节、1004个字，主要内容为“田某某是‘社会人’，空降某单位”。

田某某提交相应证据主张该章节中的“两次举办单位的提名均为‘社会人’田某某有关……田某某‘空降’某单位……”等六处报道不实，侵犯其名誉权。同时主张撰写报道文章的作者张某并非记者。

某报社针对六处报道均提交证据证明其报道来源。同时提交证据，证明张某系其正式聘用的编辑部员工，涉案新闻报道的选题经编辑部选题会确定通过后交由记者郝某和张某执行。张某在郝某的带领下开展采访工作，无违法违规行为。

张某曾就报道所涉简历造假和嫖娼等问题向田某某提出采访邀请，但被田某某拒绝。

涉案报道在某报社主办的网络平台的阅读量过万，被多家媒体转载。

2020年12月21日，田某某对涉案报道进行保全证据公证，支付公证费1000元。田某某提交律师费发票，主张因维权支付律师费30000元。

【案件焦点】

1. 认定某报社的行为是否构成侵权能否适用《中华人民共和国民法典》第一千零二十五条关于新闻报道侵犯名誉权的评判标准；2. 某报社的报道是否侵犯田某某的名誉权；3. 新闻报道的事实基础发生变化，如何处理。

【法院裁判要旨】

北京市丰台区人民法院经审理认为：对社会话题、新闻事件进行分析和评论，以及表明对事件的观点和立场是新闻报道本身不可回避的特性，不能苛求新闻报道采用并达到与司法审判认定事实同样的证明标准，否则新闻报道便失去了其针砭事实的价值和意义。某报社发布的涉案报道文章，系以某单位为报道对象，反映了某单位在体制改革、结构治理和内部管理中存在的问题，该文的议题为事业单位改革这一公共话题，而非对田某某个人的评价，应适用对新闻报道的评判标准认定该文是否侵犯他人名誉权。

文中涉及田某某的集中在其中一章，占总篇幅的8%。关于该章节是否侵犯田某某的名誉权，首先，通过比对某报社提交的书面素材和采访录音，文中对田某某的记述与评论均有采访来源，未偏离该报社在调查时所能获取的信息，不应认定该报道捏造、歪曲事实。其次，某报社在文章发布前就其拟报道的具体内容向田某某提出过采访邀请，秉持了新闻调查应有的客观中立态度，在其能力范围内已尽合理核实义务，应排除某报社存在恶意诋毁田某某名誉的主观故意。最后，关于该章节中的部分用词，在文中虽然带有一定程度的贬义，但在未明显背离采访内容的情况下，亦不应认定为故意贬损他人名誉。

但考虑到该章节确易让读者对田某某形成负面评价，而田某某在本案中提交的证据已初步证明其工作经历真实、其被聘任为某单位法定代表人的程序正当等事实，且田某某对报道内容进行了一一回应，故该章节的事实基础已发生改变，某报社应当根据田某某的陈述及提交的证据重新进行调查，以对报道中的相关内容进行更正。在更正报道前，某报社应断开涉案报道在其运营的网络平台中的网络链接，否则应承担侵权责任。

至于田某某主张的张某撰写发布案涉报道时尚未取得记者证一节，张某是否具备记者资格与其所报道内容是否构成侵权不存在直接关联，田某某可向相关新闻管理部门进行反映。

北京市丰台区人民法院依据《中华人民共和国民法典》第一千零二十五条、第一千零二十六条之规定，判决：

一、某报社于判决生效后立即断开涉案报道文章在某网的网络链接；

二、驳回田某某其他诉讼请求。

田某某不服一审判决，提起上诉。北京市第二中级人民法院经审理认为：涉案报道对象是某单位，而非田某某，该文主要议题为事业单位改革这一公共话题，并非对田某某的个人评价，应适用对新闻报道的评判标准认定该文是否侵犯他人名誉权。涉案报道与田某某有关的内容约占总篇幅的8%，该内容是否侵犯田某某名誉权的问题，首先，涉案报道对田某某的记述与评论均有采访来源，未偏离某报社在调查时所能获取的信息，不属于捏造、歪曲事实的报道。其次，某报社在涉案报道发布前，就拟报道的具体内容向田某某提出过采访邀请，秉持了新闻调查应有的客观中立态度，在其能力范围内已尽合理核实义务，应排除某报社存在恶意诋毁田某某名誉的主观故意。再次，关于“社会人”“空降”等用词，虽然存有一定程度的贬义性质，但从全文所载内容看，再结合该文主要是以被采访人的陈述为主的形式，故上述词语不应判定为故意贬损他人名誉。综上，一审判决认定涉案报道在发布时未侵犯田某某的名誉权，未支持其要求某报社向其赔礼道歉、消除影响、恢复名誉、赔偿维权支出及精神损害抚慰金的诉讼请求，并无不当，本院予以维持。

北京市第二中级人民法院依照《中华人民共和国民事诉讼法》第一百七十七条第一款第一项之规定，判决如下：

驳回上诉，维持原判。

【法官后语】

《中华人民共和国民法典》第一千零二十五条规定："行为人为公共利益实施新闻报道、舆论监督等行为，影响他人名誉的，不承担民事责任，但是有下列情形之一的除外：(一) 捏造、歪曲事实；(二) 对他人提供的严重失实内容未尽到合理核实义务；(三) 使用侮辱性言辞等贬损他人名誉。"该条款规定了新闻报道侵权的免责事由及例外情形。免责事由要求新闻报道要具有公共利益属性，同时要求新闻真实；免责的例外情况是指行为人因过错未能做到新闻真实，或者使用了贬损他人名誉的言辞。

公共利益作为新闻报道的免责事由，可对抗新闻侵权的请求权，免除新闻媒体侵权责任。正因如此，公共利益也是认定侵权行为是否适用上述评判标准的重要因素。因法律并未细化公共利益的判断标准，故在司法实践中需由法官结合案件具体情况予以认定。本案例从新闻报道主题及对象两个方面判断新闻报道是否具公共利益的属性，即新闻报道符合主题系公共话题、评价对象系围绕某事件而非某个人两个要素时，可认定新闻报道具有公共利益的属性，进而适用新闻报道侵权的法则。

真实不仅是新闻的生命、新闻工作者的基本准则，也是法律对新闻报道的要求，即新闻真实。新闻真实不同于客观真实及法律真实，对社会话题、新闻事件进行分析和评论，以及表明对事件的观点和立场是新闻报道本身不可回避的特性，不能苛求新闻报道采用并达到与司法审判认定事实同样的证明标准，否则新闻报道便失去了其针砭时事的价值和意义。是否尽到合理核实义务是司法审查新闻真实的重要判断标准，《中华人民共和国民法典》第一千零二十六条明确了判断是否尽到合理核实义务的必要因素，包括内容来源的可信度、对明显可能引发争议的内容是否进行了必要的调查、受害人名誉受贬损的可能性、核实能力和核实成本等。本案例中，新闻报道主体对可能引发争议的内容向对方提出过采访邀请，但对方拒绝接受采访，故司法认定其进行了必要的调查。新闻报道主体均能提供证据证明其报道的来源，且均来源于涉事当事人或参与人，具有可信度，结合其核实能力和成本而言已尽到合理核实义务，做到了新闻真实，未认定构成新闻侵权，即司法依法对具有正当性的新闻报道予以保护。

在新闻报道符合新闻真实，不构成侵权的情况下，司法审查发现新闻报道的事实基础发生改变，即新闻事实与法律事实不符时，从公平原则及言论自由与名誉权平衡保护的角度出发，应当通过司法对新闻报道予以修正，即依法判决新闻报道主体对报道的内容予以更正，并采取一定措施避免不实报道产生后续的侵权行为。

本案例明确了三条新闻侵权的司法审查规则：一是明确新闻侵权免责事由"公共利益"的两条认定规则，即新闻报道的主题是否系公共话题、对象系针对新闻事件还是针对个人；二是明确新闻真实与法律真实的认定标准不同，应当综合全案证据，审查新闻报道主体是否尽到合理核实义务，依法认定是否构成新闻报道侵权；三是明确司法审查认定新闻真实基础事实发生变化时，应当在认定新闻报道不构成侵权的同时，判令新闻报道主体对报道内容予以修正。上述规则对新闻侵权的司法审查具有一定的参考价值。

编写人：北京市丰台区人民法院　苏月玲　杨薇

36

诉讼活动中发表诉讼意见不构成对名誉权的侵害

——欧阳某某诉某医院名誉权案

【案件基本信息】

1. 裁判书字号

广东省广州市中级人民法院（2022）粤 01 民终 16896 号民事判决书

2. 案由：名誉权纠纷

3. 当事人

原告（上诉人）：欧阳某某

被告（被上诉人）：某医院

【基本案情】

本案系一起医疗损害责任纠纷案件的关联案件。在之前的医疗损害责任纠纷一案中，欧阳某某以某医院对其诊疗存在过错，导致手术效果不佳，给其造成损害为由，对某医院提起诉讼，请求判令：某医院赔偿欧阳某某医疗费、住院伙食补助费、误工费、护理费、交通费等；某医院公开向欧阳某某赔礼道歉。后欧阳某某于开庭审理时以还需收集、补充相应证据材料为由提出撤诉申请，法院裁定准许。该案审理过程中，某医院曾向法院书面提交《关于审查本案诉讼时效的补充说明》（以下简称《说明》）一份，载明："因术后二年欧阳某某未能接到本院医生家庭装修的原因（注：欧阳某某经营装修业务），欧阳某某即当面警告会'搞到你做不了医生'，于是开始诉'术后效果不理想'，多次通过拨打市长热线投诉，并投诉到广州医调委、广州市卫健委、广州市药监局等多个部门，要求对其在本院的医疗行为进行调查。"该份材料落款处由某医院在该案中的委托诉讼代理人签名。欧阳某某不认可该说明中的内容。

欧阳某某主张，某医院在医疗损害责任纠纷一案庭审中提交的《说明》中，诬陷原告系因术后二年未能接到本院医生家庭装修的原因而发生多次无理指责及骚扰的医闹行为，对欧阳某某的个人、企业声誉、企业经营都造成很大不利影响，遂提起本案名誉权纠纷诉讼。

【案件焦点】

被告在诉讼过程中发表的、无证据证实的诉讼意见，是否构成对原告名誉权的侵害。

【法院裁判要旨】

广东省广州市从化区人民法院经审理认为：名誉是对民事主体的品德、声望、才能、信用等的社会评价，法律禁止用侮辱、诽谤等方式侵害他人的名誉权。是否构成侵害名誉权的责任，应当根据受害人确有名誉被损害的事实、行为人行为违法、违法行为与损害后果之间有因果关系、行为人主观上有过错来认定。

首先，从损害后果的发生分析。名誉权是对特定民事主体的社会评价，能为一般社会成员所感知，具有客观的属性和判断其损益的尺度。原告主张其关闭多间分店、装修业务停止、门窗公司和体育公司关闭、退出创立的户外运动协会，但原告无证据证明所主张的上述情况的发生与其名誉受损之间的关联性，亦无证据证明发生了社会评价降低的事实。

其次，从被告的行为的性质和后果分析。就性质而言，民事诉讼活动的对抗性决定了当事人有权提出自己的诉讼主张，或针对对方的主张提出反驳。被告通过书面形式向法院提出主张，未记载在任何公开的法律文书之中，双方对该主张的论辩过程未予公开，原告亦未提交证据证明被告除向法院提出该主张外，还向其他人或在其他公开场合宣扬过该主张。被告在《说明》中发表的观点属于正常的诉讼活动，不具备侵权行为的违法性。就后果而言，虽然被告在《说明》中关于原告因未能承接医生家庭装修业务而起诉投诉的主张确无证据证明，属于无理抗辩，但被告提出该主张并未得到法院采纳，亦属于无效抗辩。被告在诉讼中发表己方观点的行为不是公开行为，并不会产生让原告社会评价降低的损害后果，亦未因其无依据的意见引致法院对医疗损害责任纠纷一案的案件事实作出不实、不正确的认定。

综上，被告的行为并未构成对原告名誉权的侵害。

广东省广州市从化区人民法院依照《中华人民共和国民法典》第一千零二十四条、《中华人民共和国民事诉讼法》第六十七条之规定，作出如下判决：

驳回原告欧阳某某的诉讼请求。

欧阳某某不服一审判决，提起上诉。广东省广州市中级人民法院经审理判决：

驳回上诉，维持原判。

【法官后语】

本案系因诉讼过程中的活动引发的人格权侵权责任纠纷。在民事诉讼中，因其对抗性，双方当事人经常对相对方发表否定性的评价。如何认定这一类行为的性质，评价其后果，本案判决从名誉作为一种人格权利客体的特点，以及侵权行为构成要件两个方面作出了认定。

一、客观上的外部名誉是法律保护的名誉权客体

按民法典对名誉这一概念所作的界定，名誉是对民事主体的品德、声望、才能、信用等的社会评价。名誉作为法律上的概念，具有社会性、客观性、特定性、观念性、时代性的特点。[①] 学者认为，名誉包括两个内容，即内部名誉和外部名誉。内部名誉是特定民事主体对自己内在价值的感受，是主观上的名誉。外部名誉是第三人对于特定民事主体存在价值的评价，存在于客观社会中，有判断其损益的尺度，能为他人所感知，故称为客观名誉。只有外部名誉即客观名誉才能成为名誉权的客体。[②]

原告之所以提起本案名誉权诉讼，是认为被告在医疗损害责任纠纷抗辩过程中对自己进行了不实指控，感觉自己的人格受到了贬损。但按照民法典对名誉权概念的界定和民法学一般理论，名誉不取决于民事主体内在的感情、认识和评断，而取决于社会上一般公众在观念形态中对特定民事主体的认识，用通俗的语言可以表述为，名誉的减损不要“我觉得”，而要“大家觉得”，这就属于权利人需要举证证明的对象。本案中原告未能证明社会上一般人对其评价发生了降低，仅凭其自身的感受并不能作为法院定案的依据，原告不能证明发生了名誉权受损的事实，其提出的诉讼主张缺乏权利基础。

二、名誉权侵权行为应当具有违法性

国外学者认为，违法性是合法行为造成损失与不法性造成损失应当承担损

① 杨立新：《人身权法论》，人民法院出版社 2002 年版，第 589 页。
② 王利明、杨立新、王轶、程啸：《民法学》法律出版社 2014 年版，第 188 页。

害赔偿责任的重要区分工具。[①] 被告在诉讼活动中发表意见这一行为是否构成对原告名誉的贬损的违法行为，是本案的另一论争焦点。从《中华人民共和国民法典》第一千一百六十五条第一款[②]的规定来看，一般侵权行为的构成要件，可分为客观要件即行为、因果关系，以及主观要件即行为人存在过错，包括故意和过失。[③] 侵害名誉权的行为亦可从主观和客观两个方面进行分析。

从客观方面来看，《中华人民共和国民法典》第一千零二十四条规定的侵害名誉权的行为方式有侮辱和诽谤等，本案中的行为显然不涉及侮辱，是否构成诽谤？法律对诽谤的行为未作定义，民法学理论上一般认为诽谤是捏造并散布有损他人名誉的虚假事实[④]。从形式上看，被告指称原告是因为私怨而做出无理指责及骚扰医院的医闹行为，确实没有依据，有捏造事实之嫌。但被告的意见通过书面方式发表，双方在庭审现场就该意见进行辩论，庭审现场可以认定为相对封闭的空间，属于非公开场合，除本案的审判组织成员和双方当事人外，被告发表的意见并无他人知晓，不存在“散布”，故不构成诽谤。[⑤] 客观上被告的行为不符合民法典关于侵害名誉权行为的规定。

从主观上分析，被告的上述行为发生在原、被告激烈对抗的医疗损害责任纠纷案件诉讼过程中，被告在《说明》中指责原告是无理医闹的行为，是通过质疑原告的动机、贬损其行为而达到对原告索赔的主张进行对抗的目的。辩论原则是民事诉讼法的基本原则之一[⑥]，民事诉讼当事人有权对争议的问题进行辩论。被告发表没有依据的观点，导致的后果是己方主张不被法院采纳，但行

① ［瑞］海因茨・雷伊：《瑞士侵权责任法》（第 4 版），贺栩栩译，中国政法大学出版社 2015 年版，第 185 页，转引自程啸：《侵权责任法》，法律出版社 2021 年版，第 289 页。

② 《中华人民共和国民法典》第一千一百六十五条第一款规定，行为人因过错侵害他人民事权益造成损害的，应当承担侵权责任。

③ 程啸：《侵权责任法》，法律出版社 2021 年版，第 215 页。

④ 杨立新：《人身权法论》，人民法院出版社 2002 年版，第 612 页。

⑤ 有学者认为，名誉权是绝对权，且法律规定了侵害名誉权的具体行为方式，不属于法定行为方式的行为，均不构成侵害名誉权的行为，参阅杨立新：《人身权法论》，人民法院出版社 2002 年版，第 604 页。

⑥ 《中华人民共和国民事诉讼法》第十二条规定，人民法院审理民事案件时，当事人有权进行辩论。

为人不具有损害他人名誉的主观意图，从行为的性质而言欠缺违法性，不能因此认定为侵害名誉权的违法行为。

本案中被告在诉讼活动中发表无证据证实的诉讼意见的行为，虽使原告感觉自己的“名誉感”受到了伤害，但因该行为不具备违法性，不构成法律上的侵权行为。

三、本案的延伸思考：当事人行使诉讼权利的边界

基于民事诉讼的对抗性，民事诉讼中双方当事人展开论辩、互相对抗是被法律允许的行为，但某些特定情形下可能存在诉讼权利与人身权利之间的冲突。本案中一个对于作出裁判较为便利的情节是，发生争议的诉讼意见是通过书面形式发表，围绕该项争议展开论辩的过程发生在庭询质证环节而非庭审中，因而未进行互联网直播，且因医疗损害责任纠纷案件以准予撤诉方式结案，裁判文书中亦未有相关内容记载。换一种情形设想，如果当事人在网上直播的庭审中发表了无证据证实的诉讼意见，或这类诉讼意见记载于裁判文书的当事人诉辩内容中且按司法公开规定上网公开，如何认定行为的性质？

笔者认为，诉讼权利的合法行使应当得到保障，但当事人对于如何把握权利的行使边界应当引起注意。

辩论原则是我国民事诉讼法基本原则之一，是当事人在法庭上各自陈述自己对案件事实争点的见解，为保护各自合法权益而进行的反驳和答辩。由于当事人与纠纷解决结果的利害关系，当事人必然尽其可能将有利于己的事实在裁判者面前提出，而且基于民事诉讼当事人的对立结构形式，使双方当事人的上述努力必将在客观上促成案件争议的全面展现。[①] 如果要求当事人发表的每个观点或主张都有证据支持，必将极大地限制辩论权利的行使，动摇民事诉讼制度的根基。因此，参加诉讼的当事人需要对己方相关权利有较高的容忍度。

但在实践中，当事人或其代理人捏造事实、信口开河的情形也并不鲜见，特别是涉及人身权利纠纷案件审理过程中，无理由、无根据地指责对方当事人的情形更多，不仅给对方当事人带来经济上的和精神上的诉累，也对法院查明

---

① 张卫平：《我国民事诉讼辩论原则重述》，载《法学研究》1996年第6期。

事实、掌握庭审节奏和案件审理方向带来干扰。2012年民事诉讼法修正时首次将诚实信用原则引入了程序法领域，要求民事主体在行使权利和履行义务时遵循诚实信用原则，对恶意诉讼、欺诈诉讼、重复诉讼和轻率诉讼等会产生原则上的规制作用。法院应当依据民事诉讼法和证据规定，合理分配举证责任，强化庭审纪律，引导当事人依法发表诉讼意见，通过增强诉权行使的正当性，确立诉讼权利规制和诉权保障的边界。

编写人：广东省广州市从化区人民法院　李耀文　邹静

37

不当披露、评论他人情感信息侵犯名誉权的认定

——某甲诉某乙名誉权案

【案件基本信息】

1. 裁判书字号

重庆市第一中级人民法院（2022）渝01民终8643号民事判决书

2. 案由：名誉权纠纷

3. 当事人

原告（被上诉人）：某甲

被告（上诉人）：某乙

【基本案情】

某丙生前与某甲系恋爱关系，与某乙系朋友关系。2020年某日，某丙与某甲结束恋爱关系，某丙当日的日记内容载明其在与某甲恋爱过程中感受到了爱与被爱的美好等内容。当日晚9时左右，某丙向其友人发送信息，包含其成长经历对其带来较大负面影响以及房产留给亲属等轻生内容，后于自己居住屋内

自杀死亡。

某乙随后在其个人社交平台账号上发布10余条与某丙、某甲相关的信息。其中一条信息内容为“某丙是被PUA[①]的！”并@某明星，经某明星转发后，该事件形成热点话题。某乙发布的其他信息内容包括“反复无常你难辞其咎”“我不觉得某甲有什么好洗的”“必须PUA渣男某甲付出代价”“希望你死一万次”等文字描述，并附有某丙生前与某甲或亲友的聊天记录，某乙与某丙其他朋友的聊天记录等图片。信息中转发阅读链接包括“女友刚下葬他又被扒出PUA多人、滥交、劈腿”等内容。该10余条信息点赞量、阅读量、评论量高达上千条。相关话题有近2.9万人讨论，1.3亿人阅读。事件发酵后，某乙的前述个人社交平台账号评论区有大量诸如“他值得死一万次”“让他社会死亡都算轻了”等内容。同时，某甲的前述个人社交平台账号及其工作店铺账号、大众点评评论区内均出现大量针对某甲及其家人谩骂的内容。某甲遂以某乙侵犯其名誉权为由诉至法院。法院裁判前，某乙的前述10余条信息内容已不可见。

【案件焦点】

某乙在网络社交平台擅自披露涉某丙、某甲情感关系信息并作出不当评论，影射某丙死亡与某甲行为相关，是否构成对某甲的名誉侵权。

【法院裁判要旨】

重庆市江北区人民法院经审理认为：恋人间在不同时刻、事件中的情感体验具有强烈的个人主观感受性质，恋人相处细节及双方根据各自情感感受选择向亲友倾诉均属恋人双方私人领域的生活信息，应由其自行决定是否向社会公众公开。某丙生前并无向社会公众大量公开本人与某甲情感体验等私人领域生活信息之意思表示，某乙却在某丙死亡后短时间内通过网络发表10余条包含上述内容的微博。“PUA”一词在网络空间使用群体中存在该词汇具有否定性道

---

① PUA：目前多指在一段关系中一方通过言语打压、行为否定、精神打压的方式对另一方进行情感控制。

德评价色彩的普遍认知，尤其将该词汇与他人死亡关联使用之时，极易引发网民关注。某乙作为非情感亲历方，在无充分证据情况下，其在后续微博中对某甲使用“渣男”“洗白”“PUA”等侮辱性用语，并节选部分某丙生前涉及其与某甲情感体验片段的私人领域生活信息作为配图，以自身观点解释前述信息内容，过度传递某丙死亡与某甲密切关联的信息，其言论欠缺客观中立，超出普通人审慎、善良合理范围，明显不当，损害了某甲名誉，某乙应知“PUA”用语与自杀行为关联在网络空间使用时将对相关人员造成较大影响而发布涉讼微博言论，其降低某甲品德、声望等社会评价的主观过错明显，其行为实际致某甲的名誉受损，社会评价降低，正常生活受到一定影响。故，某乙发布涉讼微博行为构成侵权，应承担侵权责任。因案涉信息已不可见，某乙涉讼的侵权行为已停止，某甲要求停止侵权的诉讼请求，不予支持，某甲要求某乙赔礼道歉，支付某甲维权支付的公证费、律师费等合理开支的诉讼请求，应予支持。

重庆市江北区人民法院依照《最高人民法院关于适用〈中华人民共和国民法典〉时间效力的若干规定》第一条，《中华人民共和国民法总则》第一百一十条，《中华人民共和国民法通则》第一百零一条、第一百二十条，《中华人民共和国侵权责任法》第十五条，《最高人民法院关于审理利用信息网络侵害人身权益民事纠纷案件适用法律若干问题的规定》第一条、第十六条、第十八条，以及《中华人民共和国民事诉讼法》第一百四十五条之规定，判决：

一、某乙于判决生效之日起十日内在其涉案个人社交平台账号置顶位置公开发表致歉书，向某甲赔礼道歉（内容须事先经法院核准），置顶时间为连续三日；

二、某乙于判决生效之日起十日内赔偿某甲22800元；

三、驳回某甲的其他诉讼请求。

某乙不服一审判决，提起上诉。

重庆市第一中级人民法院经审理认为：案涉社交平台系现今主流社交自媒体平台之一，其影响受众广泛且具有不特定性，公众在个人社交平台账号上发表公开言论，应避免对他人权利造成侵害，否则，应承担相应法律责任。本案中，某丙死亡后，某乙在涉案个人社交平台上自行发布或转发涉及某丙与某甲情感关系的内容，并进行评论，使用“PUA”“渣男”等否定性词汇评价某甲，影射某甲与某丙死亡有一定关联，以致引发网民广泛关注讨论，致使某甲社会评价降低。某乙作为非情感关系当事人，无权未经当事人同意，发布涉及他人倾诉情感体验片段的私人信息，同时，亦并无充分证据证明某甲与某丙死亡具有关联性，某乙以自身观点评述他人情感关系，发表影射言论传递某甲与某丙死亡有一定关联的信息，欠缺客观中立性，已逾越言论自由边界，侵害了某甲名誉权。某乙二审中举示证据拟证明其涉案社交平台影响力较小，且所发布内容真实并得到某甲认可，不应承担责任，但其在无充分事实依据的前提下，发布的内容具有引导性，相关评述言论欠缺客观性，该事件已形成热点话题，引发网民广泛关注讨论，导致某甲遭受大量否定性评价的后果，故某乙所举示证据达不到其证明目的。

重庆市第一中级人民法院依照《中华人民共和国民事诉讼法》第一百七十七条第一款第一项之规定，判决如下：

驳回上诉，维持原判。

【法官后语】

信息时代，微信朋友圈、微博、抖音、小红书等网络社交平台成为公众发声、表达观点、舆论监督的重要渠道，但其作为个人表达空间的同时，也兼具有公共空间属性，公开发表涉及他人信息及言论时须审慎履行注意义务，避免对他人权利造成侵害。本案系因第三人在网络社交平台不当披露评论他人情感信息而引发的侵权纠纷，法院以裁判方式明确了公开以及评论他人情感信息行为的性质认定及评价规则，厘清了网络言论自由与侵害隐私及名誉权的合理边界。

一、他人情感信息属于个人私密信息，未经当事人同意第三人不得擅自公开

所谓私密信息系指处于隐秘状态下，不为他人所知、与社会公共利益和他

人权益无关的私人信息，在范围上主要包括个人生理信息、财产隐私、家庭隐私、个人经历隐私、其他有关个人生活的隐私等信息。除通常以静态形式存在的私密信息外，还包括因私密活动而产生的私密信息。私密活动与私密信息密切相关，二者均具有隐秘性，但私密活动系动态表现，当私密活动以静态形式体现出来，也就成为私密信息。需要说明的是，这里的隐秘性并非仅指只有当事人知道而其他人不知道的情形，也包括有限范围内的人知道但是自然人不愿为更多人所知的情形。自然人的私密信息受法律保护，虽在性质上属于个人信息，但优先适用隐私权保护的法律规定。

恋爱情感发生于特定当事人之间，属于私密活动，由此产生的情感感受、相处细节等在恋爱关系存续期间以静态形式体现出来的信息，与社会公共利益和他人权益无关，应当属于当事人私人生活领域的私密信息。涉恋爱情感的私密信息虽可能在一定范围内被亲友或其他人知晓，但该范围为有限范围，不属于公开信息。故，涉及他人情感关系及恋爱相处细节的私密信息，应由当事人自行决定是否向社会公众公开，第三人未经当事人同意公开上述信息，侵犯他人合法权益的，可能会承担相应法律责任。

二、第三人在网络社交平台评述他人情感关系应符合客观、中立要求

恋人之间的情感体验具有强烈的个人主观感受性质，关于情感关系的这一特点，人们常用“如人饮水、冷暖自知”来形容。第三人作为非情感亲历方，难以设身处地体会情感关系中当事人的切身感受，故在公开评述他人情感关系时，应以客观、中立为原则，若发表不当评述言论对他人隐私或名誉造成损害的，应承担侵权责任。

本案中，某乙对某丙和某甲情感关系的评述有违客观、中立要求，缺乏充分证据支撑。某丙虽在与某甲分手当日自杀死亡，但从某丙当日日记内容、其向友人发送的轻生信息以及某丙个人社交平台账号内容、某丙与某甲微信聊天记录来看，并无充分证据证明，某丙在与某甲恋爱过程中，某甲有PUA某丙等不当行为且某丙因此受到伤害以至于自杀死亡。即便某甲有行为在一般人看来可能属于不当，但情感关系具有较强的个人主观感受性质，某丙可能并未觉得

该行为不当或因此受到伤害，故某乙对二人情感关系的否定性评述，在无充分证据支持的情况下，系其自身认知理解，有违客观、中立要求。同时，某乙对某甲使用了“渣男”“PUA”等侮辱性用语，其行为实际致某甲的名誉受损，社会评价降低，符合网络社交平台发表不当言论侵害名誉权的构成要件，某乙应承担相应侵权责任。

三、网络言论自由与侵犯隐私权、名誉权的边界厘清

言论自由和隐私权、名誉权均是法律赋予公民的基本权利，同样受到法律保护。在几者产生权利冲突的时候，需要审慎进行利益衡量，合理厘清权利边界。

一方面，现今网络社交已成为公众生活中不可或缺的一部分，在网络社交平台表达意见、发表观点是公民行使言论自由的表现，对网络言论秉持开放包容的态度，给予公民表达意愿的空间，是法律维护公民基本权利的应有之义，亦是社会发展进步的重要推动力。

另一方面，任何自由和权利都是有限制、有条件的，网络空间也并非法外之地，言论自由亦有其边界。基于网络开放性、匿名性等特点，在网络空间发表涉及他人的言论应遵循客观、中立的要求，履行合理的审慎注意义务，不得违反法律规定和公序良俗，侵害他人合法权利。避免因发布言论不实、随意使用贬损性言辞等不当行为，超越法律限定的合理边界。

基于本案例的启示，对于他人情感关系及相关恋爱细节信息的公开及评述，因情感关系的个人主观感受性、私密敏感性，网民应持更为谨慎的态度，严守言论限制边界，不当公开及评述并造成他人损害后果的，将承担侵权责任。

编写人：重庆市第一中级人民法院　黄晨　李俊冰

38

微信群聊中对名誉权侵权的过错认定应采一般理性人标准

——刘某某诉孔某某名誉权案

【案件基本信息】

1. 裁判书字号

重庆市第三中级人民法院（2022）渝 03 民终 1442 号民事判决书

2. 案由：名誉权纠纷

3. 当事人

原告（上诉人）：刘某某

被告（被上诉人）：孔某某

【基本案情】

刘某某、孔某某均是某微信群成员，双方曾因诉讼案件发生矛盾。孔某某于 2021 年至 2022 年，在某微信群发表“开始就摆明不是正常的诉讼，是想通过超标的查封导致我公司经营困难，迫使我公司向他低头，然后他就可以敲诈一笔……整个案件的本质，就是为了获取不义之财……”“刘某某敲诈过很多老百姓、民企老板，甚至掠夺国企的资源和财富，还与政府叫板，这种人骨子里都很坏……”“不用我举报，早就被人民群众举报过了，刘某某在 2009 年就是黑社会代表人物被判刑入狱的”等言论。

刘某某曾被法院判处犯故意伤害罪、伪造公司印章罪、敲诈勒索罪数罪并罚，决定执行有期徒刑六年，其中无黑社会性质犯罪和恶势力或恶势力犯罪集团的认定。刘某某等被一审审结后，国内多家大型媒体网站曾以“欺行霸市、敲诈勒索、故意伤害，某市又一恶伙覆灭”等报道过。

刘某某以孔某某在某微信群故意造谣、侮辱、诽谤，严重侵害其人格权、名誉权为由诉至法院，要求判令孔某某在某微信群向刘某某赔礼道歉，消除影响，赔偿精神损失。

【案件焦点】

孔某某在涉案微信群发布的相关言论是否侵害刘某某的名誉权。

【法院裁判要旨】

重庆市涪陵区人民法院经审理认为：名誉权是自然人或法人就其自身特性所表现出来的社会价值而获得社会公正评价的权利。微信群一旦建立且有各方面人员加入，该群就等同于公共场所，尽管微信群只是一个网络平台，但它作为表达话语的一种载体，与现实生活中的公共场所并无差异。故，在微信群里公开侮辱或者诽谤他人、散布他人隐私而损害他人名誉、败坏他人名誉的行为，都是法律所不允许的。就本案而言，孔某某是基于与刘某某的诉讼被查封冻结资产而发表的不雅语言，认为这一切均是刘某某造成的，甚至还把刘某某以前的不当行为拿来指责刘某某，确实不妥，望被告立即改正错误。至于孔某某在微信群里发表的言论，是否构成名誉侵权问题，根据相关司法解释，任何用侮辱、诽谤、捏造事实、散布流言蜚语等方式损害他人名誉，使受害人遭受精神上的痛苦和心理上的创伤，遭受其他不利后果，都是侵害名誉权的行为。所谓侮辱是指以语言或行为公然损害他人人格，毁坏他人名誉的行为，其表现形式是将现有的缺陷或其他有损于人的社会评价的事实传播出去，以诋毁他人的名誉，让其蒙受耻辱。所谓诽谤是指捏造和散布某些虚假事实、破坏他人名誉的行为，其特征可以称之为无中生有。孔某某在涉案微信群里称刘某某是黑社会代表人物、恶势力，敲诈老百姓、国企，掠夺国企资源等言论，并无主观恶意臆造，而是基于双方矛盾、基于刘某某等涉嫌犯罪一案的判决和新闻报道，只是存在认识的扩大化、片面化，可以理解。关于其他言论，均是在事实原因基础上的认知问题，属于事出有因，故，不符合名誉权侵权的构成要件。

重庆市涪陵区人民法院依照《中华人民共和国民法典》第九百九十条、第一千零二十四条之规定，判决如下：

驳回刘某某的诉讼请求。

刘某某不服一审判决，提起上诉。重庆市第三中级人民法院经审理认为：首先，孔某某的行为是否侵害了刘某某的名誉权。自然人的名誉权是指自然人对由其活动产生的社会评价而享有的不受他人侵害的权利。诽谤通常指捏造虚假事实丑化他人人格，损害他人名誉。对诽谤行为成立的认定应以合理第三人的标准判断，同时整体性地参考表达内容的背景、时代特征等因素，即应按一个理性的、普通的、一般人的理解认为某种表达是否属于诽谤。孔某某在涉案微信群里的相关言论缺乏事实依据，其行为丑化了刘某某的人格、损害了其名誉、降低了其社会评价，并为微信群里的第三人知悉，侵害了刘某某的名誉权。

其次，孔某某是否应当承担责任。赔礼道歉，是指责任人向权利人承认其行为构成侵权并表示歉意的一种民事责任承担方式，旨在对被侵权人的精神伤害予以抚慰，通常适用于故意侵害他人人格权益的侵权行为。本案中，孔某某的行为侵害了刘某某的名誉权，依法应当承担责任。故，刘某某请求孔某某在涉案微信群里向其赔礼道歉，恢复其名誉的请求符合法律规定，予以支持；刘某某要求孔某某赔偿精神损失费的请求，因赔礼道歉本身就具有对精神伤害予以抚慰的功能，对该请求不予支持。

综上所述，本案因出现新证据，导致一审法院认定事实部分错误。刘某某的上诉请求部分成立，予以支持。

重庆市第三中级人民法院依照《中华人民共和国民法典》第九百九十五条、《中华人民共和国民事诉讼法》第一百七十七条第一款第二项之规定，判决如下：

一、撤销重庆市涪陵区人民法院（2022）渝0102民初2698号民事判决；

二、责令孔某某于本判决生效后十日内在涉案微信群里向刘某某赔礼道歉；

三、驳回刘某某的其他上诉请求。

【法官后语】

公民享有言论自由，但应以不侵害他人合法权益为前提，言论自由与名誉权时常发生碰撞冲突。根据通说，名誉权侵权的认定采取侵权责任的一般构成要件，即受害人确有名誉被损害的事实、行为人行为违法、违法行为与损害后果之间有因果关系，行为人主观上具有过错。本案权利冲突的场域发生在微信群内，行为人的相关言论与事实真实状况虽有出入，但以公众视角来看，其宣称的黑恶势力犯罪与相对人所犯敲诈勒索罪等联系的确紧密。行为人的言论是否构成名誉权侵权，一审与二审作出截然不同的认定，其争点在于对行为人的过错认定采取不同思路，核心即主观标准说与客观标准说的两种观点分歧。

其一，主观标准说，即充分结合行为人自身的各种状况推定其作出行为时的主观状态，如行为人的经历经验、学识、职业等因素。行为人在实施传播相对人相关事实或发表意见评论等行为时，或多或少基于自身过往经历等因素的预见性影响与支撑，此时对于过错的认定需将行为人的主观状态具象化。本案中，刘某某与孔某某发生矛盾在前，一审法院即从行为人主观角度出发，鉴于刘某某客观上的确曾涉其他犯罪事实及存在相关报道，认定孔某某基于先行矛盾与其片面了解的刘某某相关犯罪等情况，致使其发表言论时无法全面预见刘某某的客观真实状况，从而得出其不具有名誉权侵权的过错。

其二，客观标准说，不以行为人的主观状态而以一般理性人的视角判断行为人是否具有过错。具言之，应以相对客观的理性第三人视角与标准，衡量行为人在实施相关行为时是否存在可预见性、其应具备的相关注意义务程度等，以进一步对行为人是否具有过错作出客观评判；一般理性人标准要求整体性地参考相关表达内容的背景、时代特征等因素。二审法院即采取此种思路。一般而言，普通公众在正常情况下无法得知刘某某的真实案件状况，若在数百人的微信群内长期、多次浏览到相关言论时，难免会对相关主体产生否定性社会评价；此时以一般理性人的视角而言，其基本可以意识到该种行为可能产生的不良后果，从而得以保有合理的注意义务。

如前所述，若采取主观标准说，因行为人的自身状态复杂多样、不易捉摸，在论证行为人是否具有过错时难以相对客观化、标准化呈现行为人的主观状态，反而可能不当提升行为人的预见义务。客观标准说克服上述不利因素，在网络传播快速便捷、后果影响甚巨的当下，对于准确界定言论自由与名誉侵权的平衡边界具有重要作用。本案一审认定时详细了解了双方争议的前由经过，并结合客观要素推定行为人的主观认知状态，最终所得结果依旧失之偏颇；二审采一般理性人标准，以一种相对理性客观角度评判行为人的注意义务程度与主观状态，有利于防止主观推定的恣意性。总体而言，本案中孔某某的相关言论与实际状况并不一致，以诽谤行为认定的理性第三人标准可以判断该行为具有违法性，客观上该行为在数百人的不特定对象微信群里传播，高度盖然性地会对刘某某产生负面社会评价，再结合前述对于过错的论证等综合情况来看，孔某某构成名誉权侵权。

编写人：重庆市第三中级人民法院　吴小

39

在微信群中侵害他人名誉权的责任认定

——某乙诉某甲名誉权案

【案件基本信息】

1. 裁判书字号

北京市第二中级人民法院（2022）京02民终9566号民事判决书

2. 案由：名誉权纠纷

3. 当事人

原告（被上诉人）：某乙

被告（上诉人）：某甲

【基本案情】

某甲系北京某某物业管理发展有限公司（以下简称某物业公司）股东及法定代表人，任执行董事。某乙原为某物业公司的股东，任副总经理，于2022年

1月28日退出股东身份。

2022年1月，某甲在出差期间被人跟踪堵截，因自己的出差行程知道的人很少，某甲怀疑是某乙将自己的行程信息泄露出去。1月9日公司例会上，在缺乏充分证据证明某乙泄露其个人行踪的情况下，某甲说自己在出差时被跟踪并推测其行踪系公司内部人员泄露，言语中表示“信息都是你泄露的”，直接指向某乙。某甲讲述后，要求公司其他部门领导对此发表意见，明确谁是“内鬼”，其他人员对此进行了附和，某乙则予以否认。过程中，某甲言辞激烈，某乙情绪激动。为自证清白，某乙“以死证明”，摔碎玻璃器物来割伤颈部，后被送往医院。此后，某甲多次在相关微信群内对某乙进行侮辱、诽谤，煽动公司人员及行业内其他人员对某乙进行辱骂。自2022年1月11日起，某甲在无证据的情况下，先后在公司会议、物业大家庭、股东群、区域经理群等多个微信群内发表“损害公司利益”“地地道道的汉奸”等内容，直指某乙倒卖公司项目，引发多人在群内附和并相继发出“汉奸”“内鬼”“叛徒”“黑恶势力”“锄奸”等内容。某乙曾在群内发送个人声明图片截图，表明自己并不存在群内讨论的相关情况，会对相关人员的言行追究法律责任。但某甲并未就此停止，仍然在微信群内发表相关言论，引发讨论。某乙不堪其扰，深受打击，情绪低落。经医院诊断，某乙存在重度抑郁情绪。

某乙提出如下诉讼请求：(1) 某甲立即停止在公司会议、微信群及朋友圈发布有关损害某乙名誉的言论；(2) 某甲向某乙当面赔礼道歉，并通过在公司会议、微信群、朋友圈、公司官网，以及微信公众号中发布道歉信的方式为其消除影响、恢复名誉；(3) 某甲赔偿某乙医疗费、公证费、律师费；(4) 某甲赔偿某乙精神损害抚慰金。

【案件焦点】

某甲在微信群中针对某乙发表的言论是否侵犯名誉权。

【法院裁判要旨】

北京市东城区人民法院经审理认为：某乙、某甲系同事关系，某甲作为公司领导，在无充分证据证明其行踪系被某乙泄露的情况下，在多人参加的公司例会上通过言语直接指向某乙，并使用“内鬼”等字眼，导致其他与会人员亦对此进行附和，该行为导致某乙情绪激动，割颈受伤。之后，某甲又在无充分证据的情况下在微信群中发送文件，称“二黄伪造国家机关公有住房文件”“获得高点数收益，并接受对方礼品”“揭秘集资骗局”，并以“汉奸”“邪不压正”字眼指向某乙，上述言论已构成对某乙人格尊严的侵害，故某甲构成侵权。对于某甲辩称微信群不具有公开性，法院认为，普通大众不同于明星等公众人物，普通大众的社会评价主要来源于其生活、工作环境中的人员，某甲发布消息的微信群为二人的单位工作群，人数较多，且事实上已经造成其他人员随某甲的言论而对某乙产生负面评价的后果，故，对于某甲的辩称不予采信。

鉴于本案涉及的侵权的体现形式为会议中的言论以及在微信群中发布的消息，该言论及消息已经实际发生且无法以撤回的方式停止，现也无证据显示某甲仍在进行该行为，某乙要求立即停止侵权行为并无实际履行内容，不予支持，若某甲日后有其他侵权行为，双方可另行解决；对于已经实际发生的侵权行为，某乙要求某甲赔礼道歉、消除影响、恢复名誉，于法有据，予以支持，但法院将根据其侵权行为发生的具体方式和造成的影响范围，对赔礼道歉、消除影响、恢复名誉的履行方式予以调整；对于某乙主张的各项损失，因颈部受伤发生的医疗费损失2173.43元与某乙在公司例会上的侵权行为有直接的因果关系，予以支持，但其他医疗费与本案并不具有直接的关联关系，且公证费、律师费亦并非必然支出，不予支持；考虑到某甲的侵权行为确实给某乙造成了心理上的伤害，某乙主张精神抚慰金，理由正当，予以支持，法院结合某甲的过错予以酌定为3000元。

北京市东城区人民法院依照《中华人民共和国民法典》第九百九十五条、第一千条第一款、第一千零二十四条，《中华人民共和国民事诉讼法》第六十七条第一款，《最高人民法院关于适用〈中华人民共和国民法典〉时间效力的若干规定》第一条第一款之规定，判决如下：

一、被告某甲于本判决生效后十日内在公司会议、微信群中向原告某乙公开赔礼道歉、消除影响、恢复名誉（内容须经法院审核，逾期不履行或者因客观事由无法履行的，法院将选择在一家全国公开发行的报刊上公布判决主要内容，费用由被告某甲承担）；

二、被告某甲于本判决生效后十日内赔偿原告某乙医疗费损失 2173.43 元；

三、被告某甲于本判决生效后十日内赔偿原告某乙精神抚慰金 3000 元；

四、驳回原告某乙的其他诉讼请求。

某甲不服一审判决，提出上诉。北京市第二中级人民法院经审理认为：某甲在无充分证据的情况下在微信群中发表文件及带有强烈贬损色彩的言辞，其行为已经构成对某乙的人格侮辱，故，对某甲关于其行为仅是对工作中发现某乙问题与错误予以指出和批评的上诉意见，不予支持。某甲关于涉案微信群为封闭的公司内部工作群，并非公共空间的上诉意见，本院认为：经查，某甲发布不当言论的几个微信群中的人数分别达 457 人、314 人，已造成多人对某乙作出负面评价，故，对某甲的该项上诉意见不予支持。某甲的行为，损害了某乙的人格尊严，客观上降低了对某乙的社会评价，构成名誉侵权，应当承担相应的民事责任。

北京市第三中级人民法院依照《中华人民共和国民事诉讼法》第一百七十条第一款第一项规定，作出如下判决：

驳回上诉，维持原判。

【法官后语】

当下即时通讯软件已经渗入人们工作生活的方方面面，通过即时通讯软件让人们线上、线下的工作生活交织起来，微信群、朋友圈、公众号等软件应用工具的兴起，在网上营造了一个虚拟的社会公共空间，由此不可避免地带来了新的法律问题。互联网不是法外之地，在即时通讯软件中所进行的社交行为也要遵循一定的行为界限，因言论不当而侵犯他人名誉权的也要承担相应的法律责任。

一、微信群中侵害名誉权行为的认定

微信群的成员情况与损害事实认定紧密相关，微信群成员关系是否特定、成员人数的多寡对认定是否构成损害具有重要意义。微信群所构成的社交圈可以是由特定关系人组成，如家人群、同事群、同学群等，也可以是不特定关系人组成，如小区业主群、行业群、某某课程群等，通常不特定关系人构成的微信群更具有公共空间的属性，在公共场合中发布不实言论更容易被认定为侵犯名誉权。微信群的成员及人数关系到侵权行为的传播范围及名誉受损的影响范围，在损害事实认定中是重要的考量因素，如在一般的家人群中发表言论很难认定为名誉权侵权，但是几十人、上百人的特定或不特定关系人组成的微信群则可认定为公共空间，与现实生活中的公共场所无异，不因微信群固定人数而有所区别，如在本案的同事群中，人数多达三百余人，无异于在公司的全体大会上发表言论而产生的影响。

二、名誉权损害程度的判定

在微信群中发表不当言论构成名誉权侵权的损害程度可以从该言论的恶劣程度、发布频次、持续时间，网络传播的便利、广泛、快捷特点。发布信息对成员潜在的影响以及成员反馈的评价等因素综合考量。侵犯自然人名誉权常常表现为侮辱、诽谤等形式，是针对公民人格、品德、思想等与人格相关的内容。结合原《最高人民法院关于审理名誉权案件若干问题的解答》（已失效，但是相关规定对于司法实践仍有指导价值）第七条、《最高人民法院关于审理利用信息网络侵害人身权益民事纠纷案件适用法律若干问题的规定》第十一条的规定，涉案言论确属侮辱、诽谤、贬损性言辞，某甲的行为确易引发他人对某乙的猜测和误解，损害同事对其的信赖，对其产生负面认识，造成其社会评价降低。

三、言论自由与名誉权的冲突与平衡

侵权人通常以行使言论自由作为抗辩理由，因此在审理涉微信名誉权侵权纠纷案件时还应当厘清言论自由与名誉权的边界。言论自由是宪法赋予公民的一项基本权利，是公民通过积极的言论表达自身观点，发表言论的权利。名誉权是人格权的一种，是民事主体依法享有的维护自身名誉并排除他人侵害的权利，其设定的目的在于通过规范甚至是限制人们的言论自由以实现保护他人的名誉。言论自由与名誉权均为公民重要的权利或自由，两者缺一不可。网络的发展突破了地理、时空的限制，使得人们表达自由的空间更为广泛，同时也更容易发生对他人名誉权的侵犯，因此如何处理二者的冲突，充分保障公民的各项基本权利，成为审判中应当解决的问题。在网络环境下需要我们通过利益衡量原则去平衡二者之间的关系，以维护网络空间的权利秩序。本案被告某甲在微信群中发表的不当言论缺乏依据，使用的侮辱、贬损性言辞已经侵犯了他人的正当权益，超出了法律规定的言论自由边界，应当受到限制。

名誉权是一项重要的人格权，有着十分积极的社会价值，在各国法律体系中都作为重要的法益予以保护。随着我国民法典的颁布实施，对于名誉权的保护也更加强化和完善，不仅将名誉权作为一种人格权加以规定，同时也在侵权的民事责任中对侵犯名誉权的责任方式作出了规定，这就从正反两个方面完善了名誉权保护制度，对受害人提供的补救措施也更为全面和完备。

编写人：北京市东城区人民法院　孙玲杉　荣慧

40

在工作微信群发布不实信息是否构成侵害他人名誉权的认定

——某甲诉某乙名誉权案

【案件基本信息】

1. 裁判书字号

山东省淄博市中级人民法院（2021）鲁03民终3623号民事判决书

2. 案由：名誉权纠纷

3. 当事人

原告（上诉人）：某甲

被告（被上诉人）：某乙

【基本案情】

2019 年 9 月，某乙与某甲因排除妨害纠纷向法院提起诉讼，法院判决驳回某乙的诉讼请求。2021 年 1 月、4 月，某乙先后两次通过微信网络平台向所在村某工作微信群发送“某甲宗地图”并在下方添加文字“某甲双语幼儿园造假图，屋后留出 5 米，屋东留出 5 米”。2021 年 1 月 18 日，某乙在村党员、村民代表会议上张贴“某甲宗地图”，并在图上添加文字“这个图是某甲造的假图、假数，屋后应该是 3 米，屋东是 2.5 米，造假后改成 1.5 米……”某甲认为某乙利用微信网络平台肆意散布虚假事实，严重侵犯其名誉权而诉至法院，要求某乙停止侵权、赔礼道歉并赔偿损失。

【案件焦点】

某乙通过工作微信群发布涉案信息是否构成对某甲名誉权的侵害。

【法院裁判要旨】

山东省桓台县人民法院经审理认为：首先，在微信群、会议现场发布信息应当合乎法律规定。微信群是一种可以上传、分享图片、信息等内容的互联网社交平台，是社会公众交往的重要工具。用户在微信群发布信息，与在会议现场等公众场所发布信息一样，应当遵守相关法律法规，符合真实可信、公序良俗等要求，不得恣意而为，发布诋毁他人、诽谤他人的不实言论。某乙在其起诉某甲排除妨害纠纷一案民事判决已经生效的情况下，不能理性对待纠纷、依理依法维权，在涉案微信群发布的“某甲宗地图造假”等信息，缺乏事实依据，不属于真实可靠的信息。某乙在微信群、会议现场发布不实信息，显然属于有违法律的不当行为，的确对某甲造成了心理上的困扰。但是否构成对某甲名誉权的侵害，还要考虑该行为是否导致某甲社会评价的降低。本案中，某乙在网络上、会议现场等公众场所，公然发布某甲“造假”的不实信息，客观上存在贬损某甲的信用、声望等名誉的影响力。综上，某乙在涉案微信群、会议现场发布“某甲宗地图造假”等不实信息，对某甲的名誉有贬损的可能性。但某乙与某甲均系本村村民，其行为系因双方相邻纠纷而引发，某乙所发布的消息也系在本村村民范围之内。在这样的范围之内，村民对于双方具有很高的熟识度，某乙发布的不实信息，在村民对某甲的社会评价方面的影响有限。综合考虑双方所处的社会环境、某乙所发布不实信息的范围、恶劣程度、影响力等因素，某乙在网络上、会议现场发布的不实信息尚不足以构成对某甲名誉权的侵害。故，对某甲的诉讼请求不予支持。需要说明的是，这一认定充分考虑了某甲、某乙相邻关系的因素，目的在于维护和改善双方的紧张关系，而不是对某乙在网络上、会议现场发布不实信息的肯定、默认。

山东省桓台县人民法院依据《中华人民共和国民法典》第一百零九条、第一百一十条、第九百九十条、第九百九十一条、第一千零二十四条，《中华人民共和国民事诉讼法》第六十四条，《最高人民法院关于适用〈中华人民共和国民事诉讼法〉的解释》第九十条之规定，判决：

驳回某甲的诉讼请求。

某甲不服一审判决，提起上诉。山东省淄博市中级人民法院经审理认为：某乙与某甲因排除妨害纠纷产生争议，在排除妨害民事判决已生效的情形下，某乙如仍持有异议，应依法理性维权；其在生效判决驳回其诉讼请求的情形下，在涉案微信群发布的涉案信息不属于真实可靠的信息。认定是否构成名誉权侵权，要综合考量行为人实施的行为是否影响到社会公众对受害人的评价。本案中，某乙与某甲系同村村民，某乙发布的消息也系在本村村民范围之内，在此范围内信息受众对于某乙与某甲以及双方之间的相邻纠纷均具有很高的熟识度，某乙的行为对某甲社会评价的影响有限。基于以上考虑并出于维护和改善双方紧张关系的目的，在明确指出某乙不当行为的前提下，一审判决驳回某甲的诉讼请求并无不当。

山东省淄博市中级人民法院依照《中华人民共和国民事诉讼法》第一百七十条第一款第一项之规定，判决：

驳回上诉，维持原判。

【法官后语】

本案主要涉及在工作微信群中发布不实信息是否构成侵害他人名誉权的认

定问题。所谓名誉，是一种社会评价，是对民事主体的品德、声望、才能、信用等方面的社会评价。名誉权是一种具体人格权，也就是指自然人和法人、非法人组织就其自身属性和价值所获得的社会评价，享有保有和维护自身名誉的权利，尤其是人格尊严受法律保护的权利。对此，《中华人民共和国民法典》第一千零二十四条明确规定："民事主体享有名誉权。任何组织或者个人不得以侮辱、诽谤等方式侵害他人的名誉权。名誉是对民事主体的品德、声望、才能、信用等的社会评价。"

名誉关系民事主体在社会生活中的地位和尊严，以及他人对该民事主体的信任程度。好的名誉不仅能为民事主体带来精神满足，更能转化为相应的经济利益，为经济活动提供便利；而名誉的损害、社会评价的降低，会给民事主体带来诸多不便。随着互联网技术的发展，侵害名誉权的手段、方式和程度等发生了极大的变化，超越了传统媒介的限制，在网络上无时空限制地传播、扩散，给名誉权人带来的精神损害也更加难以恢复。同时，名誉权是否受到侵害有严格的界定，对于名誉权侵权的认定不能过于宽泛，认定名誉权是否遭到他人的侵害，并不是由权利主体的主观感觉来决定的，而应当按照名誉权侵权的构成要件进行严格审查。

从侵害名誉权的侵权构成要件来看，主要包括以下四个方面：一是侵害名誉权的违法行为。即自然人、法人或非法人组织违反法定义务、违反法律所禁止而实施的，以自然人、法人或非法人组织的名誉为侵害客体的作为或不作为。其行为方式主要是以侮辱、诽谤的方式损害他人名誉。二是侵害名誉权的损害后果。即行为人捏造并散布虚假事实，诋毁、诽谤他人名誉，导致他人社会评价降低以及由此衍生的其他损失，包括精神损害。三是侵害名誉权的违法行为与损害后果具有因果关系。即侵害他人名誉权的违法行为与受害人遭受损害的损害后果之间具有引起和被引起的关系。传统名誉权侵权情况下，直接侵害他人名誉权的行为自然构成侵权责任。网络侵害名誉权情况下，在侵害名誉权的案件中违法行为与损害事实之间的因果关系往往具有一定的特殊性，在很多情况下，损害并不是违法行为直接造成的，而是经过中间媒介的传播扩散造成损害后果。四是侵害名誉权具有主观过错。行为人对其行为所造成的他人名誉受损的结果具有主观过错，包括故意和过失，这是其承担名誉权责任的前提。

认定微信群中的言论构成侵犯他人名誉权，应当符合名誉权侵权的全部构成要件，还应当考虑信息网络传播的特点并结合侵权主体、传播范围、损害程度等具体因素进行综合判断。如在本案中，其核心问题就是某乙在工作微信群和会议现场发布"某甲宗地图造假"等信息是否构成对某甲名誉权的侵害。本案在法律框架内运用社会主义核心价值观进行说理，将法律评价与道德评价相结合，积极发挥社会主义核心价值观的导向作用。考虑到某乙的行为虽然不当，但的确对某甲造成心理上的困扰，对某甲的名誉有贬损的可能性。但是，某乙与某甲比邻而居，某乙的行为系因双方相邻纠纷而引发的，某乙所发布的消息也系在本村村民范围之内。在这样的范围之内，村民对于二人具有很高的熟识度，某乙发布的不实信息，在村民对某甲的社会评价方面，影响是有限的。综合考虑二人所处的社会环境、某乙所发布不实信息的范围、恶劣程度、影响力等因素，法院最终认定某乙在网络上、会议现场发布的不实信息尚不足以构成对某甲名誉权的侵害，故，对某甲的诉讼请求未予支持。但必须说明的是，法院这一认定目的在于维护和改善双方的紧张关系，弘扬诚信、和谐、友善的社会主义核心价值观，而不是对某乙发布不实信息的肯定和默认。综上可以看出，当事人在微信群发布信息，应当遵守相关法律法规，符合真实可信、公序良俗等要求，不得恣意而为，发布诋毁他人、诽谤他人的不实言论。本案判决强调邻里之间相处应当友善，在微信群发布不实消息不仅不能解决纠纷，反而会破坏双方之间的友好关系，不利于和谐稳定社会秩序的建立。

编写人：山东省淄博市中级人民法院　荣明潇

山东省桓台县人民法院　胡雪莹

41

在微信朋友圈发表不当言论侵害他人名誉权的认定

——某甲诉某乙名誉权案

【案件基本信息】

1. 裁判书字号

山东省淄博市中级人民法院（2022）鲁03民终2109号民事判决书

2. 案由：名誉权纠纷

3. 当事人

原告（被上诉人）：某甲

被告（上诉人）：某乙

【基本案情】

某甲系某社区居委会（以下简称某居委会）法定代表人、党支部书记，某乙系某管道安装公司法定代表人。2020年上半年，某居委会作为发包人（甲方）与某管道安装公司（乙方）签订自来水供水管道安装合同，由乙方承包甲方的自来水管网改造安装工程。工程施工后，双方对合同履行产生争议，相关事宜未经结算，某居委会主张工程截至目前尚未全部完工，发包人催促承包人验收但因未竣工未果；某居委会已超付工程款，所以前期拒绝某乙要求继续付款诉求。某乙主张根据其公司投入工程物料和合同约定单价计算减去居委会已付款，认为尚欠工程款。自2021年11月起，某乙多次在其微信朋友圈发布其到某居委会催要工程款且由某甲接待其视频，并配有文字内容。主要内容：某甲“作为支部书记不履行合同，多次违约无视法律法规，欠款理直气壮”“欠款理直气壮支部书记”“某支部书记有合同不认账，书记不是用来欺压百姓的，拖欠欠款不给还理直气壮!”某乙还动员朋友圈所有人帮忙转发。

某甲起诉后，某乙主动删除前述视频资料。

【案件焦点】

某乙在微信朋友圈发布的内容是否构成侵犯某甲的名誉权。

【法院裁判要旨】

山东省淄博市博山区人民法院经审理认为：本案中，某乙因其担任法定代表人的公司与某甲担任法定代表人的单位之间存在经济纠纷，其本应依法维权，但其在尚未确定合同的履行及债权债务关系的情况下，即在其微信朋友圈发布载有某甲影像及其单方评论的内容，并指责某甲身为党员、党支部书记，“多次违约无视法律法规，欠款理直气壮欺压百姓”“不为民办事”，某乙前述表述内容未经合法方式确认，无证据支撑，显然构成对某甲的人身攻击，已经超出合同当事人合法维权的范畴，侵害了某甲的名誉，具有违法性；某乙要求其朋友圈好友积极转发涉案视频，主观上带有故意贬低某甲的意图；微信朋友圈作为个人的社交平台，已经构成由不特定人群组成的公众平台；某乙的不当言论，客观上也使某甲的品德、声望、信用等社会评价降低，使某甲名誉遭受损害；某乙的行为与某甲名誉遭受损害之间具有因果关系。据此，某乙行为符合名誉侵权要件，构成对某甲名誉权侵害。人格权受到侵害的，受害人有权依照《中华人民共和国民法典》和其他法律的规定请求行为人承担民事责任。因某乙已主动删除相关内容，侵权行为停止，某甲要求停止侵害的诉求已无必要，不予支持。对某甲要求某乙消除影响、恢复名誉、赔礼道歉的诉求予以支持。该民事责任应当与侵权行为的具体方式和造成的影响范围相当，故，对某甲主张某乙应在其微信朋友圈发布相应致歉声明，消除影响、恢复名誉的请求予以支持。至于某甲主张的精神抚慰金，因某乙侵权行为未造成严重后果，对其该主张不予支持。

山东省淄博市博山区人民法院依照《中华人民共和国民法典》第九百九十一条、第九百九十五条、第九百九十八条、第一千条、第一千零二十四条、第一千一百六十五条、第一千一百八十三条，《最高人民法院关于确定民事侵权精神损害赔偿责任若干问题的解释》第一条、第五条之规定，判决：

一、某乙在其微信朋友圈发布对某甲的致歉声明，为某甲消除影响，恢复名誉；若某乙拒不履行，将采取在原、被告住所地公示栏公布裁判文书等合理替代方式执行，由此产生的费用由某乙承担；

二、驳回某甲的其他诉讼请求。

某乙不服一审判决，提起上诉。山东省淄博市中级人民法院经审理认为：根据法律规定，民事主体享有名誉权，任何组织或者个人不得以侮辱、诽谤等方式侵害他人的名誉权。本案中，某乙在其担任法定代表人的公司与某甲担任法定代表人的单位之间存在经济纠纷的情况下，其本应依法维权，但其在尚未确定合同的履行及债权债务关系的情况下，即在其微信朋友圈等发布载有某甲影像及其单方评论的内容，一审法院认定某乙行为符合名誉侵权的特点，构成对某甲名誉权的侵害并无不当。《中华人民共和国民法典》第九百九十八条规定，认定行为人承担侵害除生命权、身体权和健康权外的人格权的民事责任，应当考虑行为人和受害人的职业、影响范围、过错程度，以及行为的目的、方式、后果等因素。一审法院基于上述法律规定，认定民事责任应当与侵权行为的具体方式和造成的影响范围相当，判决某乙应在其微信朋友圈发布相应致歉声明，消除影响、恢复名誉亦无不当。据此，判决如下：

驳回上诉，维持原判。

【法官后语】

本案主要涉及在微信朋友圈发布不当言论是否构成侵害他人名誉权的认定问题。

《中华人民共和国民法典》第一千零二十四条规定，民事主体享有名誉权。任何组织或者个人不得以侮辱、诽谤等方式侵害他人的名誉权。名誉是对民事主体的品德、声望、才能、信用等的社会评价。微信是当下重要的社交媒体平台之一，在微信朋友圈推送信息、发表言论是重要的社交形式，微信朋友圈系基于不同社会关系、由不特定关系人聚集组成的群体，具有公共空间属性，在社会生活中会产生一定影响力。认定微信朋友圈中的言论是否构成名誉权侵权时，应考虑该言论在特定朋友圈中产生的影响是否足以使该言论所指向的对象社会评价降低。

从名誉侵权行为构成要件看，一般为：受害人确有名誉被损害的事实；侵权人存在不当的言论散布行为；不当行为及散布内容与损害后果之间存在因果关系；侵权行为人有主观过错。当然，网络名誉侵权还应当考虑信息网络传播的特点并结合侵权主体、传播范围、损害程度等具体因素进行综合判断。司法实践中，涉案言论能否造成其指向对象社会评价降低还可以参考下述因素认定：(1) 微信朋友圈成员范围或者与当事人的亲密、熟悉关系，如果微信朋友圈成员对言论涉及对象较为熟悉或存在紧密关系，则负面言论肯定引发对当事人信誉、人格方面质疑，进而造成其社会评价降低；若微信朋友圈成员对言论涉及对象并不了解或现实中并不相识，即使言论有不当或过激之处，也只是轻微造成言论对象社会评价降低。(2) 言论发布具体内容，如果言论内容仅涉及一般性人格侮辱、人身攻击等，即使发布也会很快被微信朋友圈成员遗忘，此时言论对他人产生的社会评价降低效应有限，侵权程度有限；若言论涉及两性关系、经济交往、身体缺陷等涉及他人隐私内容的，再结合言论的反复性、经常性发布特点，此时会显著降低当事人社会评价，发布者应当承担较重的侵权责任。(3) 言论发布时间点，若言论发布时间会对他人所欲实施行为产生重大阻碍，如在他人即将结婚时发布他人相关恋情破坏仪式流程等，即使言论模糊或不具有侮辱性，但结合可能造成的后果，也应当认定为名誉侵权严重。(4) 内容反馈及转载情况，不当内容发布后受到微信朋友圈成员广泛评价或转载的，会对当事人名誉造成进一步伤害，应当承担较重侵权责任。

本案中，某乙因其担任法定代表人的公司与某甲担任法定代表人的某居委会之间存在经济纠纷，其本应依法维权，但其在某居委会未出现实质违约情况下，在对某甲也较为熟悉、了解的微信朋友圈发布载有某甲的影像及其单方对某甲负面评论和指责的内容，因其相关债权主张未经合法方式确认，无证据支撑，已明显构成对某甲的人身攻击，超出当事人维权范畴，带有通过名誉诽谤、威胁以强迫某甲履约的意图。某乙在微信朋友圈的表达显然损害了某甲的名誉，超越合理范畴，明显违法。更为恶劣的是，某乙还要求其朋友圈好友积极转发，反映出其主观上故意贬低某甲的意图。从某乙在微信朋友圈发布言论的具体内容、发布时机、转载要求及朋友圈成员特点看，其行为完全契合名誉侵权特点，构成对某甲名誉权侵害。应当承担停止侵权、删除内容，乃至消除影响、赔礼道歉的法律责任。

社会生活中，即便当事人履行合同不当，也应当依照合同约定与交易习惯承担相应违约责任，而不应当肆意在特定网络平台或社会公众中损害对方名誉。

编写人：山东省淄博市中级人民法院　荣明潇　杨富元

42

分手情侣利用公共社交平台互相辱骂均侵犯名誉权

——邓某诉凌某名誉权案

【案件基本信息】

1. 裁判书字号

广西壮族自治区南宁市中级人民法院（2022）桂01民终11913号民事判决书

2. 案由：名誉权纠纷

3. 当事人

原告（反诉被告、上诉人）：邓某

被告（反诉原告、被上诉人）：凌某

【基本案情】

2020年4月，邓某与凌某相识，邓某隐瞒已婚的状况，双方于同年8月确立恋爱关系；后凌某怀孕，因身体不适，于同年11月进行人工流产手术。之后凌某以邓某的欺瞒行为造成凌某身心伤害为由诉至法院，要求邓某向凌某书面赔礼道歉，赔偿凌某因流产而产生的医疗费等损失，该案经一、二审审理，法院于2021年11月作出（2021）桂03民终3008号民事判决，认为邓某对凌某构成侵权，判决邓某向凌某赔偿医疗费、交通费、误工费、营养费及精神损害抚慰金。

邓某、凌某均为某应用软件（以下简称某软件）的用户。2021年4月11日，凌某使用其某软件账号发布：邓某……快还钱……5月10日该账户发布二人前述案件的一审《立案通知短信》《受理通知书》《传票》的照片。凌某使用他人的移动电话号码注册某软件账号，该账户由凌某使用，2021年1月1日邓某截图留存时，该账户有粉丝11人，获赞16次，并发布8篇图片形式的文章：1. 故事里有个人叫邓某，他老婆大肚子三个月，在A地在B地在C地在D地骗女人……婆婆领着媳妇骂被骗的无辜人……2. 一家人都恶毒……3. 你不配做人，你会遭报应的……4. 报应生病……邓某使用其某软件账号于2021年12月15日17时至次日凌晨与凌某的某软件账号进行私聊，邓某的账号发表……又臭又*……到处认祖宗等言论。邓某以其某软件“小号”），在凌某的某软件账号留言区发表……烂货，拿着骨头去养伤……

原告邓某以凌某多次使用某软件、微信软件的朋友圈，对邓某进行诽谤、辱骂，侵害其名誉权为由诉至法院，请求法院判令凌某赔偿邓某精神损失费、向邓某公开赔礼道歉。

反诉原告凌某以邓某使用某软件账号、小号，通过发布、关注、评论等方式，侵害凌某的名誉权为由提出反诉，请求法院判令邓某停止侵害、消除影响、赔礼道歉并赔偿精神损害抚慰金。

【案件焦点】

1. 当事人双方是否分别构成对对方的名誉权侵权；2. 如双方分别构成侵权，如何认定双方各自的责任承担。

【法院裁判要旨】

广西壮族自治区南宁市江南区人民法院经审理认为：被告凌某使用其某软件账号在2021年4月11日发布的内容，是催告原告邓某履行付款义务和二人另一案件的程序性文书，这个账号发布的内容，并未侵犯邓某的合法权益。邓某举证的“凌某微信朋友圈的内容”，尚不能证明是凌某的微信账户发布，即使是凌某的微信账号发布，其内容也只是前述案件的有关文书内容，亦未侵害邓某的合法权益。凌某发送“邓某还钱”的短信息，亦未侵害邓某的合法权益。综上，凌某的上述行为不构成侵权。凌某与邓某的母亲、妻子进行微信、移动电话短消息对话的内容，对邓某的人格权不构成侵权；若邓某母亲和妻子认为其权利受到侵害的，由邓某母亲和妻子自行起诉，邓某也不能在本案中以此主张凌某侵权。

凌某使用他人移动电话注册的某软件账号有侮辱邓某的性质；该账号发布的8篇图片性文章，有侮辱、诽谤邓某的文字内容，若有其他某软件用户浏览过该账号的内容，足以使这些用户对邓某的品行、德行、名声、信用等的社会评价降低，构成对邓某名誉的贬损，是凌某实施侵害邓某名誉权的侵权行为；邓某的社会评价降低，是受到的损害；邓某所受的损害，与凌某侵权行为之间，具有相当因果关系；凌某发表侵权文字、图片的行为，为主观故意的心态且行为违法。邓某所持的侵害名誉权的侵权行为损害赔偿请求权，要件齐备，合法有据，应由凌某向邓某赔偿损失。

反诉被告邓某以其某软件账号与反诉原告凌某进行私聊时，发送有侮辱、诽谤凌某的文字内容，构成对凌某名誉的贬损，是邓某实施侵害凌某名誉权的侵权行为；凌某的社会评价降低，是受到的损害；凌某所受的损害，与邓某侵权行为之间，具有相当因果关系；邓某发表侵权文字的行为，为主观故意的心态且行为违法。凌某所持的侵害名誉权的侵权行为损害赔偿请求权，要件齐备，合法有据，应由邓某向凌某赔偿损失。同理，邓某使用某软件小号在凌某某软件账号的评论区内对凌某发送侮辱性的文字，也侵害了凌某的名誉权。

广西壮族自治区南宁市江南区人民法院依照《中华人民共和国民法典》第

一百七十九条第一款、第九百九十五条、第一千一百八十三条，《中华人民共和国民事诉讼法》第六十七条第一款之规定，判决如下：

一、被告凌某在其使用过的某软件账号中删除使用原告邓某的名字，删除该账号内全部带有侵犯原告邓某名誉权的文字和图片，被告凌某不得再实施侵害原告邓某合法权益的行为；

二、被告凌某向原告邓某书面赔礼道歉，道歉内容须经本院审核；

三、若被告凌某不履行上述第一项、第二项判决规定的义务的，本院将在某软件账号或广西壮族自治区内公开发行的媒体，发布本判决之一部分或全部，所产生的费用，由被告凌某负担；

四、被告凌某向原告邓某赔偿精神损害抚慰金3000元；

五、驳回原告邓某的其他诉讼请求；

六、反诉被告邓某在其某软件账号中删除全部带有侵犯反诉原告凌某名誉权的文字和图片，反诉被告邓某不得再实施侵害反诉原告凌某合法权益的行为；

七、反诉被告邓某向反诉原告凌某书面赔礼道歉，道歉内容须经本院审核；

八、若反诉被告邓某不履行上述第六项、第七项判决规定的义务的，本院将在某软件账号或广西壮族自治区内公开发行的媒体，发布本判决之一部分或全部，所产生的费用，由反诉被告邓某负担；

九、反诉被告邓某向反诉原告凌某赔偿精神损害抚慰金5000元；

十、驳回反诉原告凌某的其他诉讼请求。

邓某不服一审判决，提起上诉。广西壮族自治区南宁市中级人民法院经审理认为：关于凌某应如何向邓某赔偿精神损害抚慰金的问题。凌某对邓某进行侮辱和诽谤，造成邓某名誉受损并在精神上受到伤害，故，邓某主张精神损害抚慰金，合法有据，应予支持。参照凌某的过错程度，侵权的手段、场合、行为方式等具体情节，并结合侵权行为所造成的后果、侵权人承担责任的经济能力和本地平均生活水平，一审法院酌定凌某向邓某赔偿精神损害抚慰金3000元，足以抚慰邓某精神所受的损害，本院对此予以维持。

关于邓某是否侵犯凌某名誉权的问题。邓某使用其某软件账号在与凌某的聊天中发送有侮辱、诽谤凌某的文字内容，构成对凌某名誉的贬损，系邓某实施侵害凌某名誉权的行为。邓某未能举证证明其与凌某微信聊天的环境处于保密环境，也不能证明凌某所处环境为保密环境，即邓某在聊天中辱骂凌某的内容有可能被他人所知悉，其行为构成对凌某名誉权的侵害，故，对邓某关于双方私聊不会给凌某在社会上造成负面影响，不会侵害其名誉权的主张，不予支持。同时，邓某使用某软件小号在凌某某软件账号的留言区对凌某发表谩骂侮辱性的内容，也侵害了凌某的名誉权。因若其他某软件用户浏览过该内容，会客观上降低凌某的社会评价。同时，因邓某发表侵权文字的行为具有主观故意，其侵权行为与凌某的名誉受损存在因果关系，故一审认定邓某侵害了凌某名誉权并无不当，本院予以维持。因邓某通过某软件账号实施了侵害凌某名誉权的行为，故一审判决邓某将其某软件账号中带有侵害凌某名誉权的文字和图片删除，并向凌某赔礼道歉，并无不当，本院予以维持。

关于邓某是否应向凌某赔偿精神损害抚慰金的问题。邓某对凌某进行侮辱和诽谤，造成凌某名誉受损并在精神上受到伤害，故，凌某主张精神损害抚慰金，合法有据，应予支持。本案中，邓某对凌某实施了两个侵权行为：一是使用某软件账号在私聊中侮辱凌某将近 7 小时；二是使用某软件小号在凌某某软件账号评论区发表侮辱凌某的文字内容，为此，参照邓某的过错程度，侵权的手段、场合、次数及行为方式等具体情节，并结合侵权行为所造成的后果、侵权人承担责任的经济能力和本地平均生活水平，一审法院酌定邓某向凌某赔偿精神损害抚慰金 5000 元，并无不当，本院对此予以维持。邓某称凌某要求精神损害抚慰金赔偿的主张构成重复请求，因为（2021）桂 03 民终 3008 号民事判决书已经判决邓某赔偿凌某精神损害抚慰金。对此本院认为，该案是凌某基于邓某隐婚给其造成损失而提起的诉讼，本案是凌某基于邓某在该案判决后，仍通过某软件账号侵害凌某名誉权而提起的诉讼，两个侵权行为并不相同，故，凌某在本案所主张的精神损害抚慰金不属于重复请求。邓某称凌某侵犯了其家人的名誉权，但其该主张与本案无关，若邓某家人认为凌某侵犯其名誉权，则可以另行主张权利。

广西壮族自治区南宁市中级人民法院依照《中华人民共和国民事诉讼法》

第一百七十七条第一款第一项之规定，判决如下：

驳回上诉，维持原判。

【法官后语】

《中华人民共和国民法典》所称“名誉”，是指社会一般人就某民事主体的品行、德行、名声、信用等的社会评价，系体现人性尊严及价值之重要人格法益。名誉有无受损害，应以社会上对个人评价是否贬损作为判断依据，若行为足以使他人在社会上的评价受到贬损，不论是故意或过失，均构成不法侵害他人的名誉权，自应依法负损害赔偿的责任。侵害名誉权的认定有以下几个要件：一是行为人实施了侮辱、诽谤等毁损名誉的行为。侮辱是指故意以暴力或其他方式贬损他人人格，毁损他人名誉，常见的侮辱方式有暴力侮辱、语言侮辱和文字侮辱。诽谤通常是指捏造虚假事实丑化他人人格，损害他人名誉。二是侵害名誉的行为必须有特定指向。只有行为人的行为指向特定对象时，才可能构成对他人名誉权的侵害，如果行为未指定特定的对象，仅泛指包括原告在内的一般人或特定范围的人，不能具体认定指向谁，则不能认定侵害名誉权。三是侵害名誉权的行为需为第三人所知悉。名誉既然是社会评价，对名誉权的侵害必须是行为人所实施的侵害名誉行为影响了受害人的社会评价，应当以社会公众对受害人的评价降低为标准。

网络不是“法外之地”。和一般侵权行为相比，在网络社会中实施的语言暴力侵权行为往往具有时空的不明确性和开放性，没有物理界限、地域空间限制，民众同时扮演着信息传播者和接受者的角色，无论是主动发布辱骂、诽谤的信息，还是转发、分享相关涉嫌语言暴力侵权的信息，都是在进一步扩大对被侵权人的伤害，所造成的名誉影响也是一般语言暴力侵权行为所不能比拟的。且由于网络的无限存储性，即使删除侵害名誉的言论，已经产生的损害后果也不可能完全消除。

本案中，双方当事人在其某软件账号中使用图片或私信发布带有“恶毒”“报应”“烂货”等具有指向性且为不良评价字眼的内容，可知其在主观上有损害对方名誉的故意，在客观上也实施了侵害对方名誉权的行为，造成对方生活上的困扰，对对方的人格尊严、社会评价均造成一定的负面影响，满足前述侵犯他人名誉权的构成要件，依法应当承担相应的侵权责任。本案当事人在发生矛盾纠纷后，本应依法维护其合法权益，但是却相互实施侮辱、谩骂、诅咒对方的行为，以致构成相互侵权，均应承担相应的法律责任。今后，双方应当按照生效判决确定的义务，各自停止侵权行为并严格约束今后的言行，若继续实施新的侵权行为，可视为侵权人恶意违反生效判决的要求，可能承担更重的义务乃至承担拒不履行法院生效判决的相应的法律责任。

本案原、被告互为侵权行为人与被侵权人的情况，在日常生活中并不少见，但双方基于相互侵权在同一诉讼中提起本诉与反诉合并审理的案件，并未有类似的典型案例。因此，本案例既是提醒案件当事人，亦是提醒民众在网络社会生活中更加注意自己的一言一行，保持理智客观心态和恪守遵纪守法的底线，有利于净化网络环境，构建和谐社会。

编写人：广西壮族自治区南宁市江南区人民法院　李立勋　谭小彤

43

企业用工管理权与劳动者人格权保护之衡平

——郭某诉 A 公司名誉权案

【案件基本信息】

1. 裁判书字号

北京市第三中级人民法院（2022）京 03 民终 13257 号民事判决书

2. 案由：名誉权纠纷

3. 当事人

原告（上诉人）：郭某

被告（被上诉人）：A 公司

【基本案情】

2017年9月，郭某入职A公司担任工程师，12月，A公司以“试用期考核不合格”为由与郭某解除劳动关系。2018年4月，郭某入职B公司。2018年5月3日，A公司出具《在职证明》，载明郭某系因试用期考核不合格解除劳动合同。2018年6月25日，劳动人事仲裁委员会裁决认定：A公司解除与郭某的劳动关系系违法解除。

原告郭某主张：A公司多次主动向我另行求职的B公司以及之前就职的C公司提供试用期考核不合格的证明，作出不实评价，损害了我的名誉，使我被迫离开B公司，导致我的工资受到损失，长期无法正常就业，造成精神创伤。故，要求判令A公司停止侵权，书面赔礼道歉、消除影响、澄清事实、恢复名誉，并赔偿精神损害抚慰金3万元、经济损失2万元。

郭某与B公司曾因劳动争议发生诉讼，相关裁判文书认定：郭某向B公司提供的工作履历、未决劳动争议诉讼等相关信息确与事实有明显出入，违反诚实信用原则，且上述信息与双方劳动关系的建立密切相关。B公司以郭某不符合录用条件为由单方解除劳动合同，未违反相关法律规定。

【案件焦点】

1. 被告出具涉案《在职证明》的行为是否构成侵权；2. 原告从B公司离职是否因被告出具《在职证明》所致。

【法院裁判要旨】

北京市朝阳区人民法院经审理认为：关于争议焦点一，2018年5月3日被告出具《在职证明》的行为不构成侵权。用人单位有用工自主权，也有对员工独立作出评价的能力，被告基于企业自主权评价员工在职表现并无不当，被告出具《在职证明》时，仲裁机构尚未出具正式裁决书，故，被告并不存在故意违背仲裁裁决认定事实侵犯原告合法权益的主观恶意。此后，仲裁机构出具的裁决书已经认定被告违法解除，推翻《在职证明》载明内容，如原告确因《在职证明》导致其他用人单位对其产生错误认识，原告可以通过生效的裁决书予以自证及澄清，原告并未举证证明《在职证明》存在影响其寻找新工作且无法通过生效的裁决书予以自证的情况。同时，根据生活经验及行业规则可知，任职证明或离职证明，是劳动者原用人单位人力资源部门向劳动者或者向劳动者新入职的用人单位的人力资源部门出具，正常传播范围仅限于原用人单位人力资源部门人员、劳动者及新用人单位人力资源部门人员之间，属于较为私密的文件，正常情况下不致引起社会公众对劳动者社会评价的降低，原告并未举证证明被告存在不当传播的行为，亦未举证证明因被告不当传播《在职证明》对原告造成严重不良影响并导致其社会评价降低的损害结果。因此，在本案中被告出具《在职证明》的行为并不足以认定为侵权。

关于争议焦点二，原告从 B 公司离职并非 2018 年 5 月 3 日被告出具《在职证明》所致。原告并未举证证明被告出具《在职证明》与 B 公司解除其劳动关系之间的因果关系，亦未举证证明其系受《在职证明》的影响而被迫离职。

北京市朝阳区人民法院判决如下：

驳回原告郭某的全部诉讼请求。

郭某不服一审判决，提起上诉。北京市第三中级人民法院经审理同意一审法院裁判意见，判决如下：

驳回上诉，维持原判。

【法官后语】

本案是劳动关系终止后劳动者主张用人单位出具的《在职证明》侵害其名誉权的案件。郭某主张 A 公司向 B 公司出具试用期考核不合格的《在职证明》的行为，侵害其名誉权，故，用人单位出具离职证明的内容范围，以及用人单位的用工管理权与劳动者名誉权的保护边界是本案值得探讨的问题。

一、离职证明中对劳动者负面评价行为的正当性分析

对于离职证明的内容能否对劳动者工作能力作出负面评价，从劳动合同性质看，劳动者在劳动关系中处于弱势地位，与相对强势的用人单位相比，劳动者的权益保障需要予以着重考量，不能简单地适用“法无禁止即自由”的原则，也需要考虑到如果用人单位未经劳动者同意，在离职证明中记载超出法律

规定的、影响劳动者再次就业的内容，会致使劳动者减少甚至丧失就业机会，不利于保障劳动者的就业权，与立法目的也不相符。因此，用人单位除非与劳动者协商一致，否则不得记载离职原因、劳动者工作期间的表现、劳动者个人品行等内容。如果因用人单位违法出具离职证明，侵害劳动者的合法权益，影响劳动者再就业的，劳动者有权要求用人单位重新出具离职证明并承担相应的责任。

本案中，A公司出具的《在职证明》载明劳动关系解除原因为“试用期考核不合格”，后经劳动人事仲裁委员会裁决认定：A公司以“试用期考核不合格”为由解除与郭某的劳动关系构成违法解除。因此，该解除原因实为A公司的主观判断，并未得到郭某及生效裁决认可，但该《在职证明》是否侵害郭某的名誉权，则需结合案件具体情形予以分析。

二、企业用工管理权与劳动者名誉权保护的边界

用工管理权，又称企业经营管理自主权，是指企业在法律限度内，根据经营管理需要和劳动者基本情况，依法制定规章制度，自主决定招工、用工、解雇等人力、物力资源配置事项的权利。本案中，A公司对郭某的试用期考核及评价即为其行使用工管理权之体现。同时，郭某作为民事主体、作为劳动者依法享有名誉权，任何组织或者个人包括其用人单位，不得以侮辱、诽谤等方式侵害其名誉权。

实践中，用人单位出于经营管理需要，会在一定范围内基于客观事实对劳动者的劳动、工作情况作出评价，这种评价是劳动者总体社会评价的重要组成部分。关于用人单位履行管理职责与劳动者名誉权受到侵害之间的关系，用人单位对劳动者的评价一般属于用工管理权的范畴，不宜被认定为侵犯了劳动者的名誉权。因为用人单位与其被管理人员之间是一种领导与被领导、管理与被管理的关系，用人单位对其被管理的人员所作的某种结论或者处理决定，是一种内部管理行为。但如果用人单位对劳动者作出的评价和处理决定超过正常管理职权的范围，导致劳动者社会评价降低，符合名誉权侵权构成要件，则应当认定为构成名誉权侵权。本案中，A公司基于企业自主权可以评价员工在职表

现，其出具的《在职证明》并不存在故意违背仲裁裁决认定事实侵犯郭某合法权益的主观恶意，同时，该文件属于较为私密的文件，正常情况下不致引起社会公众对劳动者社会评价的降低，在 A 公司并未不当传播的情况下，郭某与 B 公司解除劳动关系与 A 公司之间并无因果关系，因此，A 公司并不存在侵犯郭某名誉权的行为。

编写人：北京市朝阳区人民法院　于婷　魏慧彪

44

用人单位在人事管理中造成劳动者社会评价降低应当承担名誉侵权责任

——兰某某诉某服饰公司名誉权案

【案件基本信息】

1. 裁判书字号

江苏省苏州市中级人民法院（2022）苏 05 民终 12261 号民事判决书

2. 案由：名誉权纠纷

3. 当事人

原告（被上诉人）：兰某某

被告（上诉人）：某服饰公司

【基本案情】

兰某某于 2021 年 3 月 22 日入职某服饰公司从事样衣工作，双方签订了书面劳动合同。2021 年 8 月 10 日，某服饰公司实际控制人朱某某在微信中询问兰某某是否将公司样板拿出去了，兰某某回复称系将其做的一条裤子拿去改脚口。后，兰某某微信告知朱某某已经到公司，要求其派人检查。朱某某回复称，

"每个工人都不允许带包进车间的……不要让别人看到产生误会"。兰某某于次日通过微信告知某服饰公司，以未足额支付劳动报酬为由与某服饰公司解除劳动关系。2021 年 8 月 15 日，某服饰公司在公司公告栏张贴公告称，兰某某存在拿走公司物品、丢失样板、旷工等情形。此行为已严重违反公司管理制度，并造成公司的财产损失，公司按照《中华人民共和国劳动法》的有关规定对其作出开除处分，并扣除绩效工资。8 月 29 日，昆山市公安局巴城派出所民警就兰某某在服饰公司工作期间带走的物品电话通知其到某警务站说清楚。后，兰某某就其与某服饰公司之间的劳动争议纠纷向昆山市劳动人事争议仲裁委员会申请仲裁，某服饰公司提出反申请，主张因兰某某重大过失造成存档面料辅料遗失，导致案外公司一直不能向某服饰公司交付需要的面料，造成某服饰公司严重经济损失，故，要求兰某某赔偿因未履行职责导致的损失 41580 元。2021 年 10 月 18 日，昆山市劳动人事争议仲裁委员会裁决：（1）确认兰某某与某服饰公司自 2021 年 3 月 22 日至 8 月 11 日存在劳动关系；（2）某服饰公司支付兰某某 2021 年 3 月至 6 月工资差额 3058 元、2021 年 7 月至 8 月 11 日工资差额 6300 元、经济补偿金 3652.4 元，以上共计 13010.4 元；（3）对某服饰公司的仲裁请求不予支持。

【案件焦点】

如何认定用人单位在人事管理过程中对劳动者的负面评价是否侵犯劳动者的名誉权。

【法院裁判要旨】

江苏省昆山市人民法院经审理认为：所谓名誉遭受损害，是指特定或不特定的他人对受害人的社会评价降低，名誉权强调的是社会对个人的评价，并非个人的自我评价。因此，构成名誉权侵权除了已经实施侵权行为之外，还必须造成侵害后果的发生。某服饰公司实际负责人在 2021 年 8 月 10 日晚怀疑兰某某拿走公司财物并就此询问兰某某，兰某某因此返回公司要求对其进行检查并给予了合理解释，某服饰公司负责人对此未提出异议。兰某某在次日以未足额支付劳动报酬为由通知某服饰公司解除劳动关系后，某服饰公司在未有充分证据证明兰某某存在上述拿走公司物品、丢失样板、旷工的情形下，在公司公告栏内张贴公告以上述理由对兰某某作开除处理，该行为并不属于合法行使公司的管理行为，而是将对兰某某的否定性评价向公众公开，客观上造成了兰某某社会评价的降低，故，某服饰公司的上述行为侵害了兰某某的名誉权。某服饰公司应当将上述公告从公告栏中撤除并不得再以其他形式对外传播。某服饰公司后续的报警以及在劳动争议中的反请求均属于依法行使自己的权利，且并未通过公开方式对外传播，不构成对兰某某名誉权的侵害。

行为人因侵害人格权承担消除影响、恢复名誉、赔礼道歉等民事责任的，应当与行为的具体方式和造成的影响范围相当。某服饰公司的侵害兰某某名誉权的行为主要发生在该公司厂区，故，其应当在公司公告栏内连续三十日向兰某某进行赔礼道歉，为其消除影响，具体内容由本院依法审核。若该公司不履行上述义务，本院将在本地发行的报刊上公告本判决的主要内容，相关费用由某服饰公司承担。

关于兰某某要求某服饰公司赔偿精神损害抚慰金10000元的诉讼请求，本院认为，某服饰公司的上述侵权行为虽然尚属轻微，但在一定程度上给兰某某造成了困扰，故，本院酌情支持服饰公司支付兰某某精神损害抚慰金2000元。

关于兰某某要求某服饰公司承担为制止侵权行为产生的合理费用3000元的诉讼请求，未提供充分证据予以证明，也于法无据，本院不予支持。

江苏省昆山市人民法院依照《中华人民共和国民法典》第一百七十九条、第九百九十八条、第一千条、第一千零二十四条、第一千一百八十三条，《中华人民共和国民事诉讼法》第六十七条之规定，作出如下判决：

一、某服饰公司于本判决生效之日起十日内将关于兰某某的公告从公告栏撤除并不得以其他方式对外传播；

二、某服饰公司于本判决生效之日起十日内在公司公告栏连续三十日向兰某某赔礼道歉、消除影响（道歉内容须经本院审查）。如不按期履行，本院将在本地发行的相关报刊上公告本判决的主要内容，相关费用由某服饰公司承担；

三、某服饰公司于本判决生效之日起十日内支付兰某某精神损害抚慰金2000元；

四、驳回兰某某的其他诉讼请求。

某服饰公司不服一审判决，提起上诉。江苏省苏州市中级人民法院经审理认为：本案中，某服饰公司在未有证据的情况下在公告内容中以极易引起公众误解的措辞对兰某某作出否定性评价并向公众公开，在报警处理后未及时将包括上述内容的公告撤回，某服饰公司的行为超出行使公司管理权的合法性和必要性，客观上造成兰某某的社会评价降低，侵害了兰某某的名誉权，应承担相应的民事责任。一审认定服饰公司停止侵权、赔礼道歉、消除影响并支付2000元的精神抚慰金，符合法律规定，本院予以维持。

江苏省苏州市中级人民法院依照《中华人民共和国民事诉讼法》第一百七十七条第一款第一项之规定，判决：

驳回上诉，维持原判。

【法官后语】

《中华人民共和国民法典》最重要的体系创新之一就是将“人格权”独立成编，这是我国“以人民为中心”思想的重要体现。《中华人民共和国民法典》“人格权编”对名誉权单独作出了规定：“民事主体享有名誉权。任何组织或个人不得以侮辱、诽谤等方式侵害他人的名誉权。名誉权是对民事主体的品德、声望、才能、信用等的社会评价”。根据上述规定，用人单位和劳动者均依法享有名誉权，有权保护和维护其社会评价免受他人不法侵害。

在劳动关系存续期间，作为向劳动者支付劳动报酬的对价，用人单位拥有对劳动者的劳动力的使用权。也就是说，用人单位在工作时间内享有对劳动者的劳动管理权，劳动者需在工作时间内接受用人单位的管理指挥、遵守劳动纪律。在正常情况下，用人单位对劳动者的人事管理权受法律保护。用人单位在对劳动者管理过程中，对劳动者的人品德行和工作能力有自己的判断和评价。用人单位在工作过程中因工作原因对劳动者的道德品质或工作能力作出的结论或处理决定，是基于劳动者工作时的行为表现，有一定的事实依据，并不侵害劳动者的名誉权。但是，在对劳动者管理过程中，用人单位就劳动者的劳动和工作情况所作出的评价本质上仍属于劳动者总体社会评价的组成部分，属于劳动者名誉权所保护的范围。如果用人单位对劳动者作出不符合客观实际的负面评价并进行传播，导致劳动者的人格被丑化便超出了正常管理范围，应当承担相应的侵权责任。

司法实践中，如何判断用人单位的人事管理行为侵害劳动者的名誉权，主要可从以下几个方面进行综合判断：

首先，用人单位在人事管理过程中对劳动者的评价标准是否公正、客观、统一。用人单位在人事管理过程中，在严格依照国家法律法规之外，也有一定的自主权。国家法律允许用人单位将自己内部经民主程序制定的与法律法规不违背的规章制度作为管理依据。用人单位依据上述规范文件进行内部管理过程中必须在程序上和实体上都做到统一、客观、公正。对同一行为的尺度必须统一，不能因人施策；管理行为必须以客观事实为依据，不能以管理者的主观意志为依据；管理措施必须与行为后果相当，不能造成利益严重失衡。

其次，用人单位是否有将对劳动者的负面评价散播公开的行为。如果只是不客观地对劳动者进行了负面评价，但并没有将此评价进行公开则不构成对劳动者名誉权的侵害。如用人单位在适当范围内进行管理通知的公开通常不会构成侵权。所谓适当范围，主要是指公开的程度限于履行管理行为所必要的范围。如用人单位在为劳动者办理退工手续的相关材料中对劳动者进行了不实的评价，但该部分内容只是由特定相关工作人员知晓，并未对外公开，不会导致劳动者社会评价的降低，故，不宜认定构成名誉侵权。公司同事的评价构成劳动者社会评价的一部分，如用人单位在公司内部公开劳动者的负面事实信息会造成劳动者名誉权受损的事实发生。

再次，用人单位公开劳动者的失实社会评价是否导致劳动者的社会评价降低。社会评价是否降低主要综合以下两点因素考量。(1) 内容的真实性和合法性，即是否存在恶意捏造、歪曲事实，或存在侮辱、诽谤等违法的言论；(2) 名誉受损的客观性，即第三方对劳动者的评价是否降低。只有造成劳动者的社会评价降低才构成对劳动者名誉权的侵害。

最后，用人单位对劳动者负面评价的公开具有过错。有过错才有责任。用人单位在人事管理过程中处于主导地位，因此，对劳动者的负面评价应当采取审慎的态度，给予劳动者申辩的权利。用人单位以放任的态度对劳动者进行不客观真实的评价，造成劳动者社会评价降低的，就应当承担相应的责任。用人单位的过错主要有以下四个方面：（1）故意基于错误或不完整的事实进行评价，这属不实评价；（2）在评价中侵犯个人隐私或者其他信息，未经同意进行公开；（3）对劳动者的性别、年龄、宗教信仰、种族等个人特征进行歧视性评价；（4）在评价过程中违反程序正义，没有给予劳动者申辩的机会。

编写人：江苏省昆山市人民法院　李加好

45

企业对职工能力不实负面考核评价的名誉侵权认定

——李某诉某制药公司名誉权案

【案件基本信息】

1. 裁判书字号

重庆市第一中级人民法院（2021）渝01民终9924号民事判决书

2. 案由：名誉权纠纷

3. 当事人

原告（上诉人）：李某

被告（被上诉人）：某制药公司

【基本案情】

2018 年 11 月 1 日，李某与某制药公司签订劳动合同，担任战略采购部高级采购经理，主要负责国际采购及支持其他采购模块。

2020 年 3 月 13 日，某制药公司向李某送达《解除劳动合同通知书》，以李某试用期到期评估不合格，后经调整工作内容仍不能按要求完成约定的任务和同岗位人员的工作为由，解除与李某的劳动合同。李某在该通知书签收回执栏签字确认于当日收到该通知书，并手写备注“不认可通知书中所说不胜任内容”。

后，李某与某制药公司因解除劳动关系产生纠纷，经仲裁、一审、二审后，法院于 2021 年 1 月 29 日作出（2020）渝 01 民终 8475 号民事判决，认为某制药公司主张的李某不能胜任工作，经过培训后仍不能胜任工作的事实不成立，其依据《中华人民共和国劳动合同法》第四十条第二款规定解除劳动关系不合法，系违法解除。

现李某认为某制药公司向其出具的《解除劳动合同通知书》的内容含有贬损其工作能力的不实表述，对其造成信誉损失，影响其自主择业，故，某制药公司的行为侵害了其名誉权。

【案件焦点】

某制药公司是否侵犯了李某的名誉权。

【法院裁判要旨】

重庆市长寿区人民法院经审理认为：侵害名誉权以造成受害人社会评价降低为前提。案涉《解除劳动合同通知书》所作出的认定系用人单位某制药公司对劳动者李某在职期间工作表现的主观评判，属于用人单位内部管理行为，虽然某制药公司解除劳动关系的行为已经被生效判决认定为违法解除劳动关系，该公司也因此向李某承担了违法解除劳动关系的赔偿金的支付责任，但《解除劳动合同通知》书载明的解除劳动合同理由“不能胜任工作”系援引《中华人民共和国劳动合同法》规定的用人单位解除劳动关系的法定情形之一，系法律术语，《解除劳动合同通知书》的其他内容亦不存在贬低李某人格、毁损李某名誉的恶意侮辱、诽谤的表述。综上所述，某制药公司在《解除劳动合同通知书》中对李某的工作能力评价并不含有侮辱、诽谤的内容，且该公司在解除劳动关系后并未在社会上广为散发该评价，进而未导致社会公众对李某评价的降低和名誉贬损。故，某制药公司的行为不构成侵犯名誉权。至于李某主张某制药公司在双方解除劳动关系后，未及时为其办理离职等资料，导致其合法利益受损，因该事实属于劳动争议范畴，李某可另行向劳动仲裁委员会申请仲裁。

重庆市长寿区人民法院依照《最高人民法院关于适用〈中华人民共和国民法典〉时间效力的若干规定》第一条第二款、《中华人民共和国民法总则》第一百一十条、《中华人民共和国民法通则》第一百零一条、《最高人民法院关于贯彻执行〈中华人民共和国民法通则〉若干问题的意见》第一百四十条、《中华人民共和国民事诉讼法》第六十四条之规定，判决如下：

驳回原告李某的诉讼请求。

李某不服一审判决，提出上诉。重庆市第一中级人民法院经审理认为：所谓名誉权，是指自然人、法人、非法人组织依法享有的保持并维护自己所获得的客观社会评价的权利。客观社会评价包括人们对于自然人、法人、非法人组织的品德、才干、声望、信誉和形象等方面的评价。侵害名誉权以造成受害人社会评价降低为前提。案涉《解除劳动合同通知书》所作出的认定系用人单位某制药公司对劳动者李某在职期间工作表现的主观评判，属于用人单位内部管理行为，且该评判并未对外发布或进行扩散。同时，通知书载明的解除劳动合同理由系援引《中华人民共和国劳动合同法》第四十条第二款的相关规定，主观上并不存在贬低李某人格、毁损李某名誉的恶意。退一步讲，即便《解除劳动合同通知书》所作的认定客观上对李某再就业产生了一定影响，但该认定并不必然导致李某社会评价降低、名誉权受损的后果。同时，生效裁判已否定了《解除劳动合同通知书》所作出的李某不能胜任工作的评判和认定，故，《解除劳动合同通知书》对李某所产生的影响已经得到消除。一审审理中，虽然李某举示了案外人的《解除聘用合同通知》，但该证据并不足以证明李某的社会评价降低、名誉权受到损害的事实。二审中，李某亦未举示其他证据支持其主张，故，对其上诉理由不予支持。

重庆市第一中级人民法院依照《中华人民共和国民事诉讼法》第一百七十条第一款第一项之规定，判决如下：

驳回上诉，维持原判。

【法官后语】

随着我国经济社会发展和公民权利意识提高，民事主体对人格权保护的需求更加强烈和具体。近年来，出现的多人网络侮辱英雄烈士、杭州女子取快递被造谣出轨和网红主播探店诋毁商家等案例，引发社会广泛关注。这些案件在造成极大社会影响的同时，也对法院处理侵犯名誉权案件提出了新要求和新挑战。

一、名誉权及侵权方式

社会公众对于特定主体名誉的评价直接关系到民事主体的人格尊严和社会地位，属于重要的精神性人格利益。法律保护自然人、法人及非法人组织的名誉权不受侵犯。《中华人民共和国民法典》人格权编第五章对什么是名誉、名誉权的限制、合理核实义务的认定因素等进行了具体规定，其中第一千零二十四条第一款通过不完全列举的形式，明确侵害名誉权的行为有侮辱、诽谤等方式。从法律规定来看，名誉权的侵犯以公开作为基本特征，即通过某种方式使第三人知晓。如果没有向第三人传播，就不应认为是侵害名誉权的行为。至于公开的范围，则仅与侵害名誉权的程度有关，与是否构成侵害名誉权无关。

二、不实负面考核评价是否构成侵害名誉权的判断标准

绩效考核是现代企业管理制度体系的重要组成部分，是企业对内进行自主管理的表现，其目的是通过绩效考核手段，激励职工提高工作效率和效果，以从根本上达到利润最大化的最终目的。客观上讲，绩效考核结果作为企业对劳动者在职期间工作表现的主观评判，可能产生两种结果：一种是正面评价；另一种是负面评价，而负面评价又分为与劳动者工作表现相一致的属实评价，以及与劳动者工作表现不一致的不实评价。在实践中，不实负面评价更易引起用

人单位是否侵害劳动者名誉权的争议，故，有必要对用人单位的不实负面考核评价是否构成名誉权侵权进行分析。

名誉权侵权属于一般侵权行为。而在劳动关系中，不实负面考核评价是否构成侵害名誉权的判断，除根据一般侵权行为四个构成要件判断外，还应当重点审查以下内容：

（一）客观公正性

企业的考核结果与劳动者的工作表现是否一致，是客观公正性的根本判断标准。在判断时首先应考虑据以作出考核结果的事实基础是否真实，如考勤记录、投诉记录及工作完成情况是否系伪造、是否经过劳动者确认等；其次应考虑考核结果是否在绩效考核制度规则下与事实基础相匹配，如考核结果是否明显低于考核制度中相应事实应当对应的层级。

（二）目的合理性

企业作出不实负面考核结果的目的是否合法、合理，也是重要的判断标准。如果企业作出的不实负面考核结果是单纯因为角度不同、沟通不畅、评价过于主观等原因而不具有主观恶意的目的，则一般不构成主观过错。如果企业作出不实考核结果是基于以合法形式达到降低劳动者经济待遇、减少休息休假时间、解除劳动合同等目的，则应当认定企业具有主观过错。

（三）结果运用方式

企业作出不实负面考核后，对该结果的处理方式，将决定是否导致损害后果的发生。如果企业作出的不实考核结果仅限于其与劳动者双方知晓，并未向第三人进行扩散，则不导致名誉权损害后果；如果企业通过通知、公告等方式，向第三人进行了传播和扩散，则可能导致名誉权损害后果的发生。

三、本案被告不构成侵害名誉权的分析

本案中，从行为来看，被告在《解除劳动合同通知书》载明“2019年试用期到期评估不合格……仍不能按要求完成调整后约定的任务和同岗位人员的工作”并依据《中华人民共和国劳动合同法》第四十条第二款“劳动者不能胜任工作”的规定，通知原告解除劳动合同。上述文字中不存在贬低原告人格的侮辱性表述，“不能胜任工作”是法律术语，亦不含有贬低原告人格和名誉的主观恶意。从后果来看，被告作出的原告不能胜任工作的评价因证据不足已被生效判决纠正，该通知书对原告的影响已经消除。原告举示了案外人向其发出的《解除聘用合同通知书》，拟证明其因被告的行为致使其无法顺利就业。该证据缺乏合法的形式要件，且即使形式合法，也不足以证明其社会评价降低，名誉权受到损害的事实。从因果关系来看，因社会评价降低导致原告失去就业机会，经济利益受损，需要原告进一步举证证明。从客观公正性来看，被告举示的证据虽可证明其作出上述评价的基础事实并无捏造，且与《员工手册》中的绩效考核层级基本对应。故，不能认定被告实施了侮辱、诽谤等毁损原告名誉的行为。但并不足以达到认定原告在试用期内不能胜任工作，经过培训后仍不能胜任工作的程度，故，其对原告作出负面考核评价结果的事实基础不足，其解除与原告的劳动关系违法。从目的合理性和结果运用方式来看，无证据证明被告存在故意降低考核等级以达到解除与原告劳动合同的主观恶意，被告也并未将上述评价向第三人进行扩散。“不能胜任工作”的评价被第三人获知，系由于原告向第三人披露所致。故，不能认定被告实施了侮辱、诽谤等毁损原告名誉的行为。

综上，用人单位对劳动者绩效考核的不实负面评价是否构成侵害劳动者的名誉权，整体上应从违法行为、损害后果、因果关系、主观过错四个方面进行评判。对于不实负面评价是否具有违法性和主观过错、是否造成名誉受损的把握，应当综合分析其客观公正性、目的合理性和结果运用方式。只有同时满足上述四个构成要件，才能认定为侵害了劳动者的名誉权。如果用人单位在绩效考核中虽然作出了不实负面评价，但是考核结果有客观依据支撑，与考核规则基本匹配，不存在以合法形式掩盖非法目的的主观恶意，文字中并无损害劳动者人格的侮辱性表述，且用人单位未向第三人散布或传播，进而导致社会公众对劳动者的评价降低，则不应认定为侵害劳动者的名誉权。

编写人：重庆市长寿区人民法院　陈瑶　李建明

46

物业公司使用服务过程中获取的监控录像应遵循必要性原则

——刘某某诉某某物业有限公司名誉权案

【案件基本信息】

1. 裁判书字号

江苏省盐城市中级人民法院（2022）苏09民终2933号民事判决书

2. 案由：名誉权纠纷

3. 当事人

原告（上诉人）：刘某某

被告（上诉人）：某某物业有限公司（以下简称某物业公司）

【基本案情】

刘某某系教师。2021年12月27日8点30分左右，刘某某驾车至某小区北门附近，停车时未启动车辆手刹，下车后，轿车撞向某小区北门门禁，刘某某当即追向车辆并将车停好。后，刘某某报警、向车辆所投保的保险公司报案。12月29日12：00左右因有业主在某小区报修群（以下简称报修群）反映小区北门门禁没修好，有业主称该门禁于12月15日之前就已经坏掉了，到现在都不修。某物业公司的工作人员孙某某当即在报修群内发送了上述轿车撞坏门禁、刘某某追向轿车的视频，对小区业主解释之前已经修好了，又被刘某某的车撞坏了。当天该群内即有人将该视频发送至抖音，刘某某于当晚报警。当日18时15分，孙某某在报修群内发消息询问“哪位把撞车的视频发抖音了，请不要发了，人家已经报警处理了……”18时50分孙某某在报修群内再次要求“请大家不要发了，人家追究责任了”，但该视频已被传播至抖音、微博、朋友圈，还被制作成动态表情包，其中抖音上点击率达 7 万多，评论人数达 1 万多人。

刘某某认为其身为老师，学生家长等认识的人较多，某物业公司的行为对其形象造成了不良影响，要求某物业公司立即停止侵权、恢复名誉、公开赔礼道歉并赔偿损失。

某物业公司辩称，作为某小区的物业公司，其具有对该小区看管维护的义务，该视频是对本案事件客观事实的真实反映，公司不应承担责任。

【案件焦点】

1. 某物业公司的行为是否构成对刘某某名誉权的侵犯；2. 某物业公司在报修群中使用涉案视频是否恰当、必要。

【法院裁判要旨】

江苏省响水县人民法院经审理认为：是否构成侵害名誉权的责任，应当根据受害人确有名誉被损害的事实、行为人行为违法、违法行为与损害后果之间有因果关系、行为人主观上有过错来认定。因此，审查某物业公司的行为是否构成对刘某某名誉权的侵犯，应当考虑其实施行为的性质、行为时的主观心态，刘某某的名誉在某物业公司实施行为前后的变化以及该种变化与某物业公司行为之间的因果关系。物业公司设置监控，本是为了更好地维护小区治安，为业主提供更好的服务，但其对于获取的视频在管理、使用上具有审慎义务。本案中，某物业公司在小区业主询问门禁修理事宜之时，本可以文字予以回复，但其却将涉案视频发至报修群中，且未对刘某某形象予以屏蔽，实际已侵犯了刘某某的权利，且该视频被转发至抖音、微博等，点击率达 7 万多，确实会对刘某某形象造成影响。某物业公司虽然不具有损害刘某某名誉权的故意，视频被传播至微博、抖音等亦不是其所为，但是其实施涉案行为时应考虑到该视频可能造成的后果，该行为具有一定过错，某物业公司应承担相应的侵权责任。

刘某某主张某物业公司立即停止侵犯其名誉权的行为，某物业公司在报修群的视频已被删除，且已要求群内人员不要转发，微博、抖音等视频不是某物业公司所为，刘某某提供的证据不足以证明某物业公司仍然存在侵犯其名誉权的行为，对该项请求，不予支持。

刘某某主张某物业公司在省级媒体上向其公开赔礼道歉，考虑到该事件的影响以及某物业公司已在报修群要求群内人员不要转发，故，由某物业公司书面向刘某某赔礼道歉。关于刘某某主张各项损失，根据某物业公司的过错程度，结合侵权行为的影响范围，本院酌定某物业公司支付刘某某精神损害抚慰金2000元。

江苏省响水县人民法院根据《中华人民共和国民法典》第一千零二十四条，《中华人民共和国民事诉讼法》第六十七条之规定，判决如下：

一、被告某物业公司于本判决生效之日起十五日内书面向原告刘某某赔礼道歉；

二、被告某物业公司于本判决生效之日起十五日内支付原告刘某某精神损害抚慰金2000元；

三、驳回原告刘某某的其他诉讼请求。

原告刘某某、被告某物业公司均不服一审判决，提起上诉。江苏省盐城市中级人民法院经审理认为：自然人享有隐私权、名誉权，其个人信息受法律保护。处理个人信息应当遵循合法、正当、必要原则，个人信息的处理包括个人信息的收集、存储、使用、加工、传输、提供、公开等。信息处理者应当采取技术措施和其他必要措施防止信息泄露，避免对他人的品德、声望、才能、信用等产生负面的社会评价。本案中，某物业公司在发现小区物业设施遭受损害后，将涉事车辆、驾驶人员的相关视频信息发送到小区业主微信群，未采取技术措施对相关车辆车牌、人员特征等信息予以屏蔽，以致内容迅速传播、扩散，对从事教师职业的刘某某名誉而言造成了一定程度的不良影响，对此，某物业公司主观上存在过错，行为有失妥当。一审法院依据名誉侵权的构成要件，考虑信息网络传播的特点并结合侵权主体、传播范围、损害程度等具体因素进行综合判断，认定物业公司构成名誉权侵权，并承担适当的法律责任，事实清楚，适用法律正确，结果并无不当。

江苏省盐城市中级人民法院依照《中华人民共和国民事诉讼法》第一百七

十七条第一款第一项之规定，作出如下判决：

驳回上诉，维持原判。

【法官后语】

物业公司为更好地为小区居民服务，保证小区安全，普遍在小区公共场所安装监控设备，业主也存在在家门口安装监控设备、可视门铃的情况，物业公司对于获取的监控录像如何使用，是否可以随意提供给业主，实践中往往因监控录像的提供或不提供引发争议，且自媒体时代，视频的传播速度较快，视频传播后撤回异常困难。对于因物业公司向业主提供相关个人视频信息引发的名誉权侵权纠纷，本案提出了相应的裁判规则。

一、物业公司安装监控设备不构成侵权

（一）物业公司安装监控设备具有合法性

《中华人民共和国个人信息保护法》规定，在公共场所安装图像采集、个人身份识别设备，应当为维护公共安全所必需，遵守国家有关规定，并设置显著的提示标识。所收集的个人图像、身份识别信息只能用于维护公共安全的目的，不得用于其他目的；取得个人单独同意的除外。物业公司是小区物业管理单位，根据《物业管理条例》规定，物业公司对小区的物业共用部分和设施负有管理维护的职责及安全保障义务，因而物业公司会依据上述物业管理的需要，为保证小区安全，维护小区业主的公共利益，在小区公共场所安装监控设备，该行为不违反法律法规的强制性规定，不构成对业主和相关人员隐私权的侵犯。因小区监控设备属于小区共用设施设备，物业公司还可依法申请专项维修资金对监控设备予以更换或者修理、维护，负责保管监控录像档案。

（二）物业公司获取公共区域视频不构成侵权

物业公司安装监控设备是为了小区业主的整体利益、公共利益，采集相关信息具有合法性，但是监控设备安装在小区公共部位，必然会摄录到业主的部分个人信息甚至是隐私，如人脸、行为轨迹、社会关系等，但是在公共区域产生社会活动，就要对自己留在公共区域的个人信息公开和使用具有一定容忍度，故，监控设备采集公共区域的信息形成视频不构成对业主隐私权的侵犯。业主既然明知自己的行为特别是一些不文明或者不雅观的行为可能会被小区公共区域的监控探头摄录，业主或者进入小区的其他人员要加强自律，注意在公共场所的言行举止，维护自己的形象。

二、物业公司使用监控录像应遵循必要性原则

（一）物业公司使用监控录像应具有限制性

物业公司在小区公共场所安装监控设备并录像虽然不构成侵权，但录像能够反映业主的相貌特征、住宅信息、家庭成员信息、家庭财产、家庭关系、社会交往等一系列个人信息，其中不乏隐私性质的信息，所以，物业公司对获取的监控录像的使用应受到限制，以必要性为原则。以本案为例，业主在维修群中仅是询问门禁为何没有修好，物业公司的工作人员仅需要用文字或语音回复告知事由即可，并无提供视频证明的必要，但是物业公司却将涉事车辆、驾驶人员的相关视频发送至报修群中，即使有必要通过现场视频说明自己的答复，也应当对当事人的形象予以屏蔽。因人脸信息属于敏感个人信息中的生物识别信息，且是生物识别信息中社交属性最强、最易采集的个人信息，具有唯一性和不可更改性，物业公司未经当事人同意、未经技术处理即使用该视频信息，属于不当使用他人隐私致他人社会评价降低，物业公司应考虑到发送该视频可能造成的后果，故存在过错，应承担相应的侵权责任。

（二）物业公司应审慎把握必要的限度

自然人享有隐私权、名誉权，其个人信息受法律保护。处理个人信息应当遵循合法、正当、必要原则，个人信息的处理包括个人信息的收集、存储、使用、加工、传输、提供、公开等。信息处理者应当采取技术措施和其他必要措施防止信息泄露，避免对他人的品德、声望、才能、信用等产生负面的社会评价。监控资料虽然属于全体业主，但因为共有的监控资料牵涉的往往不是业主个体，而是包括其他业主乃至业主全体，出于对其他业主隐私的保护，物业公司应审慎把握业主查看视频、复制视频的限度。只有当业主的切身利益受到损害，确有使用查看监控视频必要时才可以申请物业予以调取，如人员走失、财物被盗或被损坏等，物业公司可将监控录像内涉及具体时段和具体事发情况的

录像信息告知业主。如果情况紧急，业主自己确有查看必要的，物业公司可允许其查看与本身利益相关的录像资料，但是物业公司应严格限制业主拷贝资料，尤其可能涉及其他业主信息时，应对其他业主信息加以屏蔽或覆盖，不得有泄露其他业主个人信息、损害其他业主隐私的情形，否则对其他业主可能构成侵权。例如，如果业主或者外来人员停在小区的汽车被他人划伤，因无法确定侵权人，物业公司可根据车主的申请提供相应时段、相应区域的监控视频供车主查看，这就具有使用的必要性。如果仅因夫妻发生矛盾纠纷，一方要查询另一方在小区的行动轨迹，就不具有使用监控视频的必要性。就使用监控录像的必要性判断，物业公司可以根据使用目的、一般人的生活常识、生活经验加以判断，满足业主的合理请求，防范侵犯他人权益的风险。

编写人：江苏省响水县人民法院　牛志云

47

用人单位惩戒行为侵犯劳动者名誉权纠纷的裁判路径

——周某诉某证券公司名誉权案

【案件基本信息】

1. 裁判书字号

北京市第二中级人民法院（2021）京02民终17606号民事判决书

2. 案由：名誉权纠纷

3. 当事人

原告（被上诉人）：周某

被告（上诉人）：某证券公司

【基本案情】

周某于2017年6月5日入职某证券公司，双方之间签订有期限至2020年6月4日止的《劳动合同》。2018年8月，某证券公司任命周某担任金融市场部副经理。2019年7月11日，某证券公司向周某发送《劳动合同解除通知书》，告知“经公司研究决定，自2019年7月11日起解除双方签订的劳动合同”。某证券公司称，周某临时主持金融市场部工作后，得知前部门负责人的季度和年度绩效奖金金额，心生不满，便置公司的保密制度规定和保密协议约定于不顾，将前任在职期间的绩效奖金金额告知部门其他员工，鼓动其他员工的不满，扰乱员工关系，制造员工与公司之间的矛盾，给公司的管理和经营造成严重阻碍。周某上述违反保密义务，泄露属于公司保密范畴的信息，挑拨、离间、扰乱员工关系的行为已构成严重违反公司规章制度。某证券公司于2019年7月25日，在公司官网发布《关于周某违规行为的通报》，认定周某擅自泄露属于公司保密范畴信息，扰乱员工关系，并将处分通报提交至中国证券业协会。（2021）京02民终4580号民事判决书认定，某证券公司所提交的《关于周某违规行为的通报》等证据不足以证实其关于周某存在上述行为的主张成立。周某认为，通报内容已经法院认定不实，尤其是在中国证券业协会登记的关于周某的诚信记录，已经严重影响了周某在行业内的就业，对周某造成了恶劣影响，侵害了其名誉权，故提起本案诉讼。某证券公司辩称公司对员工所作某种结论或者处理决定，是一种内部行政管理的行为，不具有外部性。这种内部行为不会造成对周某社会评价的降低。这种内部行政行为即使有错误，损害了被管理者的合法权益包括其名誉，也应由有关部门依照法定程序解决，不应当属于人民法院审理的名誉权纠纷范围。

【案件焦点】

如何认定用人单位的惩戒行为是否侵犯劳动者的名誉权。

【法院裁判要旨】

北京市东城区人民法院经审理认为：根据生效法律文书确认事实，某证券公司关于周某存在泄露公司保密范畴信息，鼓动其他员工不满，扰乱员工关系，制造员工与公司之间矛盾，给公司管理和经营造成严重阻碍的主张证据不足，故，其据此作出的《关于周某违规行为的通报》没有依据，应予以撤销，其向中国证券业协会提交的处罚通报信息应申请撤销；某证券公司据此给周某造成的名誉损失和社会评价的降低应通过合理方式进行救济。因某证券公司的行为造成周某名誉权受损，某证券公司应在合理范围内赔礼道歉，消除影响，致歉内容应经法院审核后发表，具体时间、位置由我院根据某证券公司的具体侵权情节及后果酌情判定；某证券公司的行为对周某名誉造成一定影响，故，关于精神损害抚慰金，本院酌定为5000元。

北京市东城区人民法院依据《中华人民共和国民法典》第一千零二十四条之规定，判决如下：

一、被告某证券公司于本判决生效之日起三十日内撤销涉案《关于周某违规行为的通报》，向中国证券业协会申请撤销原告周某的诚信记录信息，为其消除不良影响；

二、被告某证券公司于本判决生效之日起三十日内向原告周某出具书面致歉声明，以上声明内容需经本院核准，如被告某证券公司拒不履行该义务，本院将选择一家全国公开发行的报刊公布本判决的主要内容，费用由被告某证券公司负担；

三、被告某证券公司于本判决生效之日起三十日内赔偿原告周某精神损害抚慰金50000元；

四、驳回原告周某的其他诉讼请求。

某证券公司不服一审判决，提出上诉。北京市第二中级人民法院经审理认为：双方之间虽然存在劳动关系，但不能因此否定某证券公司存在侵害周某名誉权的行为。某证券公司上诉主张本案引起的法律关系是内部行政法律关系，依据不足，不予支持。

北京市第二中级人民法院依照《中华人民共和国民事诉讼法》第一百七十条第一款第一项之规定，作出判决：

驳回上诉，维持原判。

【法官后语】

在劳动关系中，对于劳动者工作过程中的失职行为，用人单位享有惩戒权，但惩戒权行使不当往往容易侵害劳动者的名誉权，进而影响劳动者的就业选择。因此，需要合理界定用人单位惩戒权的边界，在保障劳动者名誉权的前提下便于用人单位管理权的正确行使。本案中，根据生效法律文书确认的事实，可以认定某证券公司关于周某泄露公司保密范畴信息，给公司管理和经营造成严重阻碍的证据不足，故，其据此作出的《关于周某违规行为的通报》及向中国证券业协会提交的处罚通报信息应申请撤销。某证券公司认为对周某的惩戒行为系基于内部行政管理关系，不应由法院予以处理，但一、二审法院均认为并不能因为双方之间的劳动关系而否认某证券公司对周某名誉权的侵害，故而支持了周某的诉讼请求。

本案给法院审理用人单位侵犯劳动者名誉权纠纷类案提供了审理思路。名誉权纠纷在人格权纠纷项下，属于一般侵权行为的范畴，需要满足一般侵权行为的构成要件，即侵权行为、损害后果、主观过错、因果关系。同时，鉴于劳动者对用人单位的人身从属性，应充分考虑劳动关系框架下侵犯劳动者名誉权的特殊性，即应当厘清用人单位管理权和劳动者名誉权保护的边界，具体应当基于惩戒行为是否构成侵权进行判断。

首先，在侵权行为方面，应当对用人单位实施惩戒行为所依据事实的客观性及真实性进行判断，即要求用人单位对劳动者的惩戒应基于客观事实，不得含有主观臆测的内容，即惩戒事由要真实存在，不得捏造、歪曲事实给予劳动者不当处罚。然后要考察惩戒的方式是否妥当。根据加害行为作为与不作为，可将侵权行为分为作为的侵权行为与不作为的侵权行为。① 具体到名誉权侵权中，用人单位既不能通过诽谤、辱骂、抨击、贬低等积极方式，亦不能如本案中应为劳动者撤销相关通报消除不良影响但拒绝为之等消极方式侵害劳动者的名誉权。其次，在损害后果方面，应着重审查劳动者的社会评价是否降低。对

① 程啸：《侵权责任法（第二版）》，法律出版社 2015 年版，第 61 页。

于劳动关系中社会评价的解读应该有别于普通民事法律关系中的认定标准，用人单位对劳动者作出的包括负面评价的真实评价在用人单位内部传播，可视为是一种管理效力的自然顺延，不宜认定为侵犯劳动者的名誉权。若违反了劳动关系的“内部性”，向企业外部进行扩散，影响到劳动者的职业发展和就业权利，就易造成劳动者社会评价的降低，构成侵权。其中，惩戒方式的告知亦应采取合理方式，以给劳动者造成负面影响最小为尺度。通知方式不宜概而化之，法院应在个案中根据具体情况判断通知方式的合理性。

最后，在主观过错方面，可以重点考察用人单位对于劳动者的惩罚目的是否正当和处理措施是否必要两个方面。当用人单位的处罚决定超出用工管理的目的，将处罚作为对劳动者人身的攻击，甚至想通过对外恶意传播负面评价，毁掉劳动者的职业前程，那么这种惩戒行为就已经超出维护用工秩序的目的，具有主观上的故意。在过失方面，如用人单位对明显可能引发争议的内容，未经严谨调查即作出决定，并且向第三方传播，可以说明用人单位对侵犯劳动者名誉权结果的放任。

本案提示用人单位在对劳动者行使惩戒权时，应将惩戒事由、具体惩戒措施告知劳动者，同时告知劳动者在规定期限内可行使申辩权，受惩戒劳动者方可通过内部的救济途径主张权益。若劳动者认为单位行使惩戒权侵害了自己的名誉权，既可以通过劳动争议救济渠道维权，亦可如本案选择侵权之诉，不能因侵权事实发生在劳动关系存续期间否认劳动者侵权之诉的诉权。

编写人：北京市东城区人民法院　刘连康

五、隐私权、个人信息保护纠纷

48

利用通讯软件侵犯他人隐私权的认定

——某甲诉某乙隐私权案

【案件基本信息】

1. 裁判书字号

广西壮族自治区贺州市中级人民法院（2023）桂1103民终52号民事判决书

2. 案由：隐私权纠纷

3. 当事人

原告（上诉人）：某甲

被告（被上诉人）：某乙

【基本案情】

某乙于2021年3月12日至11月6日陆续通过支付宝转账0.01元并添加转账备注的方式骚扰原告某甲8次。2022年，某乙又分别添加某甲两位朋友的微信，发送了与某甲有关的视频，还传播了某甲的家事包括某甲与其丈夫如何相处、财产如何分配等私密信息。李某因不堪其扰，请求法院判令某乙停止侵权，以书面形式公开向某甲赔礼道歉，消除影响，恢复某甲名誉，赔偿某甲精神抚慰金50000元。

【案件焦点】

被告某乙是否侵犯原告某甲隐私权，某甲的精神损害赔偿请求能否得到支持。

【法院裁判要旨】

广西壮族自治区贺州市平桂区人民法院经审理认为：被告某乙从 2021 年 3 月 12 日至 11 月 6 日，8 次通过支付宝转账一分钱以转账备注的方式骚扰原告某甲，具有侵扰他人私人生活安宁之故意，其行为给某甲造成了困扰，侵扰了某甲的私人生活安宁。另外，根据某甲提交的微信聊天记录截图，某乙先后添加某甲朋友甲、乙的微信，给她们发信息传播某甲的家事，其中，某甲与其丈夫如何相处、财产如何分配属其隐私，某乙的一系列行为侵犯了某甲的隐私权。某甲要求某乙停止侵害其隐私权，停止骚扰某甲，以书面形式向某甲赔礼道歉的诉讼请求，本院予以支持，书面道歉的内容须经本院审核。

某甲要求某乙删除保留的涉及某甲隐私的照片和信息，某乙转发给甲的照片、视频是某甲自己发在朋友圈的，某甲的微信好友均可以看到，某乙将该照片、视频转发给甲并未侵犯某甲的隐私权，某甲也未提交证据证实某乙现仍保留有这些照片、视频，故，对该项诉讼请求不予支持。某甲未提交证据证实某乙的行为对其造成不良影响，使其名誉受损，故，对某甲要求某乙消除影响、恢复其名誉的诉讼请求，不予支持。某甲亦未举证证明其精神遭受了较大损害，故，对其精神损害赔偿请求不予支持。

广西壮族自治区贺州市平桂区人民法院依照《中华人民共和国民法典》第九百九十五条、第一千零三十二条、第一千零三十三条，《中华人民共和国民事诉讼法》第一百四十七条、第一百六十条之规定，判决：

一、被告某乙停止侵害原告某甲的隐私权，停止骚扰原告某甲，并于本判决生效之日起十日内向原告某甲书面道歉，致歉内容须经本院审核；如逾期不执行上述内容，则由本院在贺州日报全文张贴本判决书内容，相关费用由被告某乙负担；

二、驳回原告某甲的其他诉讼请求。

某甲不服一审判决，提起上诉。

广西壮族自治区贺州市中级人民法院经审理认为：隐私权是自然人对享有的私人生活安宁和不愿为他人知晓的私密空间、私密活动和私密信息等私生活安全利益自主进行支配和控制，不得他人侵扰的权利。隐私权属于人格权，根据《中华人民共和国民法典》第九百九十五条“人格权受到侵害的，受害人有权依照本法和其他法律的规定请求行为人承担民事责任。受害人的停止侵害、排除妨碍、消除危险、消除影响、恢复名誉、赔礼道歉请求权，不适用诉讼时效的规定”之规定，侵犯隐私权的主要民事责任为停止侵害、赔礼道歉，一审法院认定某乙侵害了某甲的隐私权，并判决某乙停止侵权，向某甲书面道歉，实体处理正确。同时，某乙的行为在一定程度上造成了某甲精神痛苦，但鉴于某乙侵扰某甲的方式主要为发送网络信息，且在一审审理过程中，一审法院曾组织双方进行调解，某乙亦同意书面向某甲道歉，并保证以后不再骚扰某甲，一审法院未支持某甲精神抚慰金的诉请，实体处理并无不当。

广西壮族自治区贺州市中级人民法院依照《中华人民共和国民事诉讼法》第一百七十七条第一款第一项之规定，作出如下判决：

驳回上诉，维持原判。

【法官后语】

一、隐私权的内容界定

《中华人民共和国民法典》第一千零三十二条规定：“自然人享有隐私权。任何组织或者个人不得以刺探、侵扰、泄露、公开等方式侵害他人的隐私权。隐私是自然人的私人生活安宁和不愿为他人知晓的私密空间、私密活动、私密信息。”根据该条规定，隐私权主要包括两个方面内容：一是自然人享有私人生活安宁，这里所指的私人生活安宁既包括物理空间的安全与安宁，以免受任何现实中的非法、不当侵害，也包括心理、精神上的安稳与宁静，以免遭受心理和精神上的非法、不当侵扰；二是自然人有权对不愿意为他人知晓的私密空间、私密活动、私密信息进行自主支配，不受他人侵扰，这里所指的“不愿为他人知晓”是私密空间、私密活动、私密信息的主观构成要件和判断标准，直接决定着目标内容是否真正具有私密性的本质。具体到本案中，原告某甲要求被告某乙停止信息骚扰，体现了某甲对其私生活安宁的追求，属于其隐私权。某甲选择保守其与丈夫如何相处、财产如何分配等信息不为他人知晓，亦属于其隐私权。

《中华人民共和国民法典》第一千零三十三条规定："除法律另有规定或者权利人明确同意外，任何组织或者个人不得实施下列行为：（一）以电话、短信、即时通讯工具、电子邮件、传单等方式侵扰他人的私人生活安宁；（二）进入、拍摄、窥视他人的住宅、宾馆房间等私密空间；（三）拍摄、窥视、窃听、公开他人的私密活动；（四）拍摄、窥视他人身体的私密部位；（五）处理他人的私密信息；（六）以其他方式侵害他人的隐私权。"该条文虽然通过列举和兜底性条款对隐私权侵权行为的认定作出具体规定，但在个案中，仍然需要法官通过自由心证和价值判断界定侵权与否。具体而言，认定标准应基于社会公众在日常生活中的心理体验，在保护限度上应排除个人认知、习惯等差异，并综合考量侵权行为发生的次数、强度、场合、方式、持续时间长短等因素。对于利用通讯软件侵犯他人隐私权的行为认定，除结合侵权行为发生的次数、持续时间长短的因素考量外，还应着重审查往来的信息内容，有些侵权行为虽然发生的次数不多、持续时间不长，但内容令人极度不适，足以侵扰他人精神安宁。本案中，被告在数月内8次通过支付宝转账添加备注的方式骚扰原告，不仅侵害行为发生次数较多、时间持续较长，而且部分转账备注内容粗秽，明显超出正常人际交往的边界和心理容忍度，足以使原告的精神安宁受到较大的困扰，被告该行为构成法律禁止的以即时通讯工具等方式侵扰他人私人生活安宁的情形。原告不愿意其与丈夫如何相处、财产如何分配等信息被他人知晓，符合社会公众的心理期待，属于其私密信息，被告未经原告同意向他人传播该信息的行为属于法律禁止的未经权利人同意处理他人私密信息的情形。故，可以认定被告的行为侵害了原告的隐私权。

三、侵犯他人隐私权的责任承担

在隐私权侵权案件中，责任承担的方式主要包括停止侵害、赔礼道歉、消除影响、恢复名誉、赔偿损失，这些侵权责任的承担方式，既可以单独适用，也可以合并适用。司法实务中，大多数被侵权人都会主张精神损害赔偿，如何回应此类诉求没有明确的标准。根据《中华人民共和国民法典》第一千一百八十三条第一款的规定，侵害自然人人身权益造成严重精神损害的，被侵权人有权请求精神损害赔偿。由此可知，精神损害赔偿得到支持的前提是人身权益因侵害行为受到严重精神损害。由于受害人的精神痛苦是被侵权人的主观感受，往往因人而异，实务中该如何进行评价没有严格标准，往往依赖于法官的自由裁量权。笔者认为，法官在自由裁量过程中可以结合以下因素进行判断：一是侵权事实对被侵权人的日常生活、精神状况、工作、社会交往、社会评价等造成的影响；二是侵权人实施侵权行为的方式、次数、强度等；三是被侵权人的年龄、身份、经济状况、社会知名度等；四是停止侵害、消除影响、恢复名誉、赔礼道歉等救济方式能否安抚被侵权人的精神痛苦；五是精神损害赔偿数额与当地生活水平和经济发展状况相适应。综合本案来看，被告侵害原告隐私的行为在一定程度上造成原告精神痛苦，但被告的侵权方式主要为利用网络发送骚扰信息，且被告仅向特定主体传播了原告的隐私，并未造成大面积散播的严重后果，结合原告所提交的证据，也没有迹象表明原告的工作、生活、社会交往、社会评价、精神安宁等利益受到严重影响，原告的精神损害未达到“严重”的程度。故，原告要求被告赔偿精神抚慰金的主张无法得到支持。

编写人：广西壮族自治区贺州市平桂区人民法院　柳德谨

49

收集用户画像信息用于个性化信息推送的侵权认定

——罗某诉北京某某科技有限公司隐私权、个人信息保护案

【案件基本信息】

1. 裁判书字号

北京市第四中级人民法院（2022）京04民终494号民事判决书

2. 案由：隐私权、个人信息保护纠纷

3. 当事人

原告（被上诉人）：罗某

被告（上诉人）：北京某某科技有限公司（以下简称某科技公司）

【基本案情】

罗某收到某科技公司发送的软件注册短信，在登录某科技公司网站和软件时，需要输入“姓名”“职业”“学习目的”“英语水平”等内容才能完成登录。罗某认为，某科技公司在未告知隐私政策的情况下，要求用户必须填写上述用户画像信息才能登录，上述信息属于个人信息，某科技公司上述收集行为属于强制收集用户画像信息的行为，构成侵权，故诉至法院，要求法院判令某科技公司向罗某提供个人信息副本、停止侵权、删除个人信息、赔礼道歉并赔偿损失。某科技公司辩称，根据该公司服务的性质，需根据不同用户需求，为用户推荐合适的服务内容，因此，收集相关标签是提供服务所必须，并未违反个人信息收集的必要性原则，且该信息是罗某主动填写，罗某通过自己主动作出的行为同意了某科技公司的收集行为。

根据罗某举证显示，罗某在登录涉案网站时，进入账号登录页面输入用户名和密码，点击登录，即出现若干问答界面，需要对用户“职业”“学习目的”“英语水平”等内容进行填写，填写完成后，还需填写个人基本信息界面，输入中英文名等必填内容才能完成注册，进入首页使用界面。上述过程中无“跳过”“拒绝”等选项，亦无关于同意收集个人信息的提示。新用户注册登录时，在上述过程中，出现若干问答界面前，会出现个人信息收集授权同意界面，用户在勾选同意后方可进入下一界面。

【案件焦点】

1. 涉案用户画像信息是否构成个人信息；2. 被告在用户首次登录过程中收集用户画像信息用于个性化推送是否侵害原告个人信息权益。

【法院裁判要旨】

北京互联网法院经审理认为：

一、涉案用户画像信息是否构成个人信息

应当从“识别”和“关联”两个不同角度，结合信息本身的特性、信息处理主体情况以及具体使用场景和手段等因素对涉案信息进行考量。

从“识别”的角度看，一些信息虽单独呈现不足以识别特定自然人，但与其他信息结合可起到识别特定自然人的效果。被告在涉案网站、涉案软件登录阶段获取的原告信息包括职业类型、学龄阶段、英语水平、学习目的等，上述信息通过原告特定账户收集、在被告 CRM 管理系统中被存储于与原告账户对应的标签信息中，进而与被告业已持有的原告特定手机号和账户信息相关联，即可对应识别出原告主体身份，故结合上述信息性质，信息收集、存储和使用的场景，以及信息处理者持有信息组合的情况等可见，上述信息与原告账户、手机号等结合的信息组合达到了可识别的标准，构成个人信息。

从“关联”的角度看，对于作为信息处理者的被告来说，上述信息是在其控制之下的已识别特定自然人的特定账户中，通过用户提交的方式，进一步收集的与已识别的特定自然人有关的信息，该信息体现了与个人人格形象相关的各种自然或社会属性，故属于个人信息。

二、被告在用户首次登录过程中收集用户画像信息用于个性化推送是否侵害原告个人信息权益

原告主张被告未征得其同意，在登录环节强制收集非必要信息，对原告进行用户画像，构成侵权；被告则主张该收集过程为其提供个性化信息推送服务的必须，不构成侵权。双方的争议焦点集中在被告行为是否存在合法性基础上。民法典第一千零三十五条确立了个人信息处理规则的基本框架，即合法、正当、必要原则和“知情—同意”原则。虽个人信息保护法实施于涉案行为发生之后，不直接适用于此案，但其相关规范精神可有助于对民法典规定内涵的阐释。个人信息保护法进一步对“知情—同意”的法定例外情形和同意的有效性判断标准进行了明确，取得个人信息处理合法性基础的具体情形主要分为两类：一

是基于同意的处理，即告知并取得信息主体的同意；二是基于法定许可的处理，一般指在法律法规另有特别规定的情况下，无须取得同意即可实施个人信息处理活动。在存在具体化判决依据的情况下，可优先以具体化条件作为判断依据，而个人信息处理合法性基础的具体化条件主要分为"知情—同意"和法定许可两个方面。

（一）被告收集行为是否构成订立、履行合同所必需

应当结合相关行业规范和产品功能设置等判定涉案收集行为是否属于订立、履行合同所必需：

第一，从相关行业规范和标准上看，根据《常见类型移动互联网应用程序必要个人信息范围规定》，学习教育类APP基本功能服务为"在线辅导、网络课堂等"，必要个人信息为注册用户移动电话号码。从该规定可见，被告作为学习教育类软件提供者，不应将电话号码之外的个人信息作为必要收集范围。个人信息保护法和个人信息安全规范等均明确规定，个性化决策推送信息不应作为必要或唯一的信息推送模式，需同时提供不针对个人特征的选项或提供便捷的拒绝方式。据此，被告不得以其仅提供个性化决策推送信息这一种业务模式为由，主张收集用户画像信息为其提供服务的前提。

第二，从涉案软件或网站功能设置本身上看，履行合同所必需的范围，应限定在软件或网络运营者提供的基本服务功能，或用户在有选择的基础上自主选择增加的附加功能。本案中，被告抗辩其收集目的为针对不同用户需求、精准推送适合用户的个性化课程，属于为增进用户体验优化设置的一种信息推送模式，然而，被告软件或网站提供服务的基本功能为提供在线课程视频流和相关图文、视频等信息，对用户画像信息进行收集的目的并非用于支撑其基础服务功能，亦无证据表明本案原告曾自主选择使用该项优化设置功能，故，被告以其软件或网站功能实现为由实施收集行为的依据不足。

（二）被告是否取得"知情—同意"

根据已查明的事实，由于被告在未经原告允许的情况下为原告配置了账户和密码，导致原告登录涉案网站和涉案软件时与一般用户注册界面不同，未经

过勾选个人信息相关知情同意的步骤，直接进入登录页面，因此，被告在原告登录过程中收集用户画像信息，未事先征得原告同意。

在此基础上，原告主张，即使勾选了同意界面，被告在登录环节强制收集非必要信息，仍构成侵权。本案中，涉案软件在用户首次登录界面要求用户提交职业类型、学龄阶段、英语水平等相关信息，未设置“跳过”“拒绝”等不同意提交相关信息情况下的登录方式，使得提交相关信息成为成功登录、进入功能使用首页的唯一方式。此种同意或对个人信息的提供，是在信息主体不自由或不自愿的情况下，强迫或变相强迫地作出，不能被认定为有效同意。因此，在首次登录页面设置相关个人信息收集界面，未提供跳过或拒绝等选项，属于对原告个人信息的强制收集，不产生获取有效授权同意的效力。

综上，被告未事先征得原告有效同意，在涉案网站和涉案软件两款产品中强制收集原告职业、学龄阶段、英语水平、学习目的等用户画像信息的行为构成侵权。

北京互联网法院依照《中华人民共和国民法典》第一千零三十二条、一千零三十三条、一千零三十四条、一千零三十五条、一千零三十七条之规定，作出如下判决：

一、被告某科技公司于本判决生效之日起十日内向原告罗某提供清晰的个人信息副本，具体内容需经本院审核；

二、被告某科技公司于本判决生效之日起停止关于原告名下涉案两部手机号码及其用户画像信息、账户密码信息、订单信息等个人信息的处理行为；

三、被告某科技公司于本判决生效之日起删除原告名下涉案两部手机号码及其用户画像信息、账户密码信息、订单信息等个人信息（已执行）；

四、被告某科技公司于本判决生效之日起十日内以书面形式向原告罗某赔礼道歉，致歉内容须经本院审核，如逾期不履行该义务，本院将选择一家全国公开发行的报纸刊登本判决主要内容，费用由被告某科技公司负担；

五、被告某科技公司于本判决生效之日起十日内赔偿原告罗某律师费 1500 元、取证费 1400 元，共计 2900 元；

六、驳回原告罗某的其他诉讼请求。

某科技公司不服一审判决，提起上诉。北京市第四中级人民法院经审理认为：职业、学龄阶段、英语水平等罗某在首次登录涉案网站和涉案软件填写的信息属于个人信息，本院不持异议。一方面，依照民法典的规定，信息处理者在处理个人信息时应当同时符合三原则和四规则的要求，罗某在首次登录涉案网站和软件时未经勾选个人信息相关知情同意的步骤，因此某科技公司未在收集上述信息前征得罗某同意且未向罗某公开信息处理规则；另一方面，罗某在登录涉案网站时填写上述信息是其使用涉案网站和软件服务的必经路径，该网站和软件并未设置跳过或者忽略环节，因此某科技公司存在强制收集个人信息的行为，是未经自然人同意的表现形式之一。故，涉案网站收集用户画像信息违反法律规定，侵害罗某的个人信息权益。

北京市第四中级人民法院依照《中华人民共和国民事诉讼法》第一百七十七条第一款第一项之规定，作出如下判决：

驳回上诉，维持原判。

【法官后语】

数字经济时代，数据作为生产要素的利用、流动和保护问题，成为构建新时代网络空间治理秩序的重要组成部分。在移动互联网产业中，以个性化推荐模式作为基础的商业创新层出不穷，用户画像作为个性化推荐过程中需要处理的典型个人信息，其保护和处理规则的确立和完善对于行业发展具有重要规范意义。

一、收集用户画像信息用于提供个性化推送服务不构成订立、履行合同所必需

个人信息保护法第十三条对“知情—同意”的法定例外情形进行了明确，规定了若干在法律法规另有特别规定的情况下，无须取得同意即可实施个人信息处理活动。本案中，被告对应的抗辩理由为涉案收集行为为其提供服务所必须。对此，《中华人民共和国个人信息保护法》第十三条第一款第二项规定，为订立、履行作为一方当事人的合同所必需，可作为处理个人信息的合法事由

之一。

对于如何判断信息的收集、处理行为系订立、履行合同所必需，本案判决提出了明确、可操作的衡量标准，即如果某项功能并非涉案软件的基础服务功能，亦非用户在有选择的基础上自主选择增加的附加功能，则不能被认定为订立、履行合同所必需。因此，在本案中，即使被告抗辩，其仅提供个性化决策推送信息这一种业务模式，收集用户画像信息为其提供服务的前提，亦不能认定被告实现该功能为其提供服务所必需。

特别是相关行业标准和部门规章已明确规定，学习教育类 APP 基本功能服务为“在线辅导、网络课堂等”，并不包含个性化信息推送；且规定，个性化决策推送信息不应作为必要或唯一的信息推送模式，需同时提供不针对个人特征的选项或提供便捷的拒绝方式。因此，本案中，被告所提供的个性化信息推送功能不能被认定为提供服务所必需，进而免除其取得“知情—同意”的义务。

二、在注册登录界面未设置“跳过”“拒绝”等选项收集用户画像信息构成强制收集

“知情—同意”原则是个人信息处理合法性基础的核心原则。同意必须是由个人在充分知情的前提下自愿、明确作出的，基于欺诈、胁迫等情况被强制作出的同意并不产生相应效力。此项对用户“知情—同意”权益予以充分保障的精神在《中华人民共和国个人信息保护法》第十四条、第十六条中予以明确体现，具体规定包括，基于个人同意处理个人信息的，该同意应当由个人在充分知情的前提下自愿、明确作出。法律、行政法规规定处理个人信息应当取得个人单独同意或者书面同意的，从其规定。个人信息的处理目的、处理方式和处理的个人信息种类发生变更的，应当重新取得个人同意。个人信息处理者不得以个人不同意处理其个人信息或者撤回同意为由，拒绝提供产品或者服务；处理个人信息属于提供产品或者服务所必需的除外。

可见，知情同意得以贯彻的前提是用户同意系出于其真实意愿和自由意志。本案中，涉案软件的设置方式，要求用户在首次登录界面提交职业类型、学龄

阶段、英语水平等相关信息，未设置“跳过”“拒绝”等不同意提交相关信息情况下的登录方式，使得提交相关信息成为成功登录、进入功能使用首页的唯一方式。此种产品设计将导致不同意相关信息收集的用户为实现使用软件的目的，不得不勾选同意或提交相应的信息。此种同意或对个人信息的提供，是在信息主体不自由或不自愿的情况下，强迫或变相强迫地作出，不能被认定为有效同意。

综上，被告收集、处理用户画像信息的行为不构成订立、履行合同所必需，且未事先征得原告有效同意，构成侵权。本案判决为用户画像的产业应用确立了明确的法律规则适用标准，能够为包括用户画像在内的个人信息处理行为提供清晰的指引，从具体事实和场景出发，强调个人信息权益保护与数据要素流通秩序的协调统一，为确立一般性的行业合规规则提供基础，有助于数字经济产业规范、有序、健康发展。

编写人：北京互联网法院　颜君

50

个人信息查阅复制权的行使范围与实现形式

——周某某诉广州某某电子商务有限公司个人信息保护案

【案件基本信息】

1. 裁判书字号

广东省广州市中级人民法院（2022）粤01民终3937号民事判决书

2. 案由：个人信息保护纠纷

3. 当事人

原告（被上诉人）：周某某

被告（上诉人）：广州某某电子商务有限公司（以下简称某电商公司）

【基本案情】

某电商公司系某平台的运营主体，用户可通过网站和APP使用该平台；周某某系某平台的注册用户。

周某某因接到陌生电话，感到对方对其购物留下来的个人信息有所了解，故，于2021年3月1日致电某平台客服，表示其系某平台客户，因担心个人信息泄露，想知道某平台收集了哪些个人信息，希望某平台披露所收集到的其个人信息。某平台客服表示："用户有填写的信息，可以在APP个人中心予以查看，且这些信息采取了加密的保护措施，不会泄露；对于用户没有填写的信息，某平台是没有办法展示的。"同日，周某某通过电子邮件向某平台隐私专职部门邮箱发送邮件，请求公司披露相关内容。某电商公司未回复该邮件。

周某某向广州互联网法院提出以下诉讼请求：(1) 某电商公司向周某某披露其收集的周某某的相关个人信息；(2) 某电商公司删除从周某某处收集到的所有非必要信息。

一审中，某电商公司提交《周某某个人信息情况》，其中记载有周某某的若干信息，已送达周某某。二审中，周某某称对于《周某某个人信息情况》涉及的个人信息，某电商公司可以不再向其提供副本。

关于周某某"浏览记录"信息的披露。某电商公司称调取用户的全部浏览记录成本非常高昂，将严重影响公司的正常业务运营。公司已在APP中提供了近一个月的浏览记录供用户查阅，完全满足周某某的合理需求，也符合行业惯例。

关于"第三方SDK收集的个人信息"及"与第三方共享的个人信息"的披露。某电商公司称，第三方SDK收集的个人信息，由第三方SDK自行收集并上传、存储到第三方SDK数据库中，某电商公司并未参与相关信息的收集、上传、存储过程，无法提供相关具体个人信息；对于与第三方共享的用户具体个人信息，若要披露，将会产生非常高昂的成本，某电商公司已经通过《与第三方共享个人信息基本情况》披露了个人信息的相关处理情况，这种披露方式也是工信部要求的方式和行业惯例。

【案件焦点】

某电商公司是否应当向周某某披露其收集的相关个人信息，披露范围和形式该如何确定。

【法院裁判要旨】

广州互联网法院经审理认为：某电商公司存在拒绝周某某行使权利请求的行为，且拒绝理由不充分，周某某向某电商公司主张个人信息查阅、复制的请求权，有事实和法律依据，依法应予以支持。某电商公司应当以常用的电子形式提供个人信息副本，如excel表格、word文档等。周某某未提交证据证明某电商公司存在应当主动删除其个人信息的情形，某电商公司根据周某某的授权同意收集了相关个人信息，周某某要求某电商公司予以删除，无事实和法律依据，对此不予支持。

广州互联网法院判决如下：

一、电商公司于本判决发生法律效力之日起十日内提供自周某某注册某平台APP之日起至该判决发生法律效力之日止的已收集到的个人信息，以及个人信息处理的相关情况供周某某查阅、复制；

二、驳回周某某的其他诉讼请求。

某电商公司不服一审判决，提起上诉。广东省广州市中级人民法院经审理认为：结合双方在诉辩过程中的陈述可知，周某某要求某平台向其披露个人信息，实质上是主张个人信息查阅复制权。个人对于个人信息处理者收集的个人信息，除存在依法不得查阅复制或权利滥用等情形外，均可依法行使查阅复制的权利，并不以个人信息泄露或存在泄露风险为前提条件。周某某通过客服电话、邮件等方式要求电商公司向其披露个人信息未果，遂向一审法院提起本案诉讼，于法有据。

从实现查阅复制权的功能价值、保护个人合法权益的角度考虑，查阅复制权的客体不仅包含个人信息本身，还应当包括个人信息处理情况。本案中，周某某作为某平台APP的注册用户，对于该APP所收集的个人信息及相关处理情况，有权要求电商公司进行披露。

关于“浏览记录”及“与第三方（包括第三方支付机构）共享的个人信息”是否应当披露。浏览记录及平台与第三方共享的个人信息，是个人信息及其处理情况的重要组成部分，该信息对于个人判断个人信息是否被滥用具有重要意义，某电商公司作为个人信息处理者，应当依法向周某某披露上述信息相关情况。关于披露成本的问题，因某电商公司未能提供充分证据证明具体的披露成本，且披露成本高并非法定的免责事由，故，对于某电商公司的抗辩，不予采纳。至于某电商公司提出的行业惯例问题，因行业惯例仅能从一定程度上反映现有的个人信息保护水平，并非个人信息处理者是否履行法定义务的决定性因素，与某电商公司是否应当披露上述信息并无必然关系。考虑到某电商公司履行上述披露义务需要耗费一定的成本和时间，本院将披露期限从一审确定的十日延长至三十日。

关于“第三方 SDK①收集的个人信息”是否应当披露。某电商公司主张并未参与该类信息的收集、上传、储存过程，根据现有证据亦未能显示某电商公司收集了上述信息，故，周某某要求某电商公司向其披露第三方 SDK 收集的个人信息，依据不足，不予支持。

对于《原告个人信息情况》记载的注册时间、账号、昵称、性别、手机号码等信息，应视为某电商公司已向周某某披露，某电商公司不需要再提供相关副本。

某电商公司提供的查阅途径仅能查阅部分周某某的个人信息，且对于复制权，一般应当理解为提供副本，仅提供查阅途径不能视为已满足周某某复制个人信息的请求。副本应当采取书面形式，可为纸介质或者电子介质。从减少个人信息处理者的披露成本、方便个人查阅的角度，某电商公司应当向周某某提供电子化的副本，电子化副本不限于 Excel 表格、Word 文档等形式，电商公司应当选择便于查阅的方式向周某某提供个人信息电子化副本。

广东省广州市中级人民法院依照《中华人民共和国民法典》第一千零三十七条，《中华人民共和国个人信息保护法》第四条、第七条、第二十三条、第

① SDK：Software Development Kit，指软件开发工具包，以下不再另作提示。

四十四条、第四十五条、第五十条，《中华人民共和国民事诉讼法》第一百七十七条第二款之规定，作出如下判决：

一、变更广州互联网法院（2021）粤0192民初17422号民事判决第一项为：某电商公司于本判决发生法律效力之日起三十日内提供自周某某注册某平台APP之日起至本判决发生法律效力之日止的已收集到的相关个人信息，以及个人信息处理的相关情况供周某某查阅、复制；

二、撤销广州互联网法院（2021）粤0192民初17422号民事判决第二项；

三、驳回周某某的其他诉讼请求。

【法官后语】

随着数字化时代的到来以及数字经济的蓬勃发展，强化个人信息保护已经成为应对数字化挑战、保护个人合法权益、维护网络空间良好生态、促进数字经济健康发展的重要举措。在个人信息权利体系中，查阅复制权属基础性权利，其既是个人信息处理公开、透明原则的重要体现，也是个人实现信息处理知情权的重要途径，同时还是个人行使更正、补充、删除等其他个人信息权利的重要前提。民法典、个人信息保护法均对个人信息查阅复制权进行了规定，但对于权利行使的前提条件、具体范围、实现形式等具体问题，未有明确规定。本案为我国首例个人信息查阅复制权纠纷案件，判决涉及个人信息查阅复制权行使的若干重要问题。

一、个人信息查阅复制权的行使是否以个人信息遭受侵害或者存在相关风险为前提条件

无论是民法典还是个人信息保护法，均未对个人信息查阅复制权利的行使设定前提条件。一般情况下，个人行使查阅复制权，必定具备一定的动机，如接到骚扰电话，怀疑个人信息泄露，或发现个人信息有误等，但该动机并非权利行使的必要前提条件。若要求个人在行使权利时证明上述事实，必然会增加权利行使的成本和负担，为个人行使查阅复制权以及其他个人信息权利造成不必要的障碍。因此，个人信息处理者不得以“个人未能提供证据证明个人信息遭受损害或存在风险”为由进行抗辩，从而拒绝个人行使查阅复制权的请求。

二、个人信息查阅复制权的客体是否包括个人信息处理情况

《中华人民共和国民法典》第一千零三十七条和《中华人民共和国个人信息保护法》第四十五条均规定个人有权向个人信息处理者查阅复制其“个人信息”。法律赋予个人查阅复制权，其目的是确保其对个人信息的知情权和保持应有的控制，避免因非法收集、处理个人信息而致其人身财产权益遭受侵害。从实现查阅复制权的功能价值、保护个人合法权益的角度，仅允许个人查阅复制个人信息是远远不够的。个人信息的处理情况，如与第三方共享个人信息的相关情况等，对于判断个人信息权益是否遭受侵害具有举足轻重的作用。因此，有必要让个人充分了解其个人信息的处理情况，这也是《中华人民共和国个人信息保护法》第四十四条明确规定“个人对其个人信息的处理享有知情权、决定权”的重要原因。为了切实保障个人的知情权，查阅复制权的客体不仅包含个人信息本身，还应当包括个人信息处理情况。

三、APP 提供者是否需要承担披露第三方 SDK 收集的个人信息的义务

作为辅助 APP 开发的工具，第三方 SDK 能够大幅度提高互联网企业开发 APP 的效率、降低开发成本、解决服务资质限制、满足产品业务功能需要。现实中，APP 提供者与 SDK 的提供者可能存在以下关系：一是委托或代表关系，即 APP 提供者委托 SDK 提供者处理个人信息，或 SDK 提供者按照 APP 提供者的指导或要求，代表 APP 提供者处理个人信息；二是共同控制关系，即 APP 提供者与 SDK 提供者共同决定个人信息的处理目的和方式；三是各自处理关系，即 APP 提供者和 SDK 提供者均以单独身份向用户提供服务，且均自行决定处理个人信息的目的和方式。在前两种情形下，应当认定宿主 APP 提供者为 SDK 收集的个人信息的处理者，承担提供相关个人信息处理情况给个人查阅复制的义务。在第三种情形下，由于 APP 提供者并未参与 SDK 对个人信息的收集，不承担该部分个人信息的披露义务，若在此情形下判令 APP 提供者披露 SDK 收集的个人信息相关情况，可能会造成倒逼 APP 参与第三方 SDK 个人信息收集的后果，增加个人信息处理者的数量，反而提高了用户个人信息的风险。本案中，由于未有证据证明电商公司与第三方 SDK 提供者存在委托或共同处理

个人信息的关系，故，法院对于周某某要求电商公司披露第三方SDK收集的个人信息相关情况的诉请，不予支持。

四、查阅复制成本过高是否属于个人信息处理者的免责理由

一般说来，个人行使查阅复制权必然会增加个人信息处理者的成本负担，特别是在查阅复制的个人信息种类众多、时间跨度大的情况下。对于查阅复制的成本问题，民法典和个人信息保护法均未涉及。原则上，个人信息处理者不能以成本过高为由拒绝个人行使查阅复制权的请求，其理由在于：查阅复制权属个人的法定权利，从个人信息处理者的角度，充分保障用户的个人信息合法权益，可以有效提升其服务水平，增强其在数字经济时代的市场竞争力，虽然短期内可能会增加个人信息处理者的运营成本，但对其长远发展具有重要的积极作用。故，个人信息处理者不应以成本过高为由拒绝履行法定义务，相反，应当以此为契机推动系统、机制和服务的升级换代，切实提升自身的合规化水平和市场竞争力。

五、查阅复制权该采取何种方式实现

查阅复制权，包含了查阅和复制两种权利。若个人行使复制权或同时行使查阅复制权，则个人信息处理者应向个人提供个人信息副本。本案中，电商公司抗辩称其已向周某某提供了便捷的个人信息查阅途径，但提供查阅途径不能视为已满足周某某复制个人信息的请求，故，法院对其抗辩不予采纳。个人信息副本应当采取书面形式，包括纸介质或者电子介质。从减少个人信息处理者的披露成本、方便个人查阅的角度，可采取电子副本的方式。至于电子副本的格式，实务中不应作过多限制，只要该格式能满足个人便利查阅个人信息的需求即可。

本案裁判倡导：个人信息处理者应当把个人信息保护的理念融入处理活动和业务实践的全流程，在个人信息收集、储存、使用、加工、传输等环节预先考虑个人信息权益保障的需求，为全面、高效履行个人信息权益保障法定职责奠定基础。

编写人：广东省广州市中级人民法院　陈嘉贤

51

处理个人信息应当引入场景化分析方法

——李某某诉虞某隐私权、个人信息保护案

【案件基本信息】

1. 裁判书字号

广东省广州市中级人民法院（2022）粤01民终24819号民事判决书

2. 案由：隐私权、个人信息保护纠纷

3. 当事人

原告（上诉人）：李某某

被告（被上诉人）：虞某

【基本案情】

2020年，李某某与虞某同在一个业主的微信群内，李某某以其被虞某在内的其他业主无故谩骂诽谤为由，于2021年以虞某以及三名案外人为被告向广州互联网法院提起网络责任侵权纠纷，案号为（2021）粤0192民初19615号，在该案诉讼过程中，虞某向法院提交一截图作为证据，该截图显示有李某某头像、客户名称为李某某、李某某的证件号码、此证件全国范围内已有的4个移动手机号码等信息。李某某以虞某违规处理其个人信息，泄露个人隐私为由，提起本案诉讼。庭审中，虞某提交一网络截图作为证据，显示2021年1月14日李某某在网络上曾发布一篇文章，文章最后载“我是李某某，是广东省广州市海珠区某花园业主”等字眼，并附上李某某个人公民身份证号码和手机号码。

【案件焦点】

虞某在另案中提交的涉李某某头像、姓名、公民身份证号码，以及电话号码等信息的证据是否侵害了个人信息、隐私权。

【法院裁判要旨】

广东省广州市海珠区人民法院经审理认为：本案的争议焦点主要为：（1）被告是否侵害了原告的个人信息、隐私权；（2）如存在前述侵权，被告应如何承担民事法律责任。

关于争议焦点一。首先，关于个人信息的界定。《中华人民共和国民法典》第一千零三十四条规定："……个人信息是以电子或者其他方式记录的能够单独或者与其他信息结合识别特定自然人的各种信息，包括自然人的姓名、出生日期、身份证件号码、生物识别信息、住址、电话号码、电子邮箱、健康信息、行踪信息等。个人信息中的私密信息，适用有关隐私权的规定；没有规定的，适用有关个人信息保护的规定。"因此，虞某在（2021）粤0192民初19615号案件中所提交的截图显示有李某某头像、姓名、公民身份证号码以及电话号码等信息，该些信息虽部分以"＊"号代替，但结合起来足以识别为李某某的个人信息。故，对虞某认为其所提供的信息做了隐去处理，所以信息不完整不明确的辩称，不予采纳。

其次，关于个人信息的收集。个人信息权益作为一项具体人格权，由自然人个人拥有控制权、自决权、保护权等权利，即个人信息应当由主体个人享有，其他民事主体不能非法取得；信息权人对于义务主体能否获取、使用个人信息享有按照自己意愿的决定权，其他人未经许可不得擅自获取、使用、加工、公开等。本案中，李某某显然不愿意让虞某知晓其所申请的多个电话号码的信息，而这种隐匿并不违反法律和社会公德，故，应当受到法律的保护。虞某辩称其从热心业主处获取李某某于电信公司登记的个人信息及其名下的手机号码，但未能提供证据予以证明，从而亦未能举证证明其是由合法途径获取该证据并经过李某某的许可，因此虞某收集李某某个人信息的行为构成对李某某个人信息的侵害。同时，虞某在（2021）粤0192民初19615号案件中所提交的截图显示的关于李某某电话号码等信息属于自然人的私密信息，并与个人的生活安宁相关联，故，对李某某认为虞某的行为产生了竞合，同时也侵犯了李某某隐私权的主张，予以支持。

最后，关于公开信息的再处理问题。本案中，虞某提交了一网络文章的截图，从其内容可知，李某某作为理性的完全民事行为能力人，自愿公开其个人信息，表明其对自身权益的合理处分，并愿意承担此种公开行为可能带来的潜在社会风险。但是，从文章的内容也可知，李某某公开其个人信息，是出于特定的行为目的，并不意味着其对已经公开的个人信息放弃所有权利。况且，李某某未曾公开的手机号码仍属于个人私密信息的范畴，除法律另有规定或权利人明确同意外，他人不得加以收集和处理。故，虞某认为因李某某已将其个人信息公开化所以不存在侵权行为的辩称，不予采纳。

关于争议焦点二。虞某应如何承担民事法律责任？虞某收集李某某个人信息的行为构成对李某某个人信息的侵害，应当依法承担民事责任。关于侵权责任的承担模式，自然人的人格权受到侵害，有权要求停止侵害，恢复名誉，消除影响，赔礼道歉，并可以要求赔偿损失。现李某某要求虞某通过书面方式向李某某赔礼道歉，合法有理，应予以支持。另外，行为人因侵害人格权承担民事责任的，应当与其侵权行为的具体方式和造成的影响范围相当。由于李某某未举证证明虞某将其名下未公开的手机号码用于除诉讼举证外的其他用途，故，虞某仅收集了李某某的个人信息，但并未公开或做他用，虞某的侵权行为并未造成严重后果，书面赔礼道歉足以弥补李某某所受影响，故，对于李某某要求虞某支付精神损害赔偿金及财产损失五千元的主张，不予支持。

广东省广州市海珠区人民法院依据《中华人民共和国民法典》第一百一十一条、第一千零三十四条、第一千零三十六条之规定，判决：

一、被告虞某于本判决生效之日起十日内向原告李某某出具书面赔礼道歉声明（具体内容交法院审核）；

二、驳回原告李某某的其他诉讼请求。

李某某不服一审判决，提起上诉。广东省广州市中级人民法院经审理认为：

虞某收集李某某个人信息的行为未征得虞某同意，亦未能举证证明是通过合法途径获取，故，构成对李某某个人信息的侵害。而该行为侵害李某某的私密信息时，同时侵害了其隐私权与个人信息，构成侵权的竞合。一审法院据此判令虞某通过书面方式向李某某赔礼道歉，合法合理，本院予以认可。至于李某某要求虞某赔偿精神损失的问题，虞某仅收集了李某某的个人信息，无证据证明其侵权行为造成严重后果。鉴于虞某的侵权行为未造成李某某严重精神损害，故，一审法院对李某某要求虞某赔偿精神损失五千元的诉请不予支持，并无不当。

广东省广州市中级人民法院依照《中华人民共和国民事诉讼法》第一百七十七条第一款第一项之规定，判决：

驳回上诉，维持原判。

【法官后语】

个人信息是以电子或者其他方式记录的能够单独或者与其他信息结合识别特定自然人的各种信息。处理个人信息应当引入“场景化”分析方法，即使经过脱敏化处理的信息，如其结合起来足以识别特定自然人的，即未达到有效脱敏，仍属于个人信息或隐私。同时，处理个人信息应基于“权利人同意”的原则，对于权利人出于特定目的公开的个人信息，未经权利人明确同意，他人不得加以收集和处理。本案在界定个人信息的基础上，对个人信息的收集、公开信息再处理的问题作出了认定，对类案的审理具有一定的参考意义。

一、个人信息“可识别性”判定

确定个人信息的概念与范畴，是建构个人信息保护法律关系的逻辑起点，《中华人民共和国民法典》与《中华人民共和国个人信息保护法》分别形成了“单独识别+结合识别”及“已识别+可识别”的概念结构。但两种定义的核心均是“可识别性”。可识别性是个人信息的主要特征，信息是否属于个人信息，关键在于信息是否具备可识别性，是否能够单独或者与其他信息结合识别特定自然人。但可识别性在某个场景下是可以转化的，在特定场景下原本被认定的非个人信息可能转化为个人信息。法院在认定是否属于个人信息时应当依托于具体场景，通过识别主体、识别目的、被识别信息的敏感性及后果等因素判定。

首先，从识别主体上来说。在识别主体上，有“社会多数人说”和“任一主体说”，但两种学说均存在一定的狭隘性，采用社会多数说无法约束那些识别能力强如百度等具有强势地位的识别主体，其可以通过专业技术能力整合识别到社会一般人无法识别的特定主体。采用任一主体说会使个人信息的可识别性过分宽泛。因此，在识别主体上应当根据个案中不同信息控制者的具体标准加以认定，分析信息控制主体是否采用合理或者自身可能存在的方式识别信息，进而与特定自然人相联系。本案中，被告作为与原告同一小区的业主，并无强势的识别地位，其提供的原告“某电信公司本人个人信息”与其作为一般识别主体的地位不匹配，且其并未举证证明其是合法途径获取该证据的。

其次，从识别的目的上来说。识别目的是信息控制者所掌握的识别方式具有识别到特定个体自然人时，其是否具有识别的目的和动机。虽然识别目的不属于可识别性内涵的相关因素，但却影响如何平衡个人信息保护与信息处理、利用二者之间的关系，如果在信息控制者不具备识别目的的情况下，严格规制其处理和利用信息的行为是不公平的。就本案而言，被告作为原告“某电信公司本人个人信息”的持有者，其具有利用该信息作为诉讼证据以证明其主张的目的。

最后，从被识别信息的敏感性及后果来说。个人信息保护本身就是应对数字时代自然人及其相关行为的数据信息爆炸式增长的产物，特别是在互联网的商业化背景下，如何平衡个人信息保护以及信息流通之间的关系，落脚点就是该被识别信息的敏感性以及被识别的后果。如公民的身份证号码、姓名、电话可以直接单独识别或者互相结合识别特定自然人，会对个人的生活安宁等产生直接的不利影响时，该种信息就是个人信息。本案中，被告主张其所提交的“某电信公司本人个人信息”证据中，就该信息表上的原告头像、客户名称为李某某、身份证号码、此证件下全国范围内已有的4个移动手机号码等信息。被告抗辩已经做了隐名处理，且信息不完整不明确。但结合起来足以识别为原告的个人信息，且该信息涉及电话号码这种敏感性强、对个人生活影响大的个人信息。

综上，虽然案涉信息表已经过一定程度的脱敏化处理，但其结合起来仍然足以识别到原告，而且综合本案被告的识别主体地位、识别目的以及该信息的敏感性和被识别的后果来说，案涉信息表仍属于个人信息或隐私。

二、个人隐私信息的合理利用

随着现代生活方式对个人生活的介入越来越多，人们对个人隐私的保护诉求日益增强，我国立法对隐私权的保护也从“类推保护”转向“独立保护”，从“作为法益保护”转向“作为独立人格权保护”，在保护范围、保护方式等方面不断完善，推动隐私权保护向体系化、规范化发展。

隐私信息兼具隐私权的客体与个人信息的双重属性。从隐私权保护的角度出发，隐私权的保护范围受公共利益的限制，只要不是法律和社会公共道德要求必须公开的，原则上都应当受到隐私权保护。个人隐私信息的合理利用应当从主观上是否符合权利主体的合理隐私期待和客观上是否产生了不合理的隐私风险两个因素考虑。

第一，主观上是否符合权利主体的合理隐私期待。行为人基于社会交往的正常需要都会一定程度上公开自己的个人隐私信息，或者是对他人的个人隐私信息加以收集和利用。但这种公开是出于特定的行为目的，并不意味着一旦公开即放弃所有的权利。本案中，被告提交一网络截图作为证据，显示李某某在网络上曾发布文章，文章载明了李某某的身份、住址、公民身份证号码和手机号码等信息。拟证明原告的个人信息已经原告本人在网络上公开，但从文章的内容可知，原告公开个人信息是为了收集相关反馈意见的特殊目的，不能认为原告公开了一个手机号码即放弃了对其他三个手机号码的合理隐私期待。

第二，客观上是否产生了不合理的隐私风险。个人的敏感隐私信息对于个人人格尊严和自由具有重大影响，对于个人隐私信息的收集和利用应当征求隐私信息主体的同意。本案中，原、被告作为同在一个小区业主群里的成员，且因微信群的发言曾经产生过名誉权纠纷，在这种情况下，被告未经原告同意收集并公开原告未曾公开的其余三个手机号码，对于原告的生活安宁产生了极大的风险。因此，对于权利人出于特定目的公开的个人隐私信息，应基于“个人同意处理”原则，未经权利人明确同意，他人不得加以收集和处理。

编写人：广东省广州市海珠区人民法院　刘伊莎　曹昭明

六、一般人格权纠纷

52

近亲属对侵害逝者骨灰的行为有权主张侵权责任

——贾某甲等诉贾某、李某某其他人格权案

【案件基本信息】

1. 裁判书字号

上海市第一中级人民法院（2022）沪01民终4972号民事判决书

2. 案由：其他人格权纠纷

3. 当事人

原告（被上诉人）：贾某甲、贾某乙、贾某丙、贾某丁、施某某、张某某、曾某某、施甲、施乙、张甲、曾某甲

被告（上诉人）：贾某、李某某

第三人：某公墓

【基本案情】

贾某某、赵某某系夫妻，生育四女一男，分别是贾某甲、贾某乙、贾某丙、贾某丁及贾某戊。贾某甲与施某某系夫妻，生育了施甲、施乙。贾某丙与张某某系夫妻，生育了张甲。贾某丁与曾某某系夫妻，生育了曾某甲。贾某戊与赵某甲系夫妻，生育了贾某。贾某与李某某系夫妻。贾某某于1983年9月报死

亡，赵某某于1999年2月报死亡，贾某戊于2013年7月去世。1998年11月15日，贾某戊与某公墓签订墓穴购销合同，约定购买双穴，使用人为贾某某、赵某某。后，贾某某、赵某某骨灰于1998年、1999年先后落葬该墓穴。

关于墓穴购销合同签字人处系贾某戊的原因，原告陈述，赵某某与四个女儿共同决定购买涉案墓穴，由贾某乙、贾某丙、贾某丁办理购置墓穴手续，贾某戊夫妻及贾某长期在山西太原生活，购买墓穴、父母落葬，贾某戊从未出面办理。当时贾某乙、贾某丙、贾某丁考虑到贾某戊是唯一的儿子，因此商定由贾某乙在合同上代签了贾某戊，墓穴费、管理费由女儿支付，墓穴证也由女儿保管。2021年2月27日，两被告至某公墓办理迁墓手续，并填写了迁墓申请表，迁往何处一栏填写了“山西，太原”。2021年4月14日，原告发现贾某某、赵某某骨灰被迁走。

自2019年起，被告贾某与原告贾某丁等之间就房屋继承、迁让等纠纷发生多起诉讼，至今诉讼尚未完全了结。

原告认为，两被告未经原告同意私自取走贾某某、赵某某骨灰的行为严重影响了原告的祭扫，伤害了原告的感情，故提起诉讼，要求两被告将骨灰迁回某公墓，同时恢复墓穴原状，某公墓协助；两被告向每名原告各支付精神损害赔偿金10000元；两被告赔偿原告律师费20000元。

被告贾某、李某某不同意原告的全部诉讼请求。贾某辩称，父亲贾某戊是贾某某、赵某某唯一的儿子，自己是家中唯一的孙子，故，对爷爷奶奶骨灰具有保管和处置权。原告、被告之间其他诉讼导致其在上海无住处，加之父亲遗愿和奶奶托梦，故迁移骨灰，原告可以到山西祭扫。李某某辩称，同意贾某的答辩意见，同时骨灰迁移决定权在贾某，李某某没有侵犯原告权益，非贾某某、赵某某子女的原告无权起诉。

第三人述称，如果原告要将骨灰迁回，同意协助，也会保留墓穴。

【案件焦点】

1. 如何认定本案所涉人格权受到侵害请求行为人承担民事责任的主体范围；2. 两被告迁移贾某某、赵某某骨灰行为是否构成侵犯人格权；3. 如何认定本案的侵权责任方式、赔偿范围。

【法院裁判要旨】

上海市浦东新区人民法院经审理认为：民事主体从事民事活动，不得违反法律，不得违背公序良俗。自然人基于人身自由、人格尊严产生的人格权益受法律保护。骨灰既是延伸死者身体权益的载体，又是具有人格象征意义的特定纪念物，承载着生者对逝者的悼念和哀思。

关于争议焦点一。死者的姓名、肖像、名誉、荣誉、隐私、遗体等受到侵害的，其配偶、子女、父母有权依法请求行为人承担民事责任；死者没有配偶、子女且父母已经死亡的，其他近亲属有权依法请求行为人承担民事责任。贾某某、赵某某的骨灰属于法律保护的人格权益，他们的子女有权依法请求行为人承担民事责任。除子女外，其他原告作为近亲属当然有权对逝者进行祭奠，但根据法律规定，在子女尚在世的情况下，应由其子女作为原告依法提起人格权纠纷之诉。

关于争议焦点二。关于逝者骨灰迁移问题，我国现行法律无明确管理规定。处理民事纠纷，应当依照法律；法律没有规定的，可以适用习惯，但是不得违背公序良俗。骨灰落葬即属于民间风俗习惯，亦属于公序良俗的范畴。按照我国一般风俗习惯，逝者坟墓的选择、骨灰落葬、迁墓等都应当由亲属共同实施。任何亲属单方面改变逝者坟墓状态、迁移骨灰的行为，都不符合基本的风俗习惯。本案中，两被告未与原告商量，擅自将骨灰迁走，事后亦未告知其他亲属，该行为既违背死者生前选购墓地落葬的意愿，也剥夺了其他近亲属哀思、悼念死者的权利，致使其他近亲属祭奠不能。贾某某、赵某某生于上海、长于上海、逝于上海，两人所在涉案墓穴建于 1998 年，其时赵某某尚健在，按照风俗习惯、社会常理，可以推断赵某某及其子女一致认可涉案墓穴选择、购置且贾某某、赵某某共同安葬于涉案墓穴的意愿。即便如两被告所述墓穴购销合同由贾某戊本人签署，也恰恰证明贾某戊对父母墓穴选择、安葬之处亦无异议。两被告系夫妻，共同向第三人申请迁墓并将骨灰迁往山西太原，共同实施侵犯行为，应当共同承担民事责任。

关于争议焦点三。侵权人承担民事责任的方式之一是恢复原状。两被告共同实施了侵害原告权利的行为，逝者的子女请求两被告将骨灰迁回涉案墓穴同时恢复墓穴原状的诉讼请求，于法有据，予以支持。第三人应协助两被告将涉案墓穴恢复原状。综合考虑两被告的过错程度、造成的损害后果等因素，本院酌定两被告共同赔偿原告贾某甲、贾某乙、贾某丙、贾某丁精神损害抚慰金20000元。

上海市浦东新区人民法院依照《中华人民共和国民法典》第八条、第十条、第一百七十九条第一款第五项、第九百九十四条，《最高人民法院关于确定民事侵权精神损害赔偿责任若干问题的解释》第三条之规定，判决如下：

一、贾某、李某某于本判决生效之日起十日内将存放贾某某、赵某某骨灰的骨灰盒迁回某公墓处某墓穴同时将墓穴恢复原状，某公墓负有协助义务；

二、贾某、李某某于本判决生效之日起十日内共同赔偿原告贾某甲、贾某乙、贾某丙、贾某丁精神损害抚慰金20000元；

三、驳回贾某甲、贾某乙、贾某丙、贾某丁、施某某、张某某、曾某某、施甲、施乙、张甲、曾某甲的其余诉讼请求。

贾某、李某某不服原审判决，提起上诉，上海市第一中级人民法院经审理，同意一审裁判意见。判决：

驳回上诉，维持原判。

【法官后语】

实践中，因骨灰归属、安置、祭奠等引发的民事诉讼案件虽数量不多，但案件类型多样、立案困难、法律规定模糊，有必要研究分析涉骨灰的一系列民事法律关系，进而实现适法统一，妥善化解矛盾。

民法领域尚未有明确提到“骨灰”一词的法律条文，最为接近的是关于“遗骨”保护的规定。2001年发布的《最高人民法院关于确定民事侵权精神损害赔偿责任若干问题的解释》第一次提到自然人死亡后，其近亲属因“非法利用、损害遗体、遗骨或者以违反社会公共利益、社会公德的其他方式侵害遗体、遗骨”的侵权行为遭受精神痛苦，向人民法院起诉请求赔偿精神损害的，法院应依法予以受理。2020年修正后的该司法解释进一步明确“死者的遗体、遗骨等受到侵害”，其近亲属向人民法院提起诉讼请求精神损害赔偿的，法院应当依法予以支持。修正后的司法解释进一步扩大了死者人格利益的保护范围，用

"等"将受法律保护的侵害对象范围扩大，包括但不限于遗体、遗骨，同时删除了原司法解释中罗列的具体侵害方式，直接表述为"侵害"，从而将侵害的方式扩大。《中华人民共和国民法典》更是将"遗体等"的死者人格利益保护提升到更高的立法层级，明确纳入人格权编，同时权利救济途径也随之扩大，不再限于司法解释中的精神损害抚慰金，可以依据《中华人民共和国民法典》第一百七十九条规定要求侵权人承担相应的民事侵权责任。在当前民法领域对涉骨灰侵权纠纷无明确规定的情况下，可以对司法解释中的"遗骨等"，《中华人民共和国民法典》中的"遗体等"作扩大解释，即包含对骨灰的保护，以弥补法律规定尚不明晰造成的权利保护立法空缺。

骨灰是具有人格象征意义的特定纪念物，是承载死者人格利益的特殊物，这包含两个层面的含义：一是要保护死者的人格利益，即死者骨灰必须以受到尊重、有尊严和体面的方式予以对待；二是骨灰作为特殊的物，不具有财产属性，权利人对骨灰仅享有占有、处分、祭奠权利。占有是指对骨灰的实际控制，骨灰虽然不适用《中华人民共和国民法典》物权编的一般规则，但为实现骨灰承载的人格利益，应当赋予近亲属享有占有的权利。处分是指对骨灰进行落葬、管理等。祭奠是指生者对死者祭拜悼念。上述权利的行使均不得损害死者人格权益、社会公共利益、公序良俗。符合起诉要件的涉骨灰民事纠纷法院应依法受理，不能以骨灰不属于财产为由不予受理，更不能以落葬属于社会的公序良俗，相关法律对于落葬的时间和方式并无明确规定为由不予受理。

涉骨灰纠纷中，因人格权受到侵害请求行为人承担民事责任的主体范围宜参照《中华人民共和国民法典》第九百九十四条的规定，其中，配偶、子女、父母为第一顺位，死者没有配偶、子女且父母已经死亡的，其他近亲属才有权主张，不宜将权利主体范围扩大，一方面防止滥诉，另一方面也符合由血缘关系最近的在世亲属办理丧葬事宜的民间传统习惯。

骨灰纠纷往往因占有、处分、祭奠权利受到侵害引发，而当前法律对这类权利保护对象、范围尚未明晰，审理此类案件应依法综合考量死者遗愿、近亲属协商结果、公序良俗、风俗习惯等要素判断涉案行为是否侵害人格权。如果死者生前对骨灰的安置有处分协议，且不违反法律法规、公序良俗的，应按照协议处理以充分尊重死者意愿。如果死者生前未立协议或者协议无效的，但生前亲自参与墓地选址及购买，或者知晓墓地的，可以推定该墓地系死者生前认可落葬之地。当无法确定死者遗愿时，由死者近亲属以有利于骨灰落葬和祭奠为原则，协商确定骨灰的占有、处分，协商决定的顺序参照法定权利主体的顺位。如原、被告都是同一顺位人，协商不成亦无法调解的，法官应以法理情相结合，按照公序良俗及殡葬管理相关规定综合裁判。审理中，若发现骨灰确有灭失或者被隐匿风险的，可以予以保全。若墓地或者殡仪馆等第三方机构有协助骨灰迁移义务的，还应将这些机构追加为第三人，以减少后续执行的障碍。

回到本案中，本案系逝者孙子、孙媳未经其他亲属同意擅自迁移爷爷奶奶骨灰，拒不告知骨灰存放地引发的人格权纠纷，因当前关于骨灰的法律属性规定尚不明确，当事人几经波折才得以立案受理，因此实践中此类案件数量不多但具有一定新颖性、典型性，判决对今后类似案件的审理具有积极的借鉴意义。本案纠纷发生在亲属之间，合法合情合理的判决亦有利于化解家庭矛盾，宣传社会主义家庭文明新风尚，促进新时代文明实践，达到“审理一案，教育一片”的良好社会效果。

编写人：上海市浦东新区人民法院　韩伶　戈赛楠

53

墓穴证书持证人不得擅自更改墓碑内容

——曹某甲等诉曹某己、某公墓其他人格权案

【案件基本信息】

1. 裁判书字号

上海市第二中级人民法院（2022）沪02民终1037民事判决书

2. 案由：其他人格权纠纷

3. 当事人

原告（被上诉人）：曹某甲、曹某乙与曹某丙

被告（上诉人）：曹某己

被告：某公墓

【基本案情】

曹某某、黄某某系夫妻关系，共生育5个子女，即曹某甲、曹某丁、曹某乙、曹某戊、曹某丙。曹某戊与邱某某系夫妻关系，两人生育曹某己。曹某戊于2002年过世，黄某某于2007年过世，曹某某于2020年过世。曹某戊过世后，邱某某作为认购人、某公墓作为出售人，于2002年7月16日签订《墓穴购销合同》，载明四穴墓位置及面积，使用人为曹某某（寿）、黄某某（寿）、曹某戊（故）、邱某某（寿），墓穴价格为55万元，维护费为77235.84元；并确定凭《火化证明》认购墓穴，墓穴不得转让或者转卖，墓穴落葬骨灰后不再退购等。当时申请购买墓穴时，明确了墓碑正面的刻字内容，记录在售后登记单上。曹某某与黄某某为双穴墓，曹某戊与邱某某为双穴墓。某公墓收取墓穴费用及管理费后向邱某某发了持证人为邱某某的墓穴证书，2020年12月，邱某某及曹某己以“便于联系”为由更改认购人信息并重新发了持证人为曹某己的墓穴证书。2002年7月，曹某戊落葬，2007年9月，黄某某落葬并将墓碑的相应红字改为金色。

曹某某去世后，曹某甲、曹某乙、曹某丙未通知曹某己、未携带墓穴证书，将曹某某落葬在与黄某某的双穴墓中，并更改相应红字为金色。曹某己发现后向某公墓提出异议，要求将曹某某名字等内容铲除。某公墓遂按照曹某己的要求铲掉相关名字等信息。曹某甲、曹某乙与曹某丙于2021年清明祭扫时发现后，与曹某己沟通、协商未果，遂起诉至法院，要求曹某己与某公墓将其父曹某某的墓碑恢复原状，并由曹某己与某公墓向其书面赔礼道歉。

【案件焦点】

墓穴证书持证人能否擅自更改墓碑内容。

【法院裁判要旨】

上海市青浦区人民法院经审理认为：邱某某于曹某某、黄某某生前为两人购买了双穴墓，《墓穴购销合同》的约定及相关登记表、碑文表均可佐证，因此涉案的双穴墓的使用人为曹某某及黄某某。曹某某去世后，墓穴认购人有义务配合办理落葬事宜。某公墓协助曹某甲、曹某乙、曹某丙办理曹某某的落葬事宜，并无不当。认购人认购涉案双穴墓系征得曹某某夫妇的同意，认购时确定的碑文表上对相关使用人的信息等均已明确，即便是认购人也不得随意更改。曹某甲、曹某乙、曹某丙对父母有祭奠权利，曹某己将墓碑上的曹某某的名字及其他信息铲除的行为侵害了曹某甲、曹某乙、曹某丙的权利，曹某甲、曹某乙、曹某丙要求恢复原状，于法无悖。曹某甲、曹某乙、曹某丙提供的曹某某落葬后更改墓碑前的照片，曹某甲、曹某乙、曹某丙、曹某己、某公墓一致确认为更改墓碑前的状态，故，确定为系曹某甲、曹某乙、曹某丙要求恢复之原状。曹某己以曹某甲、曹某乙、曹某丙未通知落葬事宜且曹某某相关子女未负担墓穴费用为由不同意曹某某落葬、铲除相关名字及信息的意见，既无法律法规之依据，亦无风俗习惯之依据。曹某己提出曹某某落葬他处的意愿未提供充分依据予以证实。曹某甲、曹某乙、曹某丙要求曹某己、某公墓进行书面道歉，依据不足，不予支持。

上海市青浦区人民法院依照《中华人民共和国民法典》第八条、第五百七十七条之规定，作出如下判决：

一、曹某己应于判决生效之日起十日内恢复曹某某墓碑原状；

二、某公墓应于判决生效之日起十日内协助曹某己将曹某某墓碑恢复原状；

三、曹某甲、曹某乙、曹某丙要求曹某己、某公墓书面赔礼道歉的诉讼请求不予支持。

曹某己不服一审判决，提出上诉。上海市第二中级人民法院经审理认为：本案的主要争议焦点在于曹某己是否有权更改曹某某墓碑碑文。墓碑的主要用途在于祭奠亡者、寄托哀思，与死者具有血缘、婚姻关系或法律规定的具有特定身份关系的民事主体通常享有在墓碑上篆刻姓名并从事祭奠活动的权利。按照民间风俗，墓碑上一般应当铭刻亡者及其家族成员的姓名，在无特殊情况下应当保持墓碑的完整性。本案中，曹某某去世后落葬于某公墓，与其妻黄某某合葬一处，墓前树立刻有曹某某、黄某某及其子女等家族成员姓名的墓碑，符合传统殡葬习俗。曹某己在未经家族成员协商的情况下，以其作为案涉墓穴证书持证人的身份擅自要求某公墓对墓碑碑文内容进行修改，不符合民间习俗关于墓碑碑文铭刻的传统，伤害了其他家族成员的亲子感情，也侵害了其他家族成员祭奠先人的权利。曹某己以曹某某生前意愿为由主张其不应落葬于墓穴，但无证据予以证明，对其主张难以认同。关于曹某己主张的落葬方式、家族人员变动情况等因素，从尊重死者的习俗出发，亦不能成为曹某己擅自修改墓碑碑文内容的理由。因此，曹某己不具有更改曹某某墓碑碑文的权利，其擅自修改墓碑碑文的行为无法得到支持。

上海市第二中级人民法院依照《中华人民共和国民事诉讼法》第一百七十七条第一款第一项之规定，作出如下判决：

驳回上诉，维持原判。

【法官后语】

墓地作为逝者遗骸安葬的场所和亲属哀思所寄托之处，承载了殡葬传统和风俗，历来被国人寄托多种感情。祭祀活动在中国传统文化中占据十分重要的地位，其不仅是一种民间风俗，传统礼法亦是以孝为核心价值取向。《中华人民共和国民法典》第九百九十条第二款规定，除前款规定的人格权外，自然人享有基于人身自由、人格尊严产生的其他人格权益，从中国传统孝文化和祭祀风俗出发，可以将祭奠权利认定为该条规定的其他人格权益，受到法律的保护。

本案的核心争议焦点为墓穴证书持证人能否擅自更改墓碑内容，若改动是否侵害祭奠权利这一人格权益。一方面，需要界定墓穴证书持证人对于墓穴享有的权利属性。墓穴证书是用以证明墓穴购销合同与墓穴认购人身份的凭证。自然人在与公墓签订墓穴购销合同、取得有关墓穴的权利后，或在受让墓穴权利及有关购销合同关系后，将取得由公墓签发的以其为持证人的墓穴证书。持有墓穴证书者被推定是有关墓穴购销合同的认购人及相应墓穴的权利人，对所认购的墓穴在一定期限内享有使用的权益，但这种权益不能认定为物权性质的权利。根据《公墓管理暂行办法》的规定，公墓依据服务对象的不同，区分为公益性公墓与经营性公墓，前者为农村村民无偿提供遗体与骨灰安葬服务，后者为城镇居民有偿提供上述服务。公墓建址原则上应选用荒地；农村公益性公墓由村民委员会建于村民集体所有的荒地上，城镇经营性公墓则由殡葬事业单位使用国家所有的荒地建立，后者于建设公墓前应依法取得相应国有荒地的建设用地使用权。农村村民对集体所有墓穴的使用权因物权法定原则之限制，难以成为一种物权。城镇居民对墓穴的使用权虽然可以以建设用地使用权作为依据，即认购人依据墓穴购销合同，而从公墓处受让其对该片墓穴所享有的建设用地使用权，但《中华人民共和国民法典》第三百五十五条明确规定建设用地使用权的变更应当向登记机构申请变更登记，且权利变动自变更登记方生效，而现实中并不存在墓穴使用权的登记机关及登记簿，因此，根据物权法定原则，墓穴权利证书持证人对墓穴的使用权益不能认定为物权性质的权利。在现行的法律框架内，可以墓穴购销合同为基本点出发，认定该权利属于合同之债，通过向公墓主张合同权利从而获得法律保护，作为债务人的公墓需协助、配合权利人进行相关事项。

另一方面，按照民间风俗，墓碑上一般应当铭刻亡者及其家族成员的姓名，在碑上镌刻的亲属姓名是对死者与其亲属身份关系的一种公示，在墓碑上署名的人表明其与死者具有特定的血缘或婚姻等社会关系。在无特殊情况下，应当完整记录相关人员的姓名并保持墓碑的完整性。死者亲属在墓碑上铭刻姓名不仅是其所享有的正当人格权益，而且这种做法也符合传统的殡葬习俗，正因如此，擅自抹去有关亲属姓名的行为显然有违民间祭祀的相关善良风俗。本案中，曹某已虽然为墓穴证书持证人，可以依据合同权利要求公墓对墓碑等墓穴相关物品进行修改，但应与家族内部其他成员友好协商，共同实现尊重亡者意愿和遵循风俗习惯的有机统一，不得侵犯相关权利人的祭奠权利。

编写人：上海市第二中级人民法院　王安　胡峻峰

54

注册商标侵害他人在先人格权利的认定

——谢某某诉陈某某人格权案

【案件基本信息】

1. 裁判书字号

浙江省温州市中级人民法院（2022）浙03民终5363号民事判决书

2. 案由：人格权纠纷

3. 当事人

原告（被上诉人）：谢某某

被告（上诉人）：陈某某

【基本案情】

陈某某和谢某某早年相识，后因经济来往发生纠纷。谢某某现为某上市公司法定代表人，其本人及名下公司有一定知名度。2014年12月、2017年6月，陈某某申请注册大量与谢某某的姓名、住址、公司名称相同或谐音、同音的商标。注册商标所涉商品类别包含骨灰盒、棺材等殡葬用品。2022年，注册登记与谢某某同名的丧葬用品经营部，经营殡仪用品销售、殡葬服务等。谢某某以陈某某未经同意，擅自以侮辱方式使用谢某某及公司名字，损害其形象，降低其社会评价，给其造成精神压力，违反社会道德及公序良俗为由，主张陈某某不得使用相关注册商标，向谢某某赔礼道歉并赔偿各项经济损失及精神抚慰金10万元。

【案件焦点】

陈某某注册与谢某某同音同字、同音不同字的商标是否侵害谢某某人格权利，谢某某的诉请能否得到支持。

【法院裁判要旨】

浙江省平阳县人民法院经审理认为：任何组织或个人不得以干涉、盗用、假冒等方式侵害他人的姓名权。人格尊严，是自然人自尊和获得他人尊重的统一，是对个人价值和外在形象主客观评价的结合，判断自然人人格尊严是否受到侵害，不仅要考虑自然人的主观自尊感受，还要从客观角度考虑其在通常社会范围内所享有的最基本的尊重感是否受到贬损。陈某某辩解其并无侵犯谢某某人格权之故意，其通过合法方式取得涉案注册商标和企业名称，谢某某无权禁止其使用。对此本院认为，《中华人民共和国商标法》规定，申请注册和使用商标应当遵循诚实信用原则，申请注册的商标不得与他人在先取得的合法权利相冲突。陈某某基于不当目的针对谢某某，将其名字与骨灰盒、棺材等殡葬用品或服务相关联，具有特定的不当含义，易使相关公众认为该注册商标及字号与谢某某存在特定联系。陈某某虽依法取得该注册商标和个体工商户字号，但其系利用该注册商标和个体工商户字号使谢某某主观方面的自尊感和客观方面的尊重感受到贬损，即便从普通社会认知角度看也明显超出合理的范畴，有违社会公德和公序良俗，已侵犯谢某某的姓名权和人格尊严。因此，应承担相应的民事责任。法律规定人格权受到侵害的，受害人有权要求行为人承担停止侵害、消除影响、恢复名誉、赔礼道歉等民事责任，并可以要求赔偿损失，侵害自然人人身权益造成严重精神损害的，被侵权人有权请求精神损害赔偿。陈某某已对其登记的殡葬用品经营部字号进行了变更，谢某某明确后的诉请对此也未再提出主张，因此法院不作处理。

浙江省平阳县人民法院依照《中华人民共和国民法典》第九百九十条、第九百九十一条、第九百九十五条、第九百九十八、第一千条、第一千零一十四条、第一千一百八十三条，《最高人民法院关于确定民事侵权精神损害赔偿责任若干问题的解释》第一条、第五条之规定，判决如下：

一、被告陈某某于本判决生效之日起立即停止使用注册商标“某坤”“梅溪·某某”；

二、限被告陈某某于本判决生效之日起十日内在《新平阳报》、平阳县某镇某社区、某村、某村公告栏发布向原告谢某某赔礼道歉的书面声明（内容需经本院审核）；

三、如被告陈某某未按前款判决履行义务，本院将在上述载体上发布公告或公布生效裁判文书，由此产生的费用由被告陈某某承担；

四、被告陈某某应于本判决生效之日起十日内赔偿原告谢某某精神损害抚慰金20000元；

五、驳回原告谢某某的其他诉讼请求。

陈某某不服一审判决，提起上诉。浙江省温州市中级人民法院经审理认为：陈某某申请大量与谢某某的姓名、住址、公司名称相同、相近、相似的商标，将谢某某姓名和其公司名称与特定行业、物品相联系，用于经营活动，虽然最后注册成功并实际使用的仅为其中部分商标，但其主观恶意非常明显。故，一审法院认定陈某某行为侵犯谢某某的人格权，应承担相应的法律责任，处理正确，予以维持。

浙江省温州市中级人民法院依照《中华人民共和国民事诉讼法》第一百七十条第一款第一项之规定，判决如下：

驳回上诉，维持原判。

【法官后语】

当今社会人格权纠纷频发，侵害人格权行为愈加多样，若仅从行为本身是否违法判断，已不能满足当下侵权行为的认定。本案通过对恶意行使商标权的否定性评价，明确人格贬损是客观事实和主观感受的有机结合，基于诚信原则对私权行使作出合理限制，对倡导友善这一社会主义新型人际关系给予正向督导。其中对注册商标侵害他人在先人格权利的认定，应当注意以下几点：

一、注册商标的行为构成侮辱侵权的认定

通说认为，侮辱系指故意以暴力及其他方式贬低他人人格、毁损他人名誉。

早年常以低俗恶语或泼油漆等形式侮辱他人，而今侮辱方式多样化且渐有“以合法手段掩盖非法目的”之势。为此，应从两个方面把握是否构成侮辱侵权：一是主观是否具有恶意。因主观心态难以揣测，故，应站在理性第三人角度判断。二是行为是否有侮辱性质。应从普通社会公众的认知角度及公序良俗出发去判断。本案中，从双方过往经历分析，双方早年相识、存在纠葛，被告在几年内大量注册与原告名字同音同字、同音不同字的商标与字号，从理性第三人角度看，会认为被告系故意为之。被告将原告名字与骨灰盒、棺材、寿衣等殡葬用品及服务性关联，既超出普通社会公众认知的合理范畴，又有违公序良俗，可以认定该行为具有侮辱性质。

二、恶意注册商标所侵害的人格权客体分析

《中华人民共和国民法典》（以下简称《民法典》）第九百九十条第二款将人格尊严作为一般人格权予以规定，旨在为人格权做兜底保障。保护人格权、维护人格尊严既是社会主义法治建设的重要任务，也是《民法典》人格权编的首要价值，各项具体人格权的保护亦体现人格尊严。在商品或广告上使用他人姓名，直接影响姓名权人对自己人格形象的塑造定位，严重时会损害人格尊严。

本案中，被告恶意注册商标的行为虽有侮辱性质，但不必然导致他人对原告品德、声望、才能、信用等的社会评价降低，故，不构成侵害名誉权。但该行为侵害谢某某姓名权及人格尊严。公众熟悉的侵害姓名权的方式一般是利用自然人的知名度行“搭便车”之实，实质侵害的是姓名附带的经济价值。因姓名是自然人之间区分的标志，是每个人获得个体化和个性化的手段，不仅是个人身份的重要组成部分，更是法律人格的重要组成部分。姓名与名誉、肖像、隐私等共同构成法律人格。故，侵害姓名权的表现形式不仅上述一种情形，还包括违背公序良俗，对姓名进行有损人格的使用。本案被告以侮辱原告为目的，对原告名字进行有损人格的使用，具有故意实施人格攻击之意图，既侵害原告的姓名权亦侵害其人格尊严。

三、注册商标侵害他人在先人格权利的后续处理

《中华人民共和国商标法》第七条、第三十二条分别规定“申请注册和使

用商标，应当遵循诚实信用原则”“申请商标注册不得损害他人现有的在先权利”。此处“在先权利”包括在先知识产权、在先的其他民事权利及域名、商品化权等其他新型权利。损害在先权利的商标申请，若已经获得注册，则只能由利害关系人提出申请，或自商标注册之日起五年内，请求商标评审委员会裁定撤销该注册商标，或请求法院判决停止侵害。

《民法典》第一千一百八十三条规定自然人人身权益造成严重精神损害的，被侵权人有权请求精神损害赔偿。较之债权请求权中金钱给付的核心地位，人格权请求权中的停止侵害、恢复名誉、赔礼道歉则更能体现人格尊严本身独立于物质经济的重要价值。而对人格尊严受侵害后赋予精神损害赔偿请求权，更能体现“人之所以为人”的价值观念。精神损害抚慰金的赔偿数额则应综合考虑侵权行为的影响范围、方式，侵权人的过错程度及目的等因素确定。

编写人：浙江省平阳县人民法院　杨隆隆　施白德华

55

网络虚拟主体及名誉的本质及司法保护

——张某某诉彭某人格权案

【案件基本信息】

1. 裁判书字号

重庆市第一中级人民法院（2022）渝01民终9185号民事判决书

2. 案由：人格权纠纷

3. 当事人

原告（上诉人）：张某某

被告（上诉人）：彭某

【基本案情】

张某某与彭某均系某游戏用户。2020年8月30日，彭某在某游戏吧中发布了辱骂原告的帖子，帖子下配有一张含有贬义的贴图。该帖子主要内容为描述张某某在某游戏中的账号“某某1”和“某某2”在游戏中所实施的一系列行为，其中包括多次抢走他人在游戏里的情缘（恋人）。彭某还在该帖子下跟帖，内容多称张某某建立的游戏账号为“惯犯”等，并暗示该游戏账号为卖淫女。

彭某还在帖子中披露：“女主QQ（聊天软件）：××××”。前述QQ号系张某某所有，经彭某在网上披露后，不少网友通过添加QQ号的方式对张某某进行辱骂、攻击，该帖子关注度较高，网络显示2.9万人在看，跟帖数量较多，其中不乏网友们对“某某1”的谩骂及贬损性评价。

张某某向法院起诉请求：（1）判决被告彭某公开赔礼道歉，并将道歉内容在百度贴吧、某游戏吧刊登90天，恢复原告名张某某名誉；（2）判决被告彭某支付原告张某某为制止侵权行为支出的律师费8000元；（3）判决被告彭某向原告张某某支付精神损害抚慰金10000元。

彭某认为“某某1”作为单纯的网络虚拟主体，以虚拟的网络身份进行网络活动，与现实生活毫无关联，自己的行为不构成侵权。

【案件焦点】

1. 被告在贴吧中对游戏账户名为“某某1某某2”的账号实施的行为是否构成对原告的名誉侵权；2. 被告在贴吧中泄露原告QQ号码的行为是否侵犯原告隐私权。

【法院裁判要旨】

重庆市江北区人民法院经审理认为：名誉权是由民事主体享有的获得和维持对其名誉进行客观公正评价的人格权。这里的民事主体指自然人、法人和非法人组织。而虚拟主体并非法律规定的民事主体，其不享有名誉权。但侵害虚拟主体的名誉是否会导致其背后现实主体的社会评价降低，则要判断虚拟主体能否与现实主体相联系。只有侵害网络虚拟名誉的行为引起了民事主体在现实中的社会评价降低亦即损害了民事主体的现实名誉，当事人才能受到名誉权制度的保护；倘若民事主体的现实社会评价没有降低，那么，就不存在侵害名誉权，相关诉讼请求也无法得到支持。彭某在贴吧中对虚拟主体“某某 1 某某 2”进行贬损性描述，显然会降低“某某 1 某某 2”的社会评价，但张某某、彭某均非公众人物，其在网络中的影响力有限，“某某 1 某某 2”系虚拟主体，其背后的现实主体在网络中也具有隐秘性，网友无法将“某某 1 某某 2”与张某某直接关联。即便彭某在帖子中公布了张某某的 QQ 号码，网友能够通过搜索 QQ 号码添加张某某的 QQ，但张某某 QQ 号系一串数字，QQ 昵称也使用的是网名，网友仍然无从知晓张某某的真实姓名等信息，因此不会导致张某某的社会评价降低。据此，彭某的行为不构成对张某某的名誉侵权。

隐私是自然人的私人生活安宁和不愿为他人知晓的私密空间、私密活动、私密信息。QQ 是一种方便、实用、高效的即时通讯工具，张某某的 QQ 号码系存在于网络空间，或为其亲友及 QQ 好友所知晓，在一定范围内系公开的信息，因而不应当将其 QQ 号码认定为其个人隐私。但现代社会网络迅猛发展，QQ 号码作为一种即时通讯工具，往往已经成为个人信息的一部分，与其他信息结合时能够识别出特定的主体。他人在使用自然人个人信息时应当征得信息享有者的同意，并且其使用应当遵循合法、正当、必要等原则。张某某的 QQ 号码系其本人使用，并且进行了实名认证，绑定了银行卡，应当认定为张某某的个人信息，理应受到法律的保护。彭某未经张某某许可在贴吧的案涉网帖中擅自披露张某某的 QQ 号码，导致网友通过添加张某某 QQ 号的方式对张某某进行侮辱、谩骂，给张某某造成损害，应当认定彭某具有不当使用张某某个人信息的行为，系侵害张某某个人信息的行为，须承担相应的侵权责任。

重庆市江北区人民法院依照《中华人民共和国民法典》第九百九十条、第九百九十五条、第九百九十八条、第一千条、第一千零二十四条、第一千零三十四条、第一千一百八十二条，《最高人民法院〈关于审理利用信息网络侵害人身权益民事纠纷案件适用法律若干问题的规定〉》第一条、第十二条，《最高人民法院〈关于确定民事侵权精神损害赔偿责任若干问题的解释〉》第五条，《中华人民共和国民事诉讼法》第六十七条之规定，判决如下：

一、被告彭某于本判决生效之日起五日内以书面道歉信的方式向原告张某某道歉，道歉内容须经本院审核；

二、被告彭某于本判决生效之日起五日内支付原告张某某律师费4000元；

三、被告彭某于本判决生效之日起五日内支付原告张某某精神损害抚慰金1000元；

四、驳回原告张某某的其他诉讼请求。

张某某、彭某均不服一审判决，提出上诉。重庆市第一中级人民法院经审理，同意一审法院裁判意见，遂依照《中华人民共和国民事诉讼法》第一百七十七条第一款第一项之规定，作出判决如下：

驳回上诉，维持原判。

【法官后语】

随着网络社会的飞速发展，侵害民事主体虚拟名誉的情况时有发生。一些当事人选择诉诸法院，通过启动名誉权诉讼的方式主张自己的权益。对此，我国学界主流观点与司法实践均认为，只有侵害网络虚拟名誉的行为引起了民事主体在现实中的社会评价降低亦即损害了民事主体的现实名誉，当事人才能受到名誉权制度的保护；倘若民事主体的现实社会评价没有降低，那么，就不存在侵害名誉权，相关诉讼请求也无法得到支持。在此情形下，对于如何保护网络虚拟主体的名誉，值得我们探讨。

一、网络虚拟主体的法律性质及虚拟主体的名誉

网络虚拟主体，是由现实民事主体所控制的，“互联网上虚构、假设的网络行为的实施者”。例如，微博上的知名博主、论坛上的活跃网友、网络游戏中的各种角色、电商平台上的加盟商户等，都属于虚拟主体的范畴。尽管虚拟主体在网络空间的交往互动与现实世界存在诸多相似，但虚拟主体本身并不具有意思能力，从本质上说，它既不属于自然人，也不属于法人，故，不能被认为是民事主体。

名誉是一种针对特定人的社会评价。在不同场合，这种评价的对象可能是自然人或法人的品德、才干、信誉、商誉、资历、声望、形象等。在网络世界中，虚拟主体也可以通过发表的观点、从事的活动或表现出的能力获得社会评价，这种社会评价便是虚拟主体的名誉。

二、虚拟主体名誉的法律保护现状

若要对虚拟主体的名誉进行法律上的保护，则必须厘清在虚拟主体之上究竟附着了民事主体的何种权利或法益。对此，我国司法实务界普遍认为，虚拟主体名誉所承载的是现实民事主体的名誉权。这是因为对熟知的网络虚拟主体的评价，其实质必然影响到现实生活中的真实主体。正是这种对现实评价的影响，导致了名誉权受损的后果。但并非所有虚拟主体的名誉都能得到法律的保护，这是因为，不是所有的侵害行为都会导致现实民事主体的社会评价下降。网络世界与现实世界的联系有强有弱，民事主体在其所控制的虚拟主体上投入人格信息的多少将决定对其名誉的影响会否产生渗透效应。如果民事主体投入的人格信息极为有限，第三人难以识别出操纵虚拟主体的民事主体，虚拟主体所受到的社会评价往往就不会影响到现实民事主体的名誉。这种人格特征不明显、与现实世界缺乏密切联系、虚拟社会评价变化无法引起现实中的民事主体社会评价变化的虚拟主体被称为“单纯虚拟主体”；如果民事主体投入大量人格信息，如使用与其姓名一致的名称、与其肖像一致的头像、呈现与其在现实中一致的社会关系等，使虚拟主体与现实存在密切联系、具有多处人格信息重合的，则被称为“复合虚拟主体”。此种情形下，虚拟主体所受到的社会评价一般会转化为对该自然人的现实社会评价。如前所述，我国法上目前的立场是只保护复合虚拟主体的名誉，亦即主体的现实名誉，这种保护没有被延伸到虚拟社会评价的领域。

三、虚拟主体名誉法律保护的规则构建

在我国法律上，保护虚拟主体名誉有着现实可行的规范基础。结合我国一直以来关于名誉权侵权的法律规范，可以判定虚拟名誉场合构成侵害名誉权责任的要件如下：侵害虚拟名誉的行为，民事主体名誉利益被损害的后果，侵害行为与损害后果间的因果关系及行为人具有过错。

1. 侵害虚拟名誉的行为。实践中，判断某种行为是否构成侵害名誉应当从以下三个方面进行：是否有传播散布的行为；是否指向特定人；是否具有妨誉性。在侵害虚拟名誉的场合，传播散布往往不难判断。因网络社会本来就是以消息的迅速传播为特征，只要行为人借助可以为第三人所知悉的表达途径实施行为，就可以构成传播散布。就是否指向特定的人而言，行为的实施对象应当满足一定的特定性要求，如本案中的“某某1某某2”。是否具有妨誉性则意味着行为具有贬损他人名誉、降低他人社会评价的性质。

2. 民事主体名誉利益被损害的后果。损害虚拟主体名誉会给民事主体带来名誉利益的现实损害是适用名誉权制度的前提。要判断是否存在损害，可以从虚拟主体是否存在名誉、该名誉是否受损、民事主体是否对该名誉享有名誉利益、是否存在其他的现实损害四个方面进行判断。首先，虚拟主体的名誉须由其自身通过网络交往行为而获得，且呈现为一种良好的社会评价。其次，须有该名誉因侵害行为而下降的事实，没有此事实，则自然不能主张基于名誉权的侵权责任。再次，须有民事主体对该虚拟主体的名誉享有名誉利益。虚拟主体的名誉受到法律保护的前提是民事主体对其享有名誉利益。最后，对于精神痛苦和财产损失的考察将有助于判断损害要件的成立与否，如果有民事主体因该虚拟主体的名誉受损而感受到精神痛苦或者遭受财产损失，有助于认定民事主体名誉损害要件的成立。

3. 侵害行为与损害后果间的因果关系及行为人具有过错

在侵害虚拟名誉场合，对于侵害名誉权构成要件中因果关系与过错的判断与普通名誉权侵权没有实质区别。在因果关系领域，仍应适用一般侵权中因果关系的二分法，考察在责任成立方面，即侵害虚拟名誉的行为与名誉利益受损害的后果之间有无相当因果关系。对于过错来说，因虚拟主体之所以拥有名誉、民事主体得以享受由其名誉带来的各种利益，也往往是因为它在网络上拥有较大的影响力，故，理应承受与之相应的权利限制。据此，构成侵害名誉权的过错亦应限定为故意与重大过失。

本案中，张某某的诉请能否得到支持，关键在于判断其现实社会评价是否降低，因涉案违法行为指向的QQ号码与张某某未建立相应的关联，不会导致张某某的社会评价降低，也就不存在侵害张某某名誉权的问题，法院据此驳回了其名誉权受损的主张。

编写人：重庆市江北区人民法院　吴红梅

56

夫妻间通过追踪器收集行踪信息的性质认定及责任承担

——刘某诉路某人格权案

【案件基本信息】

1. 裁判书字号

北京市第一中级人民法院（2022）京01民终581号民事判决书

2. 案由：人格权纠纷

3. 当事人

原告（被上诉人）：刘某

被告（上诉人）：路某

【基本案情】

刘某与路某系夫妻。刘某主张，2020年9月18日，其接到路某的电话，得知路某在其名下轿车排气管处安装了追踪器，当天中午其将追踪器拆除，发现追踪器已经没电了。刘某认为，路某安装的追踪器侵犯了其隐私权和个人信息。追踪器遇高温会导致爆炸，从而侵犯其健康权及财产权。

路某主张其于2020年9月17日在刘某名下轿车排气管后面安装追踪器，具体位置记不清了。路某表示次日就将该情况告知刘某，同时表示其安装追踪器的目的在于随时知晓车辆位置。

刘某提供的通话记录显示，2020年9月18日早上，刘某与路某有数次通话。路某不认可该证据的真实性。刘某提供的其与路某的微信记录显示：路某于2020年9月18日早上告知在刘某车上安装了追踪器，并传送了追踪器照片及安装位置照片。路某不认可该证据的真实性。刘某提供的结算单显示，刘某于2020年9月18日在北京某汽车服务有限公司因检查车辆底盘、清理异物支付费用120元。路某表示该证据的真实性无法核实。

【案件焦点】

刘某隐私权是否受到侵犯以及路某是否应承担侵权责任。

【法院裁判要旨】

北京市海淀区人民法院经审理认为：尽管刘某与路某系夫妻，但在法律意义上，双方均为相对独立的民事主体，并不意味着二人可以在未获对方许可的情况下，任意实施侵犯对方私密空间的行为，刺探、获取对方的私密信息。路某在未征得刘某同意或事先告知刘某的情况下，擅自在刘某名下的车辆上安装定位器，路某虽表示是为了随时知晓车辆位置，但该车辆日常由刘某使用，路某在确认车辆位置的同时，亦知晓了刘某的行程信息，而刘某的行程信息属于其私密信息，故，路某的行为已经侵犯了刘某的隐私权。路某虽主张其在安装定位器的次日就通知刘某，但针对该主张，路某未提供相应的证据证明，故，对于路某的抗辩意见，不予采信。至于刘某提出安装定位器可能导致爆炸，从而侵犯其健康权、财产权的主张，这显然与法律规定的侵权责任构成要件不符，故，对于刘某的该部分主张，不予采信。鉴于路某的行为已经侵犯了刘某的隐私权，给刘某精神上造成损害，理应承担相应的民事责任，故，本院对于刘某要求路某赔偿精神损害抚慰金的诉讼请求，予以支持，综合案件情况，酌情判定金额为2000元。

北京市海淀区人民法院依照《中华人民共和国民法典》第九百九十五条、第一千零三十二条、第一千零三十三条、第一千零三十四条，《最高人民法院关于适用〈中华人民共和国民法典〉时间效力的若干规定》第一条之规定，判决：

一、路某于本判决生效后十日内赔偿刘某精神损害抚慰金2000元；

二、驳回刘某的其他诉讼请求。

路某不服一审判决，提出上诉。北京市第一中级人民法院经审理认为：本案的争议焦点有三：一是刘某的何种权益受到侵害；二是夫妻身份关系应否作为侵权的豁免理由；三是精神损害抚慰金的确定是否得当。

第一，关于刘某的何种权益受到侵害问题。因个人信息之“信息”范围涵盖的多样性，其不可避免地与隐私权中的私密信息发生交叉重合。尽管如此，也不可将隐私权中私密信息保护与个人信息保护同等看待。个人信息侧重保护自然人的信息决定自由，只有经过自然人同意以及不违反法律法规的规定时，他人方可以依法收集、存储、使用、加工、传输、提供、公开自然人的个人信息。而隐私权侧重于保护信息的内容，即未经他人同意，不得以拍摄、窥探、公开等方法获取自然人不愿为他人知晓的私密信息，或干扰他人的私生活安宁。可见，隐私权和个人信息保护存在着差别。在具体案件中，应该结合加害人的主观目的、手段方法等综合判定。本案中，路某主张其在刘某名下轿车安装定位器，目的在于随时知晓车辆位置。路某与刘某属于夫妻关系，通常情况下，如果安装定位器用于车辆安全保护，大可不必向相对方予以隐瞒。由于路某对其行为无法作出合乎常理的解释，因此，合理的分析就是，其安装定位器目的在于探知刘某的行踪信息等。但是，如果行为人收集他人的行踪信息不在于获取相关数据，而是为了窥探该行踪信息背后所隐含他人的私生活秘密，由此就进入了隐私权的保护范围。从庭审可以得知，路某与刘某的夫妻关系已出现裂痕，亦进行了婚姻诉讼。联系到本案，在无其他合理解释时，认定路某通过安装定位器获取他人隐私的主观目的这一事实具有高度可能性。因此，路某所侵犯客体是刘某的隐私，而非个人信息，即以“跟踪”的方法对刘某私生活安宁和私密活动进行“窥探”。一审法院对此认定准确。但是，一审法院直接以民法典作为法律适用依据不当，本院予以纠正。

第二，关于夫妻身份关系能否作为侵权的豁免理由问题。夫妻身份关系虽然受到法律的保护，但并不意味着夫妻一方通过缔结婚姻而取得对配偶权利完全的支配。夫或妻一方首先是法律保护的自然人个体，而后通过婚姻结合成家庭。涉及自然人尊严以及人格发展的各项基本人格权利不能因为婚姻关系缔结而受到剥夺，家庭成员的身体健康权利、名誉隐私等权利仍然受到民事法律最高层次的保护。路某与刘某属于夫妻关系，但并不意味着双方没有任何隐私权利，当然，也不意味着任何一方的隐私权利在任何时候都要受到绝对的保护。通常情况下，一方目的不当，手段具有不法性，或一方虽然目的合法，但所使用的手段具有不法性，都属于侵权行为。只有基于婚姻关系在目的正当且手段也正当的情形下，才会豁免侵权行为。如夫妻一方通过申请调查取证而得到对方的隐私信息。本案中，由于夫妻之间具有相互忠诚的道德义务，路某有权过问甚至调查刘某是否具有违背夫妻忠诚义务的不当行为，此即为目的上具有正当性。但路某为了实现正当目的，却通过私自安装定位器的做法实现，即明显具有违法性。民事诉讼法相关司法解释规定，如果以严重侵害他人合法权益、违反法律禁止性规定或者严重违背公序良俗的方法形成或者获取的证据，不得作为认定案件事实的根据。其中就包括以侵害他人隐私而获得的视频资料数据，进一步体现了法律、司法解释对手段不合法而获取他人私密信息的否定评价。

第三，精神损害抚慰金的确定是否得当。一般侵权责任成立，除行为具有不法性外，还需考虑过错、因果关系以及损害后果等多项要件。特别是本案中，因双方具有夫妻身份关系，一方所实施的不法行为是否最终构成侵权并承担责任，或者构成侵权后应该承担何种责任，应当通观考虑过错程度、行为目的及方式、损害后果等因素综合评判。本案中，路某虽然通过电话告诉了刘某车辆安装定位器的事实，且目的上有一定的正当性，但是，路某主张其在安装定位器的次日就通知刘某，但对此未提供相应的证据证明。这说明路某的违法行为很可能已经持续较长一段时间，对刘某隐私的窥探并非事隔一天的轻微侵害。由此，结合本案路某的目的、方式，特别是加害时间的长短等因素，其侵权行为成立。对隐私权的侵害往往造成自然人非财产性损害，对受害者予以精神损害赔偿也符合对自然人人格权保护的立法精神，一审法院酌情确定的赔偿数额符合本案加害的特点，予以维持。

北京市第一中级人民法院依照依据《最高人民法院关于适用〈中华人民共和国民法典〉时间效力的若干规定》第一条、第四条，《中华人民共和国民法总则》第一百一十条、第一百一十一条，《中华人民共和国侵权责任法》第二条、第二十二条，《最高人民法院关于确定民事侵权精神损害赔偿责任若干问题的解释》第十条，《中华人民共和国民事诉讼法》第一百七十条第一款第一项，《最高人民法院关于适用〈中华人民共和国民事诉讼法〉的解释》第三百三十四条之规定，作出如下判决：

驳回上诉，维持原判。

【法官后语】

本案涉及两个方面的问题：一是个人信息权益与隐私权关系如何界分；二是夫妻身份关系能否作为侵权责任的豁免理由。

一、关于个人信息权益与隐私权关系如何界分问题

不论是从学理还是司法实践的角度观察，该问题目前仍然处于争论阶段。由于学理上“剪不断，理还乱”，致使司法实践中，权利人往往同时主张其隐私权和个人信息权益受到侵害，法院也总是在判决说理中分别说明案涉行为是否侵害了隐私权和个人信息权益。[①] 由于隐私权属于典型人格权，系绝对权，而个人信息权益从目前立法定位看，尚不能认为属于一种人格权利。同时，从民法典以及个人信息保护法的规则看，对二者的保护确有不同的规则设置。这就要求司法实践中，必须首先对隐私权和个人信息权益进行必要的区分，从而精准适用法律解决争议。本案中，由于双方当事人具有夫妻身份关系，故而案件的处理不仅涉及隐私和个人信息的区分，还涉及夫妻身份关系下个体权利保护的位阶问题。

（一）隐私权与个人信息权益规制类型不同

根据《中华人民共和国民法典》第一千零三十二条第二款规定，所谓隐

---

① 彭诚信：《论个人信息权与传统人格权的实质性区分》，载《法学家》2023年第4期。

私，是指自然人的私人生活安宁和不愿为他人知晓的私密空间、私密活动、私密信息。其强调是私人生活安宁不被侵犯以及不愿被他人知晓的隐秘事物。根据《中华人民共和国民法典》第一千零三十四条第二款规定，所谓个人信息，是以电子或者其他方式记录的能够单独或者与其他信息结合识别特定自然人的各种信息，包括自然人的姓名、出生日期、身份证件号码、生物识别信息、住址、电话号码、电子邮箱、健康信息、行踪信息等。其强调的不是内容的“私密”，而是将信息归属于信息主体，核心是“已识别或可识别”。但是，由于“私密信息”分属于二者，且《中华人民共和国民法典》第一千零三十四条第三款规定“个人信息中的私密信息，适用有关隐私权的规定；没有规定的，适用有关个人信息保护的规定”，由此使得隐私权和个人信息权益既存在区别又存在交叉重叠。

笔者认为，尽管二者存在保护上的交叉重叠，但分析隐私权保护和个人信息保护的规范目的，仍能发现二者之间的根本区分。2021年8月20日，第十三届全国人大常委会第三十次会议审议通过《中华人民共和国个人信息保护法》，成为我国保护个人信息的专门性法律。就其立法目的和背景而言，之所以强化对个人信息的保护，是因为我们已迈进网络社会和数字信息时代，个人信息的收集、使用和处理等更为容易、普遍，对个人信息的大规模收集和深度利用层出不穷，已经严重侵害广大人民群众的个人信息利益，甚至危害到国家安全，有必要通过立法对个人信息处理行为进行强力规制。在此背景下，个人信息保护中规制的类型与传统隐私权侵害必然存在不同。“从隐私权保护的法律特征来看，其所保护的关系具有人际关系的特征。隐私权保护采取侵权法框架，将侵权者与被侵权者拟制为能力平等的民事主体。而个人信息保护或信息隐私保护从一开始就聚焦于具有人机关系特征的信息处理关系。”①

在个人信息保护中，这种“人机关系”突出表现在个人信息权益规制类型上，它的一侧是自然人，另一侧并非普通自然人或法人、非法人组织，而是个

① 丁晓东：《隐私权保护与个人信息保护关系的法理——兼论〈民法典〉与〈个人信息保护法〉的适用》，载《法商研究》2023年第6期。

人信息处理者，其所规制的是个人信息处理活动，即个人信息的收集、存储、使用、加工、传输、提供、公开、删除等。至于纯粹的私人或者家庭活动中对个人信息的处理活动，不适用个人信息的保护规定。《中华人民共和国个人信息保护法》第七十二条第一款规定，自然人因个人或者家庭事务处理个人信息的，不适用本法。由此，本案中争议的双方属于家庭成员间家庭事务的处理，侵害者不属于个人信息处理者，没有个人信息处理活动，因此，不属于个人信息保护法的调整对象。

（二）隐私权和个人信息权益保护内容不同

法理上，个人信息侧重保护自然人的信息决定自由，只有经过自然人同意以及不违反法律法规的规定时，他人方可依法收集、存储、使用、加工、传输、提供、公开自然人的个人信息。而隐私权侧重于保护信息的内容，即未经他人同意，不得以拍摄、窥探、公开等方法获取自然人不愿为他人知晓的私密信息，或干扰他人的私生活安宁。

区分二者的关键在于当事人的“私密性期待”。由于隐私权重在内容的私密性，所以隐私权的规范意义是让信息主体由面目清晰的“我”回到面目模糊的“人”的状态，从而要求他人以“我是人”而非“我是我”的方式对待自己。[①] 个人信息重在确保信息的归属，保护信息主体的信息自决权利，所以，个人信息权益还额外保护隐私权不保护的相反意愿，即维护信息主体“在他人心目中面目清晰的状态”，从而要求基于“我是我”而非“我是人”获得尊重。[②] 就本案而言，在判断路某安装追踪器追踪刘某行踪信息的行为性质时，就需要考虑路某通过收集刘某行踪信息的目的，如果路某收集刘某的行踪信息不在于获取相关数据，而是为了窥探该行踪信息背后所隐含刘某的私生活秘密，那么路某所欲侵犯的客体就是刘某的隐私，通过隐私权保护更符合立法目的。

---

① 彭錞：《再论中国法上的隐私权及其与个人信息权益之关系》，载《中国法律评论》2023年第1期。

② 彭錞：《再论中国法上的隐私权及其与个人信息权益之关系》，载《中国法律评论》2023年第1期。

二、夫妻身份关系是否可以作为侵权责任的豁免理由

本案认为，夫妻身份关系不宜作为侵权责任的豁免理由。《中华人民共和国民法典》第九百九十条第一款规定：“人格权是民事主体享有的生命权、身体权、健康权、姓名权、名称权、肖像权、名誉权、荣誉权、隐私权等权利。”隐私权作为法定人格权，属于绝对权，即个人对其隐私享有宽泛的、自主决定的权利，未经权利人明确同意任何人不得侵害其隐私。夫妻关系缔结后，虽然双方形成了新的身份关系，但这种身份关系不具有婚内侵权的豁免效果，否则，便与人格权的绝对性、支配性特征不相吻合。《中华人民共和国民法典》婚姻家庭编关于离婚损害赔偿等规定，本身就是侵权责任在婚姻家庭领域的体现。这进一步说明，婚姻关系并不能“阻却违法”。当然，就婚姻关系中的夫或妻的隐私权而言，由于家庭的伦理性等特征，对夫妻双方隐私权的保护势必与普通人存在区别。在考察夫妻身份这一特殊关系下是否侵犯隐私权的问题时，要结合夫或妻的行为目的和方式进行综合审查判断。我们认为，通常情况下，一方目的不当，手段具有不法性，如非法获取隐私信息胁迫对方签署对自己有利的协议，就属于典型的侵权行为；一方虽然目的正当，但所使用的手段具有不法性，如为了获取夫妻财产明细而以公开对方隐私相要挟，此也属于侵权行为。只有在目的正当且手段合法的情形下，才会豁免侵权责任，如夫妻一方通过申请调查取证而得到对方的信息，包括隐私信息。本案中，路某为了随时知晓刘某所驾驶车辆的位置而私自安装追踪器，其手段明显具有违法性，即使其基于夫妻身份关系而具有正当目的，也不能导致对侵权责任的豁免。

综上所述，笔者认为《中华人民共和国民法典》对隐私权保护和个人信息保护存在交叉重合的情形。实践中，对何种权益受到侵害的认定应从隐私权和个人信息权益规制类型、保护内容等方面准确区分二者，从而准确适用法律。对夫妻间侵犯隐私权的豁免理由，应从目的是否正当、手段是否合法等方面综合判断，只有同时具备目的正当且手段合法的情形，才会豁免侵权责任。

编写人：北京市第一中级人民法院　张军　陈大林

57

微信群中言语攻击他人的责任认定

——程某某诉周某甲、周某乙一般人格权案

【案件基本信息】

1. 裁判书字号

北京市第三中级人民法院（2022）京 03 民终 10036 号民事判决书

2. 案由：一般人格权纠纷

3. 当事人

原告（被上诉人）：程某某

被告（上诉人）：周某甲、周某乙

【基本案情】

原告程某某与被告周某甲为同一小区同一单元同一楼层的邻居，周某甲的弟弟周某乙也是同小区业主，三人均在该小区业主微信群内。

2021 年 12 月 4 日，周某甲和朋友在楼道里抽烟并将烟头扔在楼道里，抽烟的位置靠近程某某的家门，程某某发现后在小区业主微信群内发送消息，制止并批评了周某甲在楼道里抽烟和乱扔烟头的行为，周某甲和其弟弟周某乙二人先后在微信群内对程某某进行回复，双方因此在微信群聊中产生口角。程某某发送"今天在二楼楼道里，站在别人家门口抽烟，还把烟头丢别人家门口的，两个大老爷们，请你有点素质，抽烟去你自己家门口抽"等内容。周某甲以程某某家门口摆放鞋子一事对程某某进行了攻击对抗，周某甲与周某乙还在微信群内向程某某发送了暗示其为性工作者等具有侮辱含义的内容。

程某某认为周某甲抽烟及乱扔烟头的行为不当，且周某甲和周某乙使用极

其恶劣的辱骂性字眼侮辱女性，在群里轮番对程某某进行谩骂攻击，对程某某造成非常严重的精神伤害，其行为侵犯了程某某的名誉权，侮辱了其人格，要求二人承担赔礼道歉、支付精神损害赔偿金等侵权责任。

【案件焦点】

如何认定微信群中言语攻击他人的侵权责任。

【法院裁判要旨】

北京市通州区人民法院经审理认为：在程某某与周某甲、周某乙双方发生争执后，周某甲、周某乙先后在涉案微信群中发送了带有侮辱性字眼的内容，而涉案微信群中群成员多达139名，该等内容在涉案微信群中发布后，会导致其他居民对程某某的社会评价产生负面影响，给程某某的名誉权造成侵害。同时该等不文明的言行也会对其他居民造成不良影响，不利于社区的和谐稳定。现程某某要求周某甲、周某乙在涉案微信群中向其赔礼道歉，消除不利影响，并无不妥，予以支持。关于程某某主张的精神损害赔偿金，因尚不足以认定周某甲、周某乙的侵权行为给程某某造成了严重精神损害，故，对程某某该项请求不予支持。

北京市通州区人民法院判决如下：

一、周某甲、周某乙于判决生效后十日内连续三天在涉案业主微信群中发表致歉声明，向程某某公开赔礼道歉（声明内容须经一审法院核准，如周某甲、周某乙拒不履行该义务，一审法院将择一公开发行的报纸公布判决的主要内容，费用由周某甲、周某乙负担）；

二、驳回程某某的其他诉讼请求。

周某甲、周某乙不服一审判决，提出上诉。北京市第三中级人民法院经审理认为：一审中，程某某主张周某甲、周某乙的行为侵害了其名誉权，而根据本案查明的事实，周某甲、周某乙的群内发言不会导致程某某社会评价降低，难以认定程某某因此导致名誉权受损。二审中，经该院释明，双方当事人均认可本案系一般人格权纠纷，故，对一审认定的法律关系予以纠正并对案由予以调整。

民事主体的人格权受法律保护，任何组织或者个人不得侵害。双方因程某某在微信群中批评制止周某甲等人在楼道公共区域抽烟及乱扔烟头的行为而产生言语上的争执。周某甲与周某乙相互配合，先后在涉案微信群中针对程某某发送了暗示其为性工作者等内容。从一般公众的认知来看，此类内容低俗、不文明，不尊重女性并带有侮辱性含义，明显系对程某某名誉的诋毁及人格的贬损，且其行为主观恶意明显，构成对程某某人格权的共同侵权。周某甲、周某乙应当向程某某赔礼道歉并消除不利影响，一审法院确定的责任承担方式并无不当。

北京市第三中级人民法院依照《中华人民共和国民法典》第九百九十条、第九百九十五条，《中华人民共和国民事诉讼法》第一百七十七条第一款第一项之规定，作出如下判决：

驳回上诉，维持原判。

【法官后语】

本案为一般人格权纠纷。《中华人民共和国民法典》将人格权独立成编，其中，第九百九十条“人格权是民事主体享有的生命权、身体权、健康权、姓名权、名称权、肖像权、名誉权、荣誉权、隐私权等权利。除前款规定的人格权外，自然人享有基于人身自由、人格尊严产生的其他人格权益”之规定，以具体列举与概括兜底相结合的方式明确了人格权的范围，并确认人身自由、人格尊严为自然人一般人格权的价值基础。该条第一款系对民事主体具体类型人格权的列举，然考虑到具体列举的局限性，以及人格权与生俱来的广泛性、开放性及发展性，第二款从兜底的角度规定了其他人格权益，以弥补法律规定和人格权的具体列举的不足，为人格权的全面有效保障提供了制度依据。需要指出的是，该条第二款的适用应当以法律没有明确规定为前提，即被侵犯的人格权益无法纳入具体列举的人格权的保护范围，否则不宜适用。

本案首先涉及名誉权和一般人格权的区分问题。名誉权与一般人格权的权利基础均来源于人格尊严，这是二者相通之处。人格尊严系自然人有权基于自己所处的社会环境、地位、声望、工作环境、家庭关系等各种客观条件而享有最基本的社会地位并且应当受到社会和他人最基本尊重的权利。简单来说，人格尊严是民事主体作为一个“人”所应有的最起码的社会地位和受尊重的权利，是人们获得价值感和幸福感的基础，故依法不得被贬损侵犯。所以，法律重视人格尊严，也为人格尊严编织了严密的保护网，侵犯他人人格尊严的，应当承担相应的责任。而名誉代表的是一种社会评价，即民事主体的品德、声望、才能、信用等的社会评价，名誉权则是民事主体对于其社会评价所享有的保有和维护的权利。因此，在名誉权侵权的认定中，违法行为是否被第三人所知悉并影响受害人的社会评价系必要审查要件。如果仅是存在侮辱、诽谤等行为，但不存在造成受害人社会评价降低的后果，则不构成侵犯名誉权，但可能会因侵犯人格尊严而涉及一般人格权侵权。本案即存在被告的言语不会造成原告社会评价的降低、难以认定原告名誉权受损之情况，故，二审法院在释明当事人并征求当事人同意的基础上，将案由调整为一般人格权纠纷，并以此为基础对侵权事实作出了认定。

判断自然人的人格尊严等一般人格权是否受到侵害，不仅要考虑受侵害主体的个人主观感受，更要从社会大众的普遍认知出发，对自然人作为“人”所享有的最基本的尊重是否被贬损作出客观的评判。行为人和受害人的职业、影响范围、过错程度，以及行为的目的、方式、后果等因素亦应作为行为人是否应当承担民事责任以及承担责任方式的考量要素。本案的争执发生于含有一百多位成员的小区业主微信群中，而互联网并非法外之地，不可随意而为，自然人在互联网上的活动亦应受到法律法规的约束，并应遵循社会主义核心价值观的要求。本案被告针对作为女性的原告，发送包含暗示原告为性工作者的言语在内的内容，不仅使原告主观感觉受到了侮辱，从社会公众的通常认知来看，被告发送的内容也是不文明、不尊重女性的，并明显带有诽谤、贬损原告人格意味，虽然该内容并不足以让群内成员认为被告所述为真实，但会让原告人格尊严受到伤害并因不受尊重而产生心理上的不适感，同时，侵害发生的环境——具有一定公共属性的业主微信群亦会增加原告的心理负担。因此，被告具有恶意的行为构成对原告人格权的侵权，应当承担向原告赔礼道歉的法律责任。行为人因侵害人格权承担消除影响、恢复名誉、赔礼道歉等民事责任的，应当与行为的具体方式和造成的影响范围相当，现由被告在业主微信群中道歉的方式与其业主身份以及侵权行为的影响范围是相适应的。

本案为邻里之间在微信群内辱骂而引发的“小纠纷”，依法确认责任能警示公众“不以恶小而为之”，并能够充分体现法律充分保障自然人人格尊严的底线作用。

编写人：北京市第三中级人民法院　王天水　朱宏哲

ISBN 978-7-5216-4348-0

图书在版编目（CIP）数据

中国法院2024年度案例．人格权纠纷／国家法官学院，最高人民法院司法案例研究院编．--北京：中国法制出版社，2024.6

ISBN 978-7-5216-4348-0

Ⅰ.①中… Ⅱ.①国… ②最… Ⅲ.①人格-权利-民事纠纷-案例-汇编-中国 Ⅳ.①D920.5

中国国家版本馆CIP数据核字（2024）第054088号

策划编辑：李小草 韩璐玮（hanluwei666@163.com）

责任编辑：韩璐玮 封面设计：李宁

中国法院2024年度案例．人格权纠纷

ZHONGGUO FAYUAN 2024 NIANDU ANLI. RENGEQUAN JIUFEN

编者/国家法官学院，最高人民法院司法案例研究院

经销/新华书店

印刷/三河市紫恒印装有限公司

开本/730毫米×1030毫米 16开 印张/20 字数/249千

版次/2024年6月第1版 2024年6月第1次印刷

中国法制出版社出版

书号 ISBN 978-7-5216-4348-0 定价：79.00元

北京市西城区西便门西里甲16号西便门办公区

邮政编码：100053 传真：010-63141600

网址：http：//www.zgfzs.com 编辑部电话：010-63141792

市场营销部电话：010-63141612 印务部电话：010-63141606

（如有印装质量问题，请与本社印务部联系。）